本书的出版受到国家自然科学基金地区基金项目"生育意愿到生育行为的微观传导机理和宏观政策响应研究"（71864024）、2021年度哲学社会科学研究专项团队项目（ZSZXTD2106）等项目的资助；受到内蒙古自治区第十二批"草原英才"、2022年度高校青年科技人才发展计划（NJYT22096）以及内蒙古自治区人口战略研究创新平台和内蒙古自治区人口战略研究智库联盟的支持

居民生育决策的微观机理

The Micro-Mechanism of Residents' Fertility Decision

薛继亮 等著

经济管理出版社

ECONOMY & MANAGEMENT PUBLISHING HOUSE

图书在版编目（CIP）数据

居民生育决策的微观机理 / 薛继亮等著. -- 北京 ：
经济管理出版社，2024. -- ISBN 978-7-5243-0052-6

Ⅰ．C924.24

中国国家版本馆 CIP 数据核字第 2024WU8476 号

组稿编辑：杨　雪
责任编辑：杨　雪
助理编辑：王　慧
责任印制：许　艳
责任校对：蔡晓臻

出版发行：经济管理出版社
　　　　　（北京市海淀区北蜂窝 8 号中雅大厦 A 座 11 层　100038）
网　　址：www. E-mp. com. cn
电　　话：（010）51915602
印　　刷：唐山玺诚印务有限公司
经　　销：新华书店
开　　本：720mm×1000mm/16
印　　张：16
字　　数：305 千字
版　　次：2024 年 11 月第 1 版　　2024 年 11 月第 1 次印刷
书　　号：ISBN 978-7-5243-0052-6
定　　价：89.00 元

前　　言

　　人口研究中，生育率和死亡率是不可忽视的核心议题。相对于生育率而言，死亡率是一项难以人为调控的刚性指标。因此，未来人口结构变化在很大程度上取决于生育率。近年来，中国总和生育率不断下降，导致人口老龄化与人口负增长动能不断累积。劳动力短缺、老龄化加剧、人口规模缩减等一系列经济社会发展隐患是长期低生育率导致的。为优化人口发展战略，积极应对低生育率和少子化引致的长期风险，有必要科学认识低生育率、主动适应低生育率、积极应对低生育率。

　　基于此，本书首先梳理我国的生育现象和生育政策，并在此基础上，从经济、社会、文化三个维度出发对微观个体生育的影响因素展开研究，以深刻洞察个体生育决策。在经济层面，生育决策与个体经济状况息息相关。随着生活成本持续上升，微观个体在规划生育时，必须仔细权衡养育孩子的经济压力与非货币资源分配，其中相对收入与生育保险普及在很大程度上会对个人决策产生影响。在社会层面，祖辈代际支持和儿童照料方式等因素交织影响着个体生育决策。工作环境的灵活性、家庭内部的代际支持和儿童照料方式的选择，共同构成了影响个体生育的社会网络，对生育决策产生深远影响。在文化层面，生育文化与社会互动紧密相连，共同塑造着人们的生育观念和行为。生育文化不仅反映了社会的价值观和传统习俗，也在个体、群体或代际间的持续互动中发展演变。社会的开放程度、教育水平以及信息传播方式等因素，都在与生育文化的互动中影响着个体生育决策。

　　本书主要探究以下五方面内容：

　　第一，个体收入梯度对生育行为的影响。基于 2010 年与 2014 年中国家庭追踪调查（China Family Panel Studies，CFPS）数据库中的数据研究个体收入梯度对生育行为的影响，并在已有文献的基础上构建个体收入梯度影响生育行为的生产模型与时间模型。实证回归使用 Probit 模型分析个体收入梯度对生育行为的影响，并从收入水平等角度进行异质性分析；使用分样本回归、倾向性得分匹配等方法进行稳健性检验。依据研究结论提出如下对策建议：①加强对个体生育行为的政策支持以提升生育行为。②加强对个体的工作保障，降低收入梯度。③提升教育教学质量，加强成人职业素质教育。④加强政府配套措施的改革。⑤改善金融服务，深化制度改革，让群众对未来充满积极预期。

第二，生育保险对生育意愿的影响研究。基于 2018 年 CFPS 数据，运用普通最小二乘法分析生育保险对生育意愿的影响，探讨生育保险对生育意愿的作用机制及其异质性。结果表明，生育保险能够显著提升生育意愿。机制分析表明，生育保险通过补贴生活成本、医疗成本提升了经济条件较差家庭的生育意愿。异质性分析表明，生育保险对男性、农业户口、中等收入个体以及家务负担较轻个体的生育意愿具有显著的促进作用，但抑制了拥有住房产权以及房贷个体的生育意愿。同时，还验证了生育保险对生育意愿的促进效应存在关键性拐点，当生育保险补贴水平低于拐点值时，生育保险能够促进生育意愿，当生育保险补贴水平超过拐点值时，则对生育意愿产生抑制作用。研究表明，我国当前的生育保险补贴水平低于拐点值。

第三，祖辈代际支持对女性生育行为的作用机理研究。本书在阐述国内外相关理论和梳理文献的基础上，运用世代交叠模型从理论层面阐述祖辈代际支持对女性生育行为的影响。选取 2018 年 CFPS 数据，构建多元线性回归模型实证分析了祖辈父母提供的代际支持对女性生育行为的影响及其作用机制。结果显示：①祖辈父母提供的代际支持对女性的生育行为产生不同的影响。具体而言，祖辈父母提供的经济帮助与女性的生育行为显著负相关，获得祖辈父母提供的照料支持的家庭更愿意做出生育决策行为。②就个体层面和家庭层面的影响因素来看，包括年龄、户籍状况、受教育程度、收入、配偶年龄等在内的特征变量会对子女生育孩子的数量产生显著的影响。③不同户籍、不同受教育类型下，父母提供的代际支持对女性生育行为的影响不同。④直接生育成本和间接生育成本对代际支持对生育行为的影响具有调节作用。

第四，儿童照料方式对流动人口生育行为影响的比较研究。本书利用 2016 年全国流动人口动态监测调查数据，聚焦流动人口群体，运用多元有序模型，探究祖辈照料和正式照料对流动育龄女性生育行为的影响。结果显示，两种照料方式均对流动育龄女性的生育行为有显著正向影响，且正式照料的促进作用更大。进一步研究发现，两种照料方式对受访者生育行为的影响在不同儿童年龄组、不同收入水平、城乡之间均存在显著差异。另外，母亲参与劳动和家庭收入增加发挥着正向调节作用，加强了儿童照料方式对流动育龄女性生育行为的促进作用。

最后，建议完善当前的儿童照料支持体系。一是将家庭作为整体纳入政策体系，可以通过延长产假及陪产假时间、提高生育保险覆盖率等方式提升其福利水平，逐步缓解家庭—工作冲突、生育—工作冲突，从而提高家庭生养能力。二是将"非正式"的祖辈照料纳入托育服务体系，减轻照料压力与经济压力。三是加大儿童正式照料支持，特别是增加0~3岁幼儿正式照料机构的数量，保证托幼机构在数量、质量、成本等方面更好地满足家庭需要，减轻生养负担，提高生育水平。同时，针对流动人口群体，应提升公共服务的可及度，优化生育环境，促进生育水平的提升。

第五，居民生育的社会互动效应。利用2018年中国劳动力动态调查数据中城市地区样本，以社区为标准定义社会互动范围，系统研究了居民再生育意愿的社会互动效应。利用泊松回归实证研究社区内本地人口、流动人口生育水平对居民再生育意愿的影响及其作用机理，并通过缩尾、伪回归等方法检验研究结论的稳健性。研究发现，本地人口、流动人口生育水平均会对居民再生育意愿产生显著的负向影响。机制分析发现，社会互动效应通过不动产价格机制对居民再生育意愿产生抑制作用。进一步研究发现，社区拥有幼儿园、小学、初中和医院，会正向调节流动人口生育水平对居民再生育意愿的抑制作用。异质性分析发现，本地人口、流动人口生育水平对本地人口再生育意愿的抑制作用显著强于对流动人口再生育意愿的抑制作用。

目　　录

1 绪 论

1.1 生育现象

20世纪50年代以来，我国在不同阶段实施了不同的生育政策，已由高速人口增长阶段转变缓慢人口增长阶段。40多年来，我国人口增长速度大幅度下降，总和生育率由1982年的2.64下降到2022年的1.07，已远低于更替水平[①]。从宏观经济角度看，虽然人口的低增长为社会节省了少年儿童抚养费，但是过低的生育率将导致未来劳动力短缺、老龄化加剧、人口规模缩减（Lutz and Skirbekk，2005）以及其他一系列社会问题。

生育行为的变化是导致人口出生率下降的主要原因，我国生育行为的变化主要分为以下五个阶段：第一阶段为1954~1977年，国家提倡节制生育，我国总和生育率由6.28下降至3.24。第二阶段为1978~2001年，1978年国家提倡计划生育，计划生育首次被写入宪法，2001年我国总和生育率降至1.60，低于人口更替水平。第三阶段为2002~2015年，国家逐步放开计划生育，我国总和生育率维持在1.61左右。第四阶段为2016~2020年，国家实施"全面二孩政策"，2020年末我国总和生育率为1.30，低于国际警戒线水平[②]。根据Lutz和Skirbekk（2005）的研究，总和生育率一旦跌破1.5的警戒线，整个社会将陷入"低生育率陷阱"，想要重新回到世代更替水平较为困难。第五阶段为2021年至今，国家放开"三孩政策"，总和生育率下降趋势有所放缓。

表1-1为2002~2022年我国人口生育情况，为了更直观地表现相关数据的变动趋势，将表1-1中的数据进行单位换算后绘制图1-1。

[①] 注：总和生育率通常是根据十年公布一次的全国人口普查数据进行精准测算，其余年份均由不同机构或者学者进行估算，因此总和生育率数据在不同文献中可能存在偏差。

[②] 资料来源：第七次全国人口普查数据。

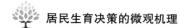

表 1-1 2002~2022 年我国人口生育情况

年份	出生人口数（万人）	总和生育率	出生率（‰）	死亡率（‰）	自然增长率（‰）
2002	1647	1.57	12.86	6.41	6.45
2003	1599	1.57	12.41	6.40	6.01
2004	1593	1.60	12.29	6.42	5.87
2005	1617	1.62	12.40	6.51	5.89
2006	1584	1.62	12.09	6.81	5.28
2007	1594	1.69	12.10	6.93	5.17
2008	1608	1.71	12.14	7.06	5.08
2009	1615	1.68	11.95	7.08	4.87
2010	1592	1.64	11.90	7.11	4.79
2011	1604	1.61	13.27	7.14	6.13
2012	1635	1.78	14.57	7.13	7.43
2013	1640	1.55	13.03	7.13	5.90
2014	1687	1.67	13.83	7.12	6.71
2015	1655	1.41	11.99	7.07	4.93
2016	1786	1.77	13.57	7.04	6.53
2017	1723	1.68	12.64	7.06	5.58
2018	1523	1.50	10.86	7.08	3.78
2019	1465	1.47	10.41	7.09	3.32
2020	1200	1.30	8.52	7.07	1.45
2021	1062	1.15	7.52	7.18	0.34
2022	956	1.07	6.77	7.37	-0.60

注：总和生育率为笔者根据历年《中国统计年鉴》人口板块数据测算。

资料来源：历年《中国统计年鉴》。

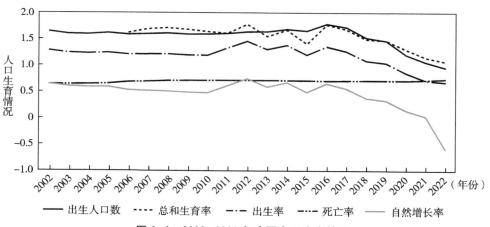

图 1-1 2002~2022 年我国人口生育情况

资料来源：历年《中国统计年鉴》。

由图 1-1 可见，2002~2010 年，我国人口出生率逐年下降，人口自然增长率呈现相同的趋势，总和生育率先小幅上升而后逐年下降。根据第六次人口普查数据，我国 0~14 岁少年儿童数占总人口比重逐年下降，老年人口数量占比逐年增多，我国当时已经出现人口结构失衡问题。2011 年 11 月，国家开始实施双独二孩政策，即允许双方都是独生子女的夫妇生育两个孩子。该政策实施后，2012 年人口出生率、人口总和生育率、人口自然增长率均出现小幅增长，出生人口数也较 2011 年增加了 31 万人（见图 1-1）。但是，我国劳动年龄人口减少与老龄人口增多的问题并没有得到缓解。2012 年末，我国（香港、澳门、台湾地区除外）15~59 岁劳动年龄人口比 2011 年末减少 345 万人，这是改革开放以来劳动年龄人口首次出现负增长。2013 年，我国 60 岁以上老年人口数已经突破 2 亿人，比 2012 年增加 853 万多人，老年人口占总人口比重已接近 15%，我国人口老龄化进程正在快速向前推进。

迫于这样的人口形势，2013 年 11 月，党的十八届三中全会审议通过的《中共中央关于全面深化改革若干重大问题的决定》提出，坚持计划生育的基本国策，启动实施一方是独生子女的夫妇可生育两个孩子的政策，即"单独二孩"政策。2014 年 1 月开始，全国各省陆续推进"单独二孩"政策，2014 年出生人口数较 2013 年增加了 47 万人，总和生育率也增加了 0.12（见表 1-1）。但到了 2015 年，全国出生人口数没有增加，反而下降了 32 万人。

2015 年 10 月 29 日，中共十八届五中全会公报提出，促进人口均衡发展，坚持计划生育的基本国策，完善人口发展战略，全面实施一对夫妇可生育两个孩子政策，积极开展应对人口老龄化行动。"全面二孩"政策实施以后，生育累积效应开始发挥作用。从表 1-1 中可以看出，2016 年出生人口数达到 1786 万人，比 2015 年增加 131 万人，出生率为 13.57‰，几乎追齐 2014 年的水平，总和生育率增加到 1.77，较 2015 年增加了 0.36。但随着生育堆积效应的集中释放，生育水平逐年下降，2021 年出生人口数仅为 1062 万人，距离放开二孩政策后的第一年（2016 年）减少了 724 万，出生率降到了 7.52‰。总和生育率仅为 1.15，远低于 2.1 的正常人口更替水平。从历史和国际社会经验看，总和生育率一旦下滑至 1.5 以下，就有掉入"低生育率陷阱"的可能。

为了改善人口结构，保持我国人力资源禀赋优势，2021 年 5 月 31 日，中共中央政治局会议指出，进一步优化生育政策，实施一对夫妻可以生育三个子女的政策及配套支持措施。但"三孩政策"并没有达到预期效果。2022 年我国出生人口数仅为 956 万人，比 2021 年减少 106 万人，仅为 6 年前生育数量的一半。

人口自然增长率 61 年来首次出现负增长，尽管这其中不可避免地存在新冠疫情导致的人口死亡率上升和人们生育计划的延后，但我国人口生育动力不足已经成为不争的事实。较低的生育率使我国陷入"未富先老"的局面，人口机会窗口期的关闭引发众多学者对如何提升我国生育行为这一问题的思考。

随着全面两孩政策的实施，我国的生育堆积效应已经释放殆尽，导致三孩政策出台后并没有释放出预期的生育潜力。中国人口与发展研究中心主任贺丹认为，一孩生育的萎缩和推迟是拉低生育水平的重要原因，能生且愿意生育第一个孩子的家庭数量明显减少。因此，鼓励生育不仅要在放开生育数量上，制定更普惠的生育支持配套措施，将人们的生育意愿有效地转化为实际生育行为，也是我国未来生育政策调整的方向。

1.2　生育支持政策

我国于 20 世纪 80 年代起开始实施计划生育政策，成功实现了人口出生率的迅速降低，有效抑制了人口的快速增长，符合当时中国的国情。但几十年后的今天，人口结构转变以及老年人口占比持续上升等问题日益凸显。这些问题使得家庭在养老和抚养子女方面的压力不断增大，抵御风险的能力也随之降低。2015年 12 月 31 日，《中共中央国务院关于实施全面两孩政策改革完善计划生育服务管理的决定》提出，贯彻落实新修改的《中华人民共和国人口与计划生育法》，完善相关行政法规以及地方性法规。2016 年，我国开始实行"全面二孩"政策，但该政策所产生的效果较为有限。2021 年 8 月 20 日，全国人大常委会会议表决通过了关于修改人口与计划生育法的决定，修改后的人口与计划生育法规定，国家提倡适龄婚育、优生优育，一对夫妻可以生育三个子女。随着生育政策放开，各地区积极响应并陆续出台了一系列生育支持政策。省级层面上，《广东省公共服务"十四五"规划》提出，探索对生养子女给予普惠性经济补助；浙江规定县（市、区）人民政府可以根据当地实际，对 3 周岁以下的婴幼儿家庭给予育儿津贴、托育费用补助；北京明确逐步建立完善家庭养育补贴制度。在现金补贴之上，部分地区在住房方面叠加探索更多优惠政策。例如，北京市规定，未成年子女数量较多的家庭在申请公共租赁住房时可享受优先配租，并在户型选择等方面予以适当照顾；湖南长沙则对依法生育两个及以上子女的本地户籍家庭增加 1 套购房指标，根据家庭未成年子女数量在户型选择等方面给予适当照顾。

　　日本与韩国较中国更早完成人口转变，回顾其低生育发展历程与应对措施对中国构建生育支持政策体系有着重要启示意义。如图 1-2 所示，20 世纪 50~60 年代，日本总和生育率维持在较高的人口更替水平，发展至 20 世纪 70 年代，总和生育率逐步下降并处于低位，并且在 1993 年便长期陷入"低生育率陷阱"①。20 世纪 60 年代初，韩国总和生育率开始下降，自 1998 年总和生育率降至 1.49 后便一直低于国际警戒水平。

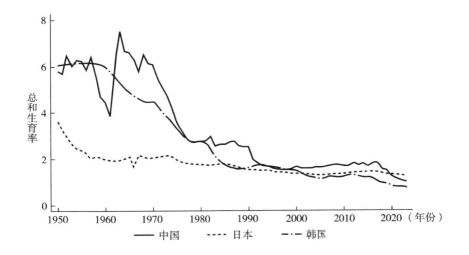

图 1-2　1950~2023 年中国、日本、韩国总和生育率

资料来源：世界银行官方网站。

　　面对全球低生育率问题，促进总和生育率恢复至适当水平，即将总和生育率恢复至 2.1 的人口更替水平之上，人口经济学家基于个人生育成本—收益视角提出时间类、经济类以及服务类三大类生育激励措施。日本与韩国也围绕三大类生育激励措施制订了一系列生育支持政策。日本的主要措施有：1994 年制定了"天使计划"，希望通过提供基础保育服务减轻育龄女性的生育负担，促进生育率回升；2004 年修改《儿童补贴法》，明确一孩也可享受补贴，并将补贴期延至小学三年级；2014 年提出"课后计划"，希望通过建立公办课后辅导机构缓解母亲家庭—工作压力；2015 年提出将男性陪产假的比例提升至 80%；2018 年提出当家庭收入符合政策标准时，由国家全部承担或部分承担子女从幼儿园到大学的

---

　　①　低生育率陷阱是指 15~49 岁的育龄妇女，其子女数量低于 1.5 的国际警戒线水平。

学费。韩国的主要措施有：2005 年设立"低生育率和老龄化社会委员会"，并颁布《低生育行动框架与人口政策》鼓励生育；2006 年制定《低生育及老龄社会基本规划》，提出第一个五年计划（2006～2010 年），着重强调构建儿童保育责任体系与保障工作—家庭平衡；2010 年提出第二个五年计划（2011～2015 年），要求提高财政支持与保育力度。尽管两国频繁出台生育支持政策，但日本和韩国的生育率至今均未能恢复至人口更替水平。特别是进入 21 世纪后，韩国一系列生育支持政策并未能有效遏制生育率下降的趋势。相反，近年来，韩国的生育率持续走低，甚至沦为全球生育率最低的国家。通过回顾日本与韩国低生育发展历程与应对措施，发现日本、韩国实施普遍的时间支持、经济支持以及服务支持政策无法帮助国家走出低生育率困境，育龄人群出现"躺平"现象：各种生育支持政策难以有效激发其生育意愿。因此，为防止中国育龄人群陷入类似的生育"躺平"状态，需结合中国的具体情况，探索新视角，构建具有中国特色的生育支持政策体系。

2 文献综述

2.1 生育理论发展研究文献综述

2.1.1 生育成本—效用理论

居民如何进行生育决策，是否生育多个孩子及何时生育是劳动经济学研究的核心问题之一。经济学对于生育决策理论的研究主要运用孩子"成本—效用"理论来说明经济因素对生育决策的影响（庄渝霞，2009）。

经济学对生育与人口的探讨源远流长，最早可追溯至古典时代。18 世纪末，托马斯·马尔萨斯（Thomas Malthus）便从宏观与历史维度，对生育行为、人口增长与社会发展间的关联进行了前瞻性预测：物质生活资料增长是算术级数，而人口增长是几何级数。这意味着人口增长速度会远远超过生活资料增长速度，人口总量将在某个时刻超过生活资料的承载能力。在生育决策理论研究方面，大量研究者使用经济学理论作为研究范式，美国人口经济学家哈维·莱宾斯坦（Harvey Lebibenstein）是使用该方法的先驱者（大渊宽等，1988）。20 世纪 50 年代，经济学家开始从生育视角研究人口问题。Leibenstein（1959）将效用论引入生育决策模型，认为父母生育是为了获得消费效用、收入效用、养老保障效用，随着国家为养老提供越来越多的保障，孩子的保障效用下降，导致生育动机减少，生育率下降。Becker（1960）在此基础上从成本—效益角度分析生育决策，他将儿童视为正常品，认为当孩子收益现值大于成本现值时，生育行为出现。他也探讨了夫妻工资变化对生育的影响，认为丈夫工资提高会纯粹提高生育率，而妻子工资提高会带来有相反作用的收入效应和替代效应。Becker（1960）的研究为生育决策理论在新古典范围内建立起了正式的微观基础。

Becker（1960）建立起了微观生育决策分析模型，探讨家庭对孩子的需求与生育数量—生育质量之间相互替代的关系，强调生育子女涉及物质资源和非物质资源消耗，其中物质资源可通过市场价值来衡量，而非物质资源则通过非市场活动价值来衡量。当子女价值大于生育成本时，家庭会选择增加生育数量。自此，生育便成为众多学者以及政策制定者关注的重点。Leibenstein（1974）在 Becker（1960）的基础上，进一步提出生育"成本—效用"理论，指出家庭在决定是否生育、生育数量以及性别偏好时，主要依据对生育成本与效用的理性核算。同时，Leibenstein（1974）更进一步细化了生育成本，将其划分为"直接成本"与"间接成本"。首先，直接成本涵盖了从妊娠开始到孩子能够独立生活这一时期，父母在子女身上所支付的各类抚养支出，不仅包括孩子出生后的饮食、衣着、居住、交通费用，以及儿童教育、医疗保健和文化娱乐等方面的支出，而且包括父母为子女结婚所补贴的费用。间接成本则是指父母因抚养和养育新生儿而丧失的教育和收入机会，也称作机会成本，包括因怀孕、喂食和照顾儿童而失去的工作机会和教育机会，以及父母因怀孕和哺乳所产生的收入损失，父母等家庭成员由于照顾新生儿导致的消费水平下降等。其次，家庭对孩子的"消费"取决于正边际效用和负边际效用（边际成本）的比较，若两者相等，根据微观经济学理论家庭生育决策将实现效用最大化。这种成本与效用的权衡，促使他建立了边际孩子合理选择理论。最后，随着收入增加，家庭养育孩子的数量将减少。虽然 Leibenstein（1974）与 Becker（1960）的生育理论一脉相承，但在 Becker（1960）的标准模型中，利他机制仅表现为单向：父母视孩子为消费品，其生育动机主要源自孩子数量与质量所带来的直接满足感。相比之下，Leibenstein（1974）提出的双向利他模型则更为全面，强调孩子对父母的收入返还作用，从而将生育的动机从单纯的消费转变为消费与投资并存。

生育需求引致生育意愿。父母对孩子的需求可以分为情感性需求和功利性需求。情感性需求指父母从与孩子的情感互动和交流中得到的心理满足。我国传统观点认为"不孝有三，无后为大"，孩子是中国传统家庭结构不可或缺的重要元素。功利性需求指孩子在劳动、收入、保障、风险防范、家庭地位等方面给父母带来的物质上和精神上的效用。原始社会，生孩子的主要动机是养老，父母对子女的投资是为了将来丧失劳动能力时，子女能赡养他们（Neher，1971）。内生增长理论认为，孩子和其他消费品一样，生育数量取决于孩子相对于其他消费品的投资回报率（Bental，1989），若生育是出于保险动机，风险规避型父母会多生子女以减少老无所依的概率（Neher，1971），但公共养老金的存在会导致生育率下降。

2.1.2 孩子数量—质量替代理论

美国经济学家 Becker（1960）使用微观经济学中的消费者需求理论分析生育行为，认为子女同时具有消费和生产两种属性，当养育子女的总费用减去子女带来的总收入为正时，子女为消费资料，相反为生产资料。因此，他认为，子女是一种耐用品。在理论分析中，他还认为子女数量和收入是正向关系，从而提出收入正效用理论，但该理论无法解释西方国家生育率持续下降的事实。为解释这一事实，Becker 和 Lewis（1973）建立了孩子数量—质量替代理论，认为生育数量未能随收入上升而上升的原因在于，孩子作为"消费品"，随着收入的增长其质量更加重要，这一理论很好地解决了现实问题。他还提出家庭时间分配理论，由于生育需要占用母亲大量时间且影响她们的工作收入，所以育龄女性需要在生育与就业之间做出选择。他认为，生育孩子的机会成本由母亲的时间价格决定，因此决定生育的内在机制不是孩子的质量而是母亲的质量，因此母亲自身的收入、地位对于生育决策更加重要。

Becker（1960）从消费者均衡理论的视角分析家庭生育行为，创立了"孩子数量—质量替代理论"，他把孩子的数量和质量看成两种商品，并认为两者是一种相互替代的关系。他认为，随着家庭人均收入的增加，家庭在追求孩子效用最大化情况下的选择偏好为孩子质量，即宁愿选择少生且生育质量高的孩子而不愿意选择多生且生育质量低的孩子，投入由孩子数量成本向孩子质量成本转移，以提高孩子质量替代增加孩子数量。Becker（1960）认为，孩子是一种"时间密集型商品"，随着经济社会的不断发展，养育孩子的成本逐渐提高，同时，随着父母投入工资率上升，父母投入的时间成本的价值也随之上升，这增加了养育孩子的机会成本，随着孩子数量的增多，这种机会成本也会上升，因此，父母宁愿选择少生孩子以获得更高的收入。此后，Easterlin 和 Crimmins（1985）利用微观经济学供求理论提出生育率需求供给理论，他们认为不同的经济收入和就业会导致生育率存在差异。

2.1.3 代际财富流理论

澳大利亚人口学家考德威尔（Caldwell）在1960年首先提出了代际财富流理论。他认为，生育率转变的背后隐藏着人们对生育与家庭经济利益关系的判断，

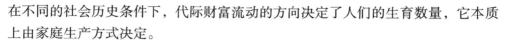

在不同的社会历史条件下，代际财富流动的方向决定了人们的生育数量，它本质上由家庭生产方式决定。

在 Caldwell 的代际财富流理论中，财富包括物质财富和精神财富，代际财富转移是家庭内部、长幼辈之间存在着的财富流动关系。在传统社会中，人们愿意生育子女，这种财富由幼辈流向父辈的方向助长了高生育率。在工业社会，财富流动方向逆转，由长辈流向幼辈，随着资本主义社会化大生产的发展，资本主义生产方式取代家庭式的生产方式，家庭成员以独立身份进入劳动力市场，这种家庭道德和生产方式的变化使财富流向逆转，增加了父母对子女在物质上和情感上的投入。现代夫妻已经认识到过多生育子女不仅是一种经济负担，同时也是一种情感负担，因此生育子女数量减少，导致生育率降低。

2.1.4 低生育率陷阱理论

"低生育率陷阱"一词在 Lutz 和 Skirbekk（2005）的合作论文中被首次提出，其主要描述了在某些地区，当生育率下降到一定程度后，将难以再次回升的状况。随后，Lutz 等（2006）从人口结构、家庭结构、生育观念、抚养成本等角度系统地对"低生育率陷阱"进行了阐述、归纳与总结，并结合人口学、经济学与社会学指出，当生育率低于 1.5 时，低生育率机制将自我强化，自此，"低生育率陷阱"上升至理论层面。

"低生育率陷阱"理论分别从三个视角解释了低生育率的自我强化机制。首先，"低生育率陷阱"理论从人口学分析出发，指出低生育率意味着新生儿数量减少，这直接导致未来育龄人口规模缩小，进而加剧生育率下降。其次，"低生育率陷阱"理论从家庭社会学的角度深入剖析了低生育率的自我强化机制，指出理想家庭规模在代际间具有传递性，即父辈的家庭规模会对子代的理想家庭规模产生影响。当父辈的家庭规模缩小时，子代往往也会倾向于缩小其理想家庭规模，从而进一步加剧低生育率循环。同时，这种生育观念的传递并非仅限于纵向的父辈与子代之间，它还涉及子代与子代之间的横向传递，以及不同代次与子代之间的斜向传递。在社会化传递过程中，一旦社会整体生育率降至某一临界点以下，个人的生育意愿与理想家庭规模便会随之降低。这种趋势进而引发实际家庭规模进一步缩减，使后代的理想家庭规模持续降低。最后，"低生育率陷阱"理论从经济学视角分析了低生育率的自我强化机制（经济分析过程建立在相对收入假设的基础之上），指出影响家庭规模的因素并非是孤立的，家庭渴望收入、预期收入、消费需求和消费欲望等多重因素会交叠影响家庭规模。当家庭预期收入未能达到其渴望收入水平时,家庭往往倾向于选择少生、晚生或不生孩子,生育率下降将导致劳动人口规模缩小与老年人口规模扩大,这将阻碍社会经济发展,从而降低预期收入,进而影响生育率。

2.1.5 "个体—社会"二元决定理论

"个体—社会"二元决定理论区别于新古典经济学分析。前者是一种理解人类行为的理论框架,强调基于个体动机与社会动机相互作用和平衡中解释人类行为。对于生育行为而言,"个体—社会"二元决定理论试图从微观(个体)和宏观(社会)两个层面去分析生育行为的动机和成因。然而,后者强调预算约束下对生育效用进行最大化选择。从个人生育动机出发,Freedman(1979)提出了"子女价值"概念,指出发展中国家与发达国家在子女价值上存在差异,这一差异显著影响了其生育选择。其中,影响子女价值的因素包括经济因素、家庭环境、个人因素、生活质量、婚姻质量、家庭关系以及宗教信仰体系等。

从社会生育动机看,人们通过社会网络与他人交往可以学习或补充对社会各方面的认识,如家庭价值观、劳动力市场情况以及儿童保育市场情况等,这些都将使生育行为的成本和收益发生改变,进而对个人生育决策行为产生影响。从社会学习看,育龄群体在与他人交往或学习的过程中发生信息交换,而这些信息正是她们做出生育决策所必需的。同时,生育信息的获取不必是语言交流,也可以是通过观察他人生育结果来增加认知。这些都将降低育龄群体获取生育信息的成本,进而激励其尝试生育。从社会影响看,当个人根据社会成本及社会收益行事时,社会对相关行为的惩罚与奖励便会产生社会影响,即一个人的态度、价值观和行为受到他人态度、价值观和行为的影响。具体而言,社会成员的经历、评价和社交特点都将对其生育决策产生至关重要的影响。在当今中国,"孝"文化仍为主流文化(景天魁,2018)。基于"不孝有三,无后为大"的社会影响,育龄群体更倾向于进行生育而被认同和尊重。从社会支持看,当一个社会不重视儿童价值,也不将照顾儿童视为一种共同责任时,那么愿意成为父母的人数就会减少。

2.1.6 其他生育相关理论

在非经济层面,心理学家也提出了许多理论框架用以分析家庭生育决策。美国社会心理学家乔治·赫伯特·米德(George Herbert Mead)首先将角色引入社会心理学的研究范畴,此后学术界逐渐将不同知识领域中侧重对角色概念的研究统称为角色理论。角色理论是研究生育决策的又一重要理论，它认为当育龄夫妇所扮演的不同社会角色不相容时会导致角色冲突。社会学家 Fox（1997）在研究中发现大多数父亲都面临着家庭与工作的冲突，这将会影响到家庭生育决策。心理学家 Ajzen（1991）以理性行为理论为基础，提出了从心理层面研究生育决策的另一重要理论，即计划行为理论（TPB），他认为，人们的行为是其行为意向的最终表现，而行为意向会受到行为态度、主观规范和知觉行为控制三方面的影响，该理论可以帮助我们解释和预测个体行为。此后，Miller 和 Pasta（1995）等学者提出了从意愿到行为的序列决策和作用过程，认为生育存在生育动机→生育意愿→生育打算→生育行为→生育率的递进过程，其中生育意愿和生育打算具有多维度的衡量。郑真真（2008）也认为，生育意愿不会直接转化为生育行为，她基于江苏省六县的调查问卷，结合"政策—意愿—计划—行为"的生育水平转化过程发现，经济、社会、文化等已经代替生育政策成为我国生育意愿和生育行为的首要影响因素。

2.2 生育意愿及生育行为的影响因素文献综述

生育作为一种社会现象，其意愿表达同时兼备三个特征，即数量、时间和性别。生育意愿和行为的影响因素可从正负性、个人、家庭和社会等层面划分。吴帆（2014）对许多学者的研究结论进行总结，并依据影响因素的正负性进行划分。正相关因素包含传统生育观念、父母生育意愿的代际影响、户籍类型、多孩生育政策、女性产假和生育保险等；负相关因素包含人口流动、出生年代、丈夫的健康自评和计划生育政策等。

2.2.1 生育行为相关研究

在人口与经济学研究领域中，生育行为的重要性不言而喻。从生育行为的内涵来看，不同学者对生育行为概念的界定虽有差异但结论基本一致。生育行为既表示一种客观存在的形式，又是凝结所有社会关系的社会行为。而这种社会层面的经验假定自然而然地决定了生育行为的产生源于社会动机，即个人对生育行为结果的意义的综合评价影响生育行为的实现。生育行为不仅反映了自身的生育期望和生育结果，而且受到夫妻、子女及祖辈的影响。生育行为表现为实际生育子女的数量。

20 世纪 70 年代是人口学领域成果迸发的时代，《人口炸弹》等书的出版让人们开始正视人口危机和生育问题等课题的研究。生育行为是生育相关研究中较为重要的课题方向之一，生育行为的变化影响总和生育率，对社会经济发展产生重要影响，人口学家对个体生育行为进行了深入研究。Caldwell（2006）研究了20 世纪 50~70 年代生育行为的全球化，他认为，生育行为是生育率的现实表示，生育行为下降是全球性的趋势，生育行为下降的范围无法预测。Miller 和 Pasta（1995）研究哪些因素可以预测生育行为，发现生育行为是生育动机、态度、信念和愿望影响的最终结果，生育意图对生育行为有较大影响。Marteleto 等（2017）研究巴西寨卡病毒流行期间女性的生育意图和行为，发现生育保健服务的不平等导致不同妇女在病毒流行期间面临不同的意外怀孕风险，提供生殖保健服务和保证社会公平对提升个体生育行为起到重要的作用。Tan 和 Tey（1994）通过对马来西亚的数据进行研究，观察其他因素对生育行为的预测能力，发现生育行为是生育意愿的现实表现，较高的生育行为下必然暗藏较高的生育意愿，因此计划生育政策的提出要配合居民的生育意愿来实施才会产生更好的效果。Miller（2011）研究发现，生育行为的发生分为三步：生育动机、生育欲望和生育意图。生育意愿到生育行为的转化受到生育欲望和生育意图之间不同连接结构的影响。

2.2.2　微观个体影响因素

　　生育行为的微观个人内在影响因素的研究认为，做出生育行为决策主要有养儿防老、传宗接代等目的。人们依靠生育来满足这些内在需求，进而影响生育行为。从个人及家庭层面来看，年龄、收入、婚姻状况、生育经历、受教育情况、职业和家庭照料都会影响个体生育意愿。

　　张原和陈建奇（2015）在分析家庭生育意愿的变迁以及影响因素时发现，年龄、受教育情况、生理因素以及经济特征因素都会影响家庭生育意愿。Derose 和 Ezeh（2005）着重考察了年龄、受教育程度等配偶特征对女性生育行为的影响。Herzer 等（2012）、Balbo 等（2013）认为，年龄、受教育水平、收入等微观个体因素会影响人们的生育意愿。Chaudhury（1984）以孟加拉国女性为研究对象，分析受教育程度、结婚时间等因素对女性生育行为的影响效应。在年龄和收入对生育意愿的影响方面，现有文献的观点存在分歧。从个体人口学特征差异来看，个体年龄的增长对生育行为的影响是负向的，并且年龄越大，生育意愿越低。在二孩政策背景下，男性相较于女性表现出更强的生育二孩的意愿。Heaton 等

（1999）认为，人们的生育意愿会随着年龄的增长先上升后下降，因为临近育龄结束期时，若预期的生育意愿未能实现，人们会降低生育的意愿。王军和王广州（2016）分析了 2010 年中国综合社会调查数据，发现我国城镇地区和农村地区育龄人群的意愿生育水平随年龄的增长而降低。风笑天（2009）利用在职青年调查数据研究发现，青年的年龄与其意愿生育数量无关。李建新等（2011）通过分析 2006～2007 年江苏省六县市的调查数据，发现人们的收入水平越高越有可能生育二孩。陈钟翰和吴瑞君（2009）利用上海市闵行区的调查结果结合 Easterlin 和 Crimmins（1985）的假说，对发达地区高收入者生育意愿较高的现象进行了总结与理论分析，并认为收入水平与生育意愿正相关。风笑天（2009）对影响青年生育意愿的个体特征进行研究分析，认为高收入的青年群体会有更高的生育意愿。李烟然等（2020）采用自制问卷对成都市 875 名育龄人士进行调查，并对影响生育意愿的因素加权排序，其中收入因素位列第一，与二孩生育意愿正相关。收入作为家庭特征中最重要的因素影响着居民的生育行为。收入对生育存在着双向效应，具体可体现为直接效应与间接效应。直接效应指随着收入的提高购买力提高，家庭从消费品中获得的效用增加，其中包括从孩子处获得的效用，家庭收入对生育需求有正向效应。间接效应则指收入的变化通过影响家庭中女性生育的机会成本、未来的经济安全以及时间价值等因素间接影响生育需求，即收入对生育需求具有负向效应。在教育的早期阶段，财政投入越大，越能促进社会生育，尤其在幼儿园阶段（杨华磊等，2020）。邓翔等（2018）构建三期 OLG 局部均衡模型结合中国综合社会调查数据进行实证分析，将收入分为劳动收入和非劳动收入，并认为只有增加非劳动收入才会提高二孩生育意愿。风笑天（2017）在对生育意愿的测量方式进行探讨时对一些研究者的调查结果进行总结，即理想子女数为两个的许多家庭由于经济因素最终生育一个孩子，在一定程度上表明生育意愿及行为与收入正相关。而有研究认为两者为负相关，周俊山、尹银和潘琴（2009）利用 2004 年拉萨市"育龄妇女婚姻、生育及家庭调查研究"抽样调查数据，发现妇女家庭经济地位的提高减少了生育数量；潘丹和宁满秀（2010）认为，家庭收入与妇女生育意愿负相关，如果考虑到收入结构，此影响会下降。胡静（2010）则认为，社会经济因素主导妇女的生育意愿，育龄女性的收入对生育意愿无显著影响。在婚姻状况对生育意愿的影响层面，学界的研究结论较为一致。众多国内学者的研究表明，家庭总收入水平、结婚时间等都是影响女性生育意愿的显著因素。家庭规模以及家庭人均收入对育龄群体的生育行为产生显著的负向作用，随着家庭规模的扩大，生育成本随之增加，收入越高的家庭越注重提升孩子的质量，反而降低了生育意愿。

差异化的受教育程度对女性的生育行为也存在不同影响效应。贾志科（2009）根据调查数据研究发现，受教育水平越高，育龄人群的意愿生育数量越少，并且文化程度高的群体不容易受到传统生育文化的影响，他们的生育性别偏好不明显。Chaudhury（1984）研究孟加拉国女性教育、工作经验和结婚年龄对生育行为的影响，发现教育程度显著影响女性对避孕工具的使用，也是解释生育行为的重要变量之一。女性的结婚年龄显著影响女性的生育行为，而工作经验对避孕和生育行为的影响较小。个体受教育程度越高，受教育年限越长，则生育可能性越低。育龄妇女的身体状况和心理状况也会影响其生育意愿。高龄产妇以及女性焦虑、抑郁等心理问题显著降低其生育的可能性。随着人类预期寿命的延长、教育水平的提高，家庭的生育观念发生变化，家庭对生育的需求随之改变，年轻人倾向于晚婚、晚育。加之育儿成本高、生活压力大，多数育龄个体选择减少生育或推迟生育。新家庭经济学将生育行为纳入微观层面考量。部分学者关注了母亲受教育水平对生育行为的影响。Lavely 和 Freedman（1990）发现，在 20世纪 60 年代的中国城市和 20 世纪 70 年代的中国农村，早在计划生育政策实施之前，受教育水平较高的女性就已经开始有意识地控制其婚内生育行为，生育率在这类家庭中发生自发的转变。Azarnert（2010）研究了不同经济发展水平地区的免费公共教育对生育率产生的影响。研究发现，在生育率内生的前提假设下，当经济发展水平不高且父母的人力资本水平较低时，免费公共教育会抑制生育，降低生育率；而当经济发展较好且父母的人力资本水平较高时，免费公共教育则会促进生育，提高生育率。朱钟棣（1985）发现，在母亲的受教育水平提高到初等以上时，其生育的子女数量会有规则地减少。张爱婷和杜跃平（2006）认为，妇女的受教育水平能够显著影响我国居民的生育水平，其对居民生育水平影响的大小仅次于社会经济发展水平。受教育程度不同的育龄妇女在生育水平上存在明显的梯度差异，受教育程度越高，生育数量离更替水平越远，生育多孩的比例也大幅减少。育龄妇女受教育程度的提高将会显著降低总和生育率（张丽萍和王广州，2020）。而宗占红和尹勤（2007）根据对常州市和重庆市的问卷调查发现，育龄夫妇的文化程度对意愿生育数量以及生育性别偏好的影响呈现先下降后上升的"U"型分布。风笑天（2009）同样认为，低受教育水平群体和高受教育水平群体的意愿生育数量明显多于中等受教育水平群体。

随着经济社会的发展，家庭抚育成本已经成为当下低生育时代决定育龄女性生育决策的首位因素。顾宝昌和彭希哲（1993）研究了结婚年龄与生育率之间的关系，发现个体结婚年龄越早，生育数量越多，即生育率上升，随着结婚年龄增大，生育率呈现下降趋势。还有学者利用生育率模型分析生育水平变动的影响因素，发现生育控制和婚姻结构在不同时期对生育水平呈现不同的作用程度。当前未婚群体相较于已婚群体的生育意愿更高，选择生育男孩或女孩的人群比例接近并且农村家庭追求孩子数量的生育观念发生转变等现实状况说明，结婚状态、生育性别选择变化、农村家庭生育动机的转变等现实因素正逐步影响生育选择行为。Mitchell 和 Gray（2007）认为，无子女单身人士的生育意愿低于有配偶或伴侣的人，Weston 等（2004）持有相同看法。风笑天（2009）发现，已婚青年的意愿生育数量多于未婚青年，一般情况下婚后的生育意愿会提升。生育经历会影响之后的生育意愿。风笑天（2017）、龚德华等（2009）认为，生育后的育龄人群的生育意愿主要受到之前生育行为的影响，如果现有子女数和性别不符合育龄夫妇的生育意愿，他们有可能继续生育；而已有子女的态度也会影响家庭生育决策，若已有子女对家庭生育持有支持态度，则其父母更倾向于生育多孩。张苹等（2018）认为，子女数量的增加会使母亲更有可能放弃职业发展机会，女性养育子女的数量与其职业发展存在显著矛盾。曾远力（2018a）研究分析了工作因素对女性生育二孩决策的影响，发现职业女性生育二孩的可能性更小。在国外的相关研究中，Heiland 等（2008）发现，家庭成员的失业经历和家庭规模负相关。在家庭照料的层面上，黄晓芳（2020）认为，现代女性劳动参与率较高，其照料孩子的时间和精力有限，如果有人帮助其照料孩子则可以提升其生育意愿。任忠敏等（2018）通过对承德市已婚且育有一个子女的育龄女性进行问卷调查发现，在没有二孩生育意愿的人群当中，55.8% 是由于缺乏时间和精力照顾孩子。顾和军和吕林杰（2015）发现，大量女性参与劳动就业导致生育数量下降和生育年龄推迟，非农个体的女性数量增加抑制生育行为的产生，农业劳动的女性数量增加促进生育行为的产生。

Thornton（1980）使用家庭纵向调查数据，研究父母的生育率和经济状况对子代生育行为的影响，发现第一代家庭规模与第二代生育行为之间正相关，父辈的财务状况与子代的生育行为负相关。Schoen 等（1999）研究发现，家庭生育决策行为受到夫妻双方共同的作用，即夫妻双方决策的综合结果决定家庭生育行为。Bongaarts（2001）通过考察发达国家生育偏好与实际生育率之间的差异，分析得出非意愿生育、生育性别偏好、生育年龄、非自愿不孕不育以及经济、社会、健康等竞争性因素影响实际生育行为。Harknett 等（2014）使用欧洲社会调查数据研究家庭支持环境对生育行为的影响，发现家庭支持环境与一胎生育行为之间的关系不明显，对二胎及以后的子女影响较为明显，宏观层面的政策支持对生育行为仍有促进作用。不同代际育龄妇女的生育意愿存在显著差异。研究表明，意愿生育数量随育龄妇女年龄的增加而递增（王军和王广州，2013）。年龄和生育的关系受生育孩次的影响，在已有一孩的情况下，育龄女性的年龄越大，二孩生育意愿越低（李芬和风笑天，2016）。改革开放后出生的一代人的生育意愿和意愿生育数量表现出与父辈们不同的特征。李建新和骆为祥（2009）发现，20世纪80年代出生的育龄女性少生、晚生、优生的意愿趋势明显，以孩子为中心的观念也在弱化，性别选择更趋向无偏好化。于长永（2012）发现，农民"养儿防老"观念存在显著的代际差异，并且随着经济社会的发展，农民"养儿防老"的观念呈现明显的弱化趋势。赵晓霞（2012）认为，不同的社会制度和社会组织形式，以及家庭构成和受教育水平的差别对代际生育意愿产生了不同程度的影响。同时，城市居民"少生优生""生男生女都一样"的现代生育观念不断强化。郑丹丹和易杨忱子（2014）发现，在中国家庭中，大多数子女或多或少都会为父母提供支持，女性为父母提供的生活与情感支持略多于男性。"养儿防老"这种中国传统观念中的家庭代际支持模式已经不再普遍适用于当下的中国社会。

2.2.3 宏观社会影响因素

生育政策、宏观经济环境、社会观念以及公共服务资源等都影响着人们的生育行为。从政策制度方面来看，王天宇和彭晓博（2015）基于中国健康与营养调查十年间的数据分析社会保障制度对居民生育意愿的影响，认为新型农村合作医疗制度的建立使居民生育意愿降低。石人炳（2021）通过分析我国生育政策的演变历程，深刻揭示了包容性生育政策的本质内涵，即尊重生育决策的自主性和生育主体的生育意愿。生育政策的演变推动家庭社会资源向子女转移，改变了家庭对子女的重视程度，不同子女数的家庭子女之间质量存在差异。陈海龙和马长发（2019）探究"单独二孩"与"全面二孩"政策产生的生育效应发现，生育政策的调整显著提升了生育率。然而有学者认为，生育政策的实施加剧了生育意愿与生育行为的背离，生育政策的作用逐步减弱。生育政策的转变对女性的生育理念产生影响，生育率的提高意味着女性承担更高的机会成本，生育的机会成本作为导致家庭生育意愿下降的关键变量，直接降低了已婚女性的生育需求。据此，有学者分析了生育率下降的原因。王金营等（2005）在分析中国各地妇女生育水平差异时发现，生育率的下降取决于政策水平和社会经济发展水平。宏观经济的发

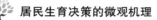

展显著降低了女性的生育意愿，对于集聚程度较高的城市而言，人口加速流动带来的是不动产价格的上涨，造成家庭初育年龄推迟。经济发展、生育养育配套政策对生育率变化的影响也极为重要，虽在一定程度上平衡了女性家庭与工作冲突，但养育成本高仍然是制约生育行为的核心因素。西方人口经济学理论能够解释经济因素如何影响家庭生育行为。传统文化价值观和现代生育理念影响中国城乡家庭生育行为，生育孩子的社会价值成为生育行为的关键影响因素。从生育公共服务质量来看，肖涵（2022）认为，公共服务质量的提升能够显著提升居民幸福感，良好的育养环境可显著提高二孩生育意愿和生育行为。从人口迁移角度来看，人口流动对生育率的影响显著，城市外来人口成为生育率极低的群体。人口的迁入与迁出对个体的生育行为存在差异化的影响效应，但对二胎生育意愿的影响不显著。杜本峰（2011）在我国人口性别比失衡的背景下研究生育行为的影响因素，发现传统思维对于性别倾向生育行为的影响程度正在逐渐减弱，学历水平和人力资本水平的提高有助于消除收入梯度，提升居民无性别偏好生育行为发生的概率。张浩等（2021）基于随机森林算法对"80后"人群的生育行为进行研究，发现社会支持对生育行为产生正向影响，学历越低生育二孩的可能性越高。Clark 和 Ferrer（2019）结合加拿大劳动收入和动态调查数据库研究不动产价格的变动对生育行为的影响，研究发现不动产价格的滞后性可促进生育行为发生的概率，但结果的适用性仅局限于加拿大职业工作者。邓浏睿和周子旋（2019）利用中国家庭追踪调查数据库中的数据研究不动产价格波动对生育行为的影响，发现不动产价格与生育行为负相关，这一关系在中高收入人群中更为显著，不动产价格对生育行为的影响在一孩和二孩之间存在异质性。黄静和李春丽（2022）从微观家庭视角分析住房对多孩生育的影响，研究认为住房资产对多孩生育产生正向的促进作用，而因买房所承担的成本压力对于多孩行为发生的概率存在负向影响。从住房角度来看，中国的高不动产价格显著抑制生育率，不动产价格的上涨造成已婚妇女推迟生育年龄、生育意愿降低，这种抑制关系在中高等收入群体中更为凸显。此外，住房状况、居住环境以及住房期望也是生育率低迷的重要解释变量，非都市家庭和租赁家庭的生育意愿更高。预计购房期限与生育意愿之间也存在显著关系，尤其是对于一胎家庭来说，其对二胎生育意愿有显著影响。何亚丽和林燕（2016）通过使用代际模型研究教育及社保对青年夫妇生育行为的影响，研究发现，社保在税收中的占比与居民的生育行为负相关。杨雪和张竞月（2014）利用国家人口和计划生育委员会人口流动及其影响因素监测调查数据研究人口迁移对生育行为的影响，发现朝鲜族迁入和迁出城市的妇女生育行为存在

差异，人口是否流动对朝鲜族女性一胎的生育行为产生显著影响，对二胎的影响不显著。

从社会层面来划分，生育文化转变、户口城乡差异及生育政策是导致生育意愿下降的因素。生育文化的转变是导致生育意愿及行为下降的重要原因。顾宝昌（1992）认为，文化会影响家庭生育需求。郑真真（2004）研究发现，"儿女双全""养儿防老""传宗接代""多子多福"等传统生育文化在农村地区普遍存在，这导致第一孩是女孩的家庭更倾向于多胎生育。随着生育文化慢慢转变，贾志科（2009）发现自我国改革开放以来，"生男生女一样好""少生优生"等新型生育观念正被人们接受，并影响着人们的生育意愿及行为。赵琳华等（2014）通过分析上海市静安区"80后"青年生育意愿调查数据发现，大城市的育龄女性更倾向于生育女孩。尹勤等（2006）发现，城市居民的生育意愿低于农村居民，并且户口影响在不断减弱。风笑天（2018）对诸多相关文献进行汇总发现，户口的影响只存在于真正的城乡居民之间而非流动人口中。此外，生育政策的导向也会影响居民的生育意愿，张亮（2011）发现计划生育政策使我国生育水平低于更替水平，独生子女政策使育龄人群二孩生育意愿明显降低。程星等（2017）认为，"全面二孩"政策依然抑制生育，应该提出相关的配套政策促使生育水平上升。贾志科等（2019）基于对南京市和保定市的调查发现，"全面三孩"政策放开了生育限制。

Bollen等（2007）研究欠发达国家的永久收入和社会经济地位对生育行为的影响，发现永久收入的增加不利于生育行为的产生，社会经济地位的高低影响收入对生育行为的影响。Fenge和Scheubel（2017）研究德国养老金对青年群体生育行为的影响，发现公共养老金制度抑制生育行为的产生，公共养老金内部收益率的不同是影响生育行为的重要因素。

2.3　生育意愿与生育行为的关系文献综述

2.3.1　生育意愿对生育行为的影响

在诸多生育行为的影响因素中，学者发现生育意愿对生育行为的影响程度最高，生育意愿与生育行为的变化趋同，因此部分人口学者重点研究生育意愿对生育行为的影响。在这期间迸发出众多生育理论和模型：美国经济学家哈威·莱宾斯坦（Harvey Leibenstein）提出边际子女选择理论；芝加哥大学教授加里·斯坦利·贝克尔（Gary Stanley Becker）提出孩子数量—质量替代理论；人口经济学家伊斯特林（Easterlin）和克里明斯（Crimmins）提出生育率需求供给理论；澳大利亚人口学家考德威尔（Caldwell）提出代际财富论；美国人口学家戴维斯（Davis）和布莱克（Black）提出中介变量论；美国人口学家邦戈茨（Bongaarts）对生育模型进行完善提出了著名的邦戈茨生育模型。学者们在理论模型的引导下找到了研究生育行为的新途径，通过对生育意愿的研究间接影响生育行为。Thomson等（1990）使用普林斯顿调查数据研究夫妻双方的生育意愿，研究发现丈夫的生育意愿对生育子女的影响较大，若夫妻双方生育意愿不同，那么实际生育子女数量介于两者之间。Ajzen和Klobas（2013）研究发现，利用TPB可有效了解人们的生育意愿，无论是发达国家还是发展中国家，个体生育意愿都是理性决策的结果。Park等（2010）认为，生育行为是资源分配的结果，生育意愿的变化基于人们对未来投资意愿的变化，夫妻双方的生育意愿相互影响。因此，在低生育时期父辈对子女投资水平的提高可能是促进女性特别是就业妇女生育意愿提升最重要的渠道。Ibrahim和Arulogun（2020）认为，生育意愿和生育行为完全取决于社会、经济、文化等因素，生育意愿是社会文化的一部分，生育意愿受当地文化和宗教信仰的影响。De Silva（1991）通过分析斯里兰卡的数据发现，育龄妇女生育意愿可以预测未来的生育行为，非自愿生育与妇女的性格特征和其丈夫对子女的生育意愿有关。Hayford和Agadjanian（2012）以莫桑比克南部农村已婚女性为研究对象，通过研究分析个人、家庭和社区的调节能力，发现停止生育的意愿可作为未来生育行为增加的预测，其对应关系高度显著。Agadjanian（2005）通过研究撒哈拉以南非洲地区人口生育问题，发现生育意愿和生育行为取决于外部压力和心理意愿的交互影响，非正式社会互动在解决生育问题、建立社会共识等方面发挥重要作用。

生育意愿对生育行为的影响巨大，因此影响生育意愿的因素亦可间接影响生育行为。风笑天和张青松（2002）以二十年全国生育意愿调查数据为基础，研究我国城乡居民的生育意愿，发现生育意愿具有滞后性、内部失调性和诱导性等特点。风笑天（2021）通过对青年夫妇生育意愿的调查发现，青年夫妇生育意愿不高，仅有一半左右的青年人有二孩生育意愿，无论是否为流动人口，对研究结果无明显差异，政策制定者要防范生育意愿研究结果的偏差。茅倬彦和罗昊（2013）使用江苏省群众生育意愿和生育行为调查数据研究二胎生育行为的影响因素，发现个体生育意愿是影响生育行为的主要因素，个体从理性、客观等角度思考是否有生育的必要后产生生育行为的概率较高。王天宇和彭晓博（2015）研究新型农村合作医疗对生育意愿的影响，发现医疗合作与生育意愿之间显著负相关，社会保障制度的建立为放松人口政策提供了空间。丁仁船等（2022）使用线性回归模型分析夫妻年龄差距对女性生育意愿的影响，发现夫妻年龄差距显著影响育龄妇女的生育意愿，妻子年龄大于配偶年龄时，女性的生育意愿达到高峰，男性相对于女性的年龄越高，女性的生育意愿越低。任麒升（2022）基于2014年CFPS数据库研究非农就业对女性生育意愿的影响，发现农村女忹非农就业不仅显著降低了女性的生育意愿，而且降低了女性生育子女的数量。宋健和胡波（2023）发现，在当前生育意愿与生育行为双低的状况下，仅缩小生育意愿与生育行为之间的偏离不足以提升生育水平，只有加强对生育意愿的研究才可有效解决生育率较低的问题。边恕和纪晓晨（2023）基于中国社会调查数据研究社会资本对育龄夫妇生育意愿的影响，发现社会资本的增加可提升个体的生育意愿，社会资本对城镇居民的影响程度高于农村居民。

另外，生育行为的变化在数据上体现为生育率的降低，因此，学者们逐渐开始从生育率的角度间接分析个体的生育行为。总和生育率是衡量育龄女性一生平均生育子女的数量最重要的变量，往往以总和生育率是否大于2来衡量一个国家或地区的生育率水平是否高于人口更替水平。总和生育率小于2意味着平均一个家庭死亡两人、只有不到两个新生子女进行替代，总和生育率长期低于人口更替水平所带来的后果必然是人口结构的变化和人口增长率的转变。Westoff（1990）对生育意愿与总和生育率进行研究，通过对20世纪80年代以来的数据进行处理发现，依据不要孩子的女性占比可以很好地预测当地的生育率，因为总和生育率与生育意愿较低的妇女占女性总人数比之间存在高度相关性，两者的比值几乎为固定常数。Udry（1983）将生育意愿分为两种不同的模型：同步决策生育模型和顺序决策生育模型，同步决策模型意味着夫妻双方在生育子女前有明确的生育子女意愿，婚后按照夫妻双方的生育意愿执行生育行为；顺序决策生育模型指夫妻双方的生育意愿不断变动，夫妻双方的生育意愿与生育行为受到各种因素的影响。

2.3.2 生育意愿与生育行为的背离

当前，国内外学者对生育问题的关注主要包括两个方面：生育意愿与生育行为偏离；低生育率背后深层次的原因。关于生育意愿与生育行为偏离，主流观点认为目前全球普遍存在生育赤字：实际生育数量小于主观期望生育数量。关于低

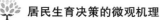

生育率背后深层次的原因，学界进行了大量讨论，普遍认为低生育水平是经济水平、社会文化、政策环境等多因素叠加影响的结果。生育意愿和生育行为的关系受到学界的普遍关注，"等同论"曲高和寡，而"差异论"则得到普遍认同。Lutz（1994）根据1989年欧洲12国的调查数据发现，居民平均意愿生育数量为2.16个，但当年欧洲共同体国家居民平均生育数量为1.6个，生育意愿与行为大约存在0.6的差异。Hagewen和Morgan（2005）研究发现，所有国家的居民平均生育意愿都高于实际生育水平，具体来看，大部分国家居民的意愿生育数量都大于2，但实际生育水平低于2。我国的相关研究也有一致的结论，顾宝昌（2011）认为，生育意愿和生育行为具有三重背离，从有生育意愿到最终实际生育，之间会受到多重因素的影响，体现为意愿大于、等于和小于行为，他通过对湖北省宜昌市两个县的研究发现，理想子女数为2的家庭占较大比例，但该地区的总和生育率始终在1左右。宋健和陈芳（2010）基于2009年我国城市青年状况调查数据发现，生育意愿和生育行为的背离主要表现为实际子女数小于理想子女数。为了提高生育水平，缩小生育意愿和行为之间的差异，许多学者开始分析造成这一差异的原因。美国人口学家Bongaarts（2001）最先提出生育意愿和生育行为的差异理论，他通过观察发达国家和部分发展中国家的生育意愿和实际生育水平之间的差异后，认为导致生育意愿和生育行为产生背离的原因有六个方面，其中非意愿生育、替代孩子死亡的生育和性别偏好促使生育行为高于生育意愿，生育年龄推迟、非自愿不孕不育和竞争性因素促使生育行为低于生育意愿，茅倬彦（2009）对前三点原因进行了验证。而实际生育数量低于期望生育数量的原因包括：生育年龄推后、非自愿不孕不育和竞争性原因。宋健和陈芳（2010）研究发现，初育年龄、流动状况及性别因素会导致城市青年的生育意愿与生育行为偏离。陈卫和靳永爱（2011）研究发现，个人特征、社会经济背景、生育政策、已育孩子的性别结构和存活状况都会导致生育行为大于生育意愿。宋健和阿里米热·阿里木（2021）研究发现，育龄女性生育意愿与生育行为的偏离度约为0.14个孩子，但是各类家庭生育支持均有助于显著缩小育龄女性生育意愿与生育行为间的差距。杨菊华（2008）介绍了欧美与我国生育意愿和行为关系的相关研究，并认为导致两者背离的因素包括初婚年龄和一孩生育年龄的推后、非意愿不孕不育、早年的理想生育数量、养育孩子的机会成本和直接成本。贾志科等（2019）在研究当前城市青年的生育意愿与生育行为后发现，经济、工作、政策、性别和流动等因素造成了生育意愿和行为之间的背离。陈卫和靳永爱（2011）在研究中发现性别偏好是导致生育行为大于生育意愿的主要因素，而育龄妇女的个

人背景会对两者之间的差异产生重要影响，同时他们谈到未将职业、收入等重要的社会经济特征纳入研究从而使研究具有一定的局限性。

生育意愿通常指个人、家庭在生育时间、生育数量和性别组合等方面的主观期望，其中，期望生育数量在生育意愿中的地位至关重要（侯佳伟等，2014）。然而，生育行为是在生育动机指引下，一种有意识、有目的的人口生产和再生产活动，其更关注最终生育结果。虽然生育意愿和生育行为在概念上存在明显区别，但实际两者又存在紧密联系。生育行为在很大程度上受个人和家庭生育意愿的影响，这意味着无论是生育意愿还是生育行为均会对真实生育水平产生重要影响。此外，生育意愿又并非完全等同于生育行为，生育意愿能否转化为生育行为还受到多重因素制约，包括经济环境、社会文化环境、政策环境等。因此，生育意愿与生育行为两者间的差距作为影响实际生育水平的又一重要因素长期受到学者关注。研究发现，分析生育意愿与生育行为错位的深层次原因是近年来生育研究的主要方向之一（张孝栋等，2021）。

通常，在高生育率环境中，实际生育数量（生育行为）会高于主观期望生育数量（生育意愿）；反之，实际生育数量则会低于主观期望生育数量。在当前低生育率蔓延至全球的背景下，国内外均有学者指出，当前实际生育数量与主观期望生育数量存在巨大偏差（Bongaarts，2001；宋健和陈芳，2010）。具体而言，实际生育数量小于主观期望生育数量，即生育需求并未被完全满足。例如，欧洲及部分高度发达国家的平均理想生育数量为两个或以上，这远超过实际生育数量（Beaujouan and Berghammer，2019）。21世纪以来，由于中国生育率长期低于人口更替水平（2.1），生育行为偏离生育意愿也发展成为一种常态。大量研究发现，中国已经完成由"高生育率，低死亡率，高自然增长率"到"低生育率、低死亡率、低自然增长率"的人口转变。目前，我国平均理想生育数量高于实际生育数量，存在生育赤字（马志越和王金营，2020；王军和王广州，2016）。然而，也有一部分研究得出了相反的结论。例如，茅倬彦和罗昊（2013）基于计划行为理论探究生育意愿与生育行为偏离，发现大部分育龄女性的生育意愿等于生育行为，不存在生育意愿高于生育行为的情况。贾志科等（2019）通过实地调研认为，随着生育限制逐渐放开，城市青年家庭的生育水平会逐步收敛于生育意愿。

2.4 生育率变化及其原因文献综述

2.4.1 生育变化相关研究

在总体生育变化方面，学者们对中国现阶段总和生育率的判断已经趋于一致。翟振武等（2015）认为，2008~2010 年我国的总和生育率总体趋势平稳。陈卫（2015）认为，2000~2010 年我国的平均生育率在 1.6 左右。辜子寅（2015）发现，2000~2012 年我国总和生育率经历了先上升后下降，再小幅上升的变化过程。李智等（2015）发现我国人口出生率从 1982 年开始大幅下降，2000 年总和生育率降到更替水平（2.1）以下，到 2010 年我国 31 个省、自治区、直辖市（香港、澳门、台湾地区除外）的总和生育率均低于更替水平 2.1，为低生育率国家。陈卫（2016）认为，我国 2000~2010 年的生育水平不低于 1.5，近年来在 1.6 左右，且有上升趋势。有学者认为，我国的人口生育率存在进一步下降的空间，其中性别选择性人工流产抑制了生育意愿并减少了生育数量（庄亚儿等，2021）。在目前的生育水平条件下，放开生育政策的效果可能是有限的。

甘春华和陆健武（2016）认为，"全面二孩"政策会强化女青年的二孩生育意愿，但不会改变她们既有的流动模式。李壮（2016）认为，当前农民生育潜力巨大，65%的农村青年具有稳定的二孩生育意愿。靳永爱等（2016）发现，在中国城市家庭中有 24.4%的人计划生育二孩并有明确的时间规划，5.1%的人计划生育二孩但没有时间规划。生育偏好受个体家庭生活和成长环境的影响，生育、养育、教育孩子的经济成本和时间成本影响多孩的生育计划，但并不对生育偏好产生影响；男孩偏好是一种现实促进因素，第一个孩子是女孩的女性更可能有生育第二个孩子的计划；生育计划与生育偏好之间的偏离也主要受现实因素的影响。梁宏（2017）在重点考察了中山市家庭的经济支持、照料支持和精神支持对职业女性二孩生育决策的影响后发现，当丈夫对家庭经济提供更多支持或者夫妻双方提供的经济支持相差不大时，职业女性生育二孩的可能性较高；家庭成员提供照料支持、精神支持的可能性越大，则职业女性生育二孩的可能性也越大；家庭照料支持可获性的增强能够提高所有育龄女性的二孩生育可能性。

2.4.2　生育水平下降的影响因素研究

改革开放将中国低生育历程分为两个阶段：改革开放前，学界普遍认为生育水平快速下降主要归因于强制性的计划生育政策（穆光宗和林进龙，2021）；改革开放后，生育水平进一步下降则主要因为经济、社会、文化变迁。这意味着中国生育水平下降的主导因素已从外生性生育政策转向内生性经济社会发展（原新，2022）。

2.4.2.1　经济因素

宏观经济波动影响生育。研究发现，宏观经济发展与生育水平之间存在负相关关系。然而，随着经济发展水平提升，这种负相关性的强度逐渐减弱（何林和袁建华，1989）。陶涛等（2017）得出相似结论，经济发展与生育水平呈反向变动关系，且这种反向变动的幅度会随着经济水平提升而减小。同时，众多研究亦证实，一个国家或地区的经济发展会通过城市化率、技术水平、人力资本及女性社会地位等辅助经济指标和中间变量对生育水平产生深远影响。此外，宏观经济波动亦能通过其他经济变量间接影响个人生育决策。国外大量研究表明，宏观经济波动会产生失业、收入降低等消极因素，进而加重微观个体生育负担，导致整体生育水平下降（Adsera，2005；Sobotka，2017），中国也不例外。一方面，社会经济发展提供了更多就业机会和劳动收入，降低了育龄人群的生育负担和新生儿死亡率；另一方面，育龄人群生育的机会成本也会随着收入提高而增加（Schultz，1969）。

住房负担与住房所有权影响生育。有关住房负担影响生育水平的研究普遍认为，随着不动产价格持续上涨，育龄人群所面临的住房负担与生育成本不断攀升，进而引发社会整体生育水平下滑（Pan and Xu，2012）。现实中，不动产价格上涨主要通过经济负担影响育龄人群的生育决策。宋德勇等（2017）研究发现，不动产价格上涨对育龄人群的生育意愿同时产生"收入效应"与"挤出效应"，但是"挤出效应"大于"收入效应"，导致不动产价格上涨对育龄人群生育意愿产生的总效应为负。张櫔櫔（2021）研究发现，不动产价格与生育决策之间并非简单的线性关系，而是一种复杂的动态关系。不过，不动产价格快速上涨仍会显著抑制生育水平。但是，唐重振和何雅菲（2018）研究发现，住房负担对不同生育类型的家庭具有不同效应：正向激励效应或负向挤出效应。有关住房所有权影响生育决策的研究认为，生育意愿和住房所有权之间存在显著的正相关关系（Chudnovskaya，2019），这主要是因为购房需要一定的储蓄与稳定的收入，

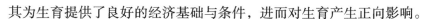

其为生育提供了良好的经济基础与条件，进而对生育产生正向影响。

育儿成本变动影响生育。主流研究认为，生育孩子所面临的经济压力、照料负担以及教育成本已成为家庭生育的主要障碍（张孝栋等，2021）。抚养、照料与教育花销是生育成本的主要构成元素。研究发现，家庭在教育子女上的支出普遍占据家庭收入半数以上。鉴于当前低生育率的状况，民众对教育的差异化与高品质需求越发强烈，无形中加重了家庭在教育子女方面的负担。在教育负担与养育负担双重压力下，众多年轻家庭不可避免地出现生育赤字，这进一步导致了生育水平下降。总体而言，高不动产价格、高生活成本以及高养育成本在短期内难以得到缓解，这些因素将对生育水平产生明显的抑制效应。

2.4.2.2　社会文化因素

除了经济因素，社会文化是导致生育水平长期徘徊在低位的另一重要因素。关于社会文化影响生育水平的研究大致可以分为三类：一是社会生育文化变迁对生育的影响；二是家庭生育观念对生育的影响；三是性别观念对生育的影响。

社会生育文化变迁影响生育。研究发现，生育模式通常会随社会文化背景变化而改变。就中国而言，主流儒家文化对生育产生了潜移默化的影响。李银河（2003）通过实地调研发现，浙江、山西和北京三地的族群文化对当地的生育水平产生了显著影响。彭玉生（2009）基于村级数据发现，香火观念深厚的村庄的生育水平往往更高。社会生育文化变迁同样影响个人生育决策。吴莹等（2016）以社区为单位研究居民生育决策，发现社区居民的生育决策更倾向于遵循传统文化要求，但随着政策实施力度加强，传统文化的影响力会逐渐减弱。对于流动人口，杨菊华（2018）研究发现，尽管城镇化进程在总体上降低了流动人口生育意愿，但流动人口二孩生育意愿仍具有明显的男孩偏好。此外，流入地文化也会影响流动人口生育意愿，通常流动人口会部分接受当地居民的生育观念。然而，流动人口生育观念融合并非是线性过程或单一结果，而是动态的、多样化的和非线性的。由于自身特征、文化背景以及社会经济地位存在差别，不同流动人口融入新环境的途径和模式也存在差异。部分流动人口倾向于融合传统习俗与流入地的生育文化，并在新居地重塑生育观念（Portes et al.，1980）。

家庭生育观念影响生育。研究发现，父母的生育偏好、生育经历会对子女的生育产生长久、深远的影响。卿石松（2022）研究发现，父母会有意识地向子女传递生育态度与生育偏好，进而使子女与自己的生育偏好保持一致。外国学者研究发现，父母的生育偏好与子女的生育偏好显著正相关，即年轻一代会将父母的生育经历作为参考。计划行为理论指出，亲属网络（如父母）的期望以及社会环境压力会显著影响个人的主观规范，进而促使个人改变生育计划（Ajzen and klobas，2013）。具体而言，父母利用情感纽带对子女的生育观念产生较大影响。在此情境下，个人为克服这一压力将付出高昂的物质成本和心理成本，最终个人只能选择妥协和服从。除了父母，家庭内部其他成员的生育观念也会对个人生育决策产生重要影响。Buyukkececi 和 Leopold（2021）考察了家庭内部生育环境变化对个人生育行为的影响，研究发现，在兄弟姐妹有了孩子后，夫妻短期内成为父母的概率会提高。卿石松（2022）研究发现，夫妻双方中任意一方生育偏好的变动都将影响另一方，最终夫妻的生育偏好会逐渐趋同。

性别观念显著影响生育。中国传统的性别分工要求女性承担照料子女的责任，这加剧了女性家庭—工作冲突、增加了生育的机会成本（计迎春和郑真真，2018）。虽然生育政策放松、生育支持政策不断推出，但是研究表明母亲仍旧是照料子女的主要责任人，父亲只会少量参与其中（郑真真，2017）。当育儿需求与工作需求产生冲突时，女性往往面临家庭与职场双重压力，这导致女性生育成本提高，进而降低其生育意愿。劳动力市场中的性别歧视是抑制育龄妇女生育的另一重要因素。贾男等（2013）研究发现，女性的生育行为会对其职业选择产生明显的制约。研究发现，生育二孩会显著减少女性被雇用的机会，并导致女性劳动参与率下降约15%（谷晶双，2021）。

3　个体收入梯度对生育行为的影响

3.1　引言

3.1.1　研究背景

改革开放以来，我国经济飞速发展，城市化水平与个体收入水平均有提升。1978 年，我国的人均可支配收入仅为 171 元，2022 年人均可支配收入为 36883 元[①]，人民生活水平逐步提升，但在经济发展过程中仍存在收入分布不均、个体收入梯度逐年增加的问题。基尼系数与财富系数是劳动经济学者用以测算收入梯度普遍应用的指标。1978 年我国的基尼系数为 0.32，2022 年我国的基尼系数为 0.47，2000 年至今基尼系数一直在 0.46～0.5 的范围内波动，这些数据表明我国居民收入梯度一直存在。已有研究发现，私有企业的兴起（Chen and Feng，2000；Cao et al.，2005；王佳，2008）、外商投资差异（Pan-Long，1995；Jin，2009；Liu，2021）、地区政策保护（Su et al.，2019；Yu and wang，2021；Hou et al.，2022）、重工业优先发展战略（林毅夫和刘培林，2003；陈仲常和张建升，2005）、收入再分配和社会保障（王小鲁和樊纲，2005；王延中等，2016；李实和朱梦冰，2022）等因素均会导致居民收入梯度产生。

在收入梯度增加的社会背景下，个体的生育行为逐年下降。从地区的角度看，近几年东部地区的人均可支配收入高于西部地区，东部地区的人均可支配收入水平约为西部地区的 1.5 倍，且个体收入梯度逐年增加。而我国的人口出生率则呈现西部地区高于东部、北方地区高于南方的趋势。2022 年仅有贵州、青海两省的生育率高于 1%，其他地区的生育率均低于 1%，地区收入梯度分布

[①]　数据来源：国家统计局官网。

与生育率分布相反。2016 年，美国人口学会也对收入梯度和生育行为之间的关系进行探讨，调查发现美国 18~35 周岁女性的平均收入水平高于男性，35 周岁以上女性的收入增长幅度低于男性，且随着年龄的增长，男性的收入优势逐步显现，其他国家不同性别人群之间也存在收入梯度，同时生育率逐年下降，不同年龄段女性的生育率不尽相同，性别收入梯度存在的同时，生育率逐渐下降，收入梯度对生育行为的影响似乎是普遍性问题，而不是某一地区特有的问题。因此，本章以个体收入梯度为出发点研究其对生育行为的影响，找到影响机理并提出对策与建议，为缓解人口压力、改善人口结构提供政策参考。

3.1.2　研究目的与研究意义

3.1.2.1　研究目的

18 世纪以来，西方学者把生育行为看成是个人自愿决策的行为，而在改革开放初期，我国的生育问题受到国家政策的影响。我国实施计划生育政策控制了国民生育水平，但放开二孩政策后我国的总和生育率仍保持在较低水平，说明个体生育行为已不再只受国家政策的影响，低生育问题是由多种因素交织在一起所导致的。从经济学视角研究生育问题，必然要从纷繁复杂的社会现象中抽出特定的因素或问题进行研究，以便准确梳理其中的经济学关系，为后续的分析或政策制定提供依据。本章通过梳理有关文献并结合社会实际，从新的经济学角度研究我国生育率较低的原因，为缓解人口压力提供相应的对策与建议。

本章的研究基于子女成本—收益假说、经济学理性人假设等假说展开，因为个体做出生育决策会考虑生育子女的成本与收益，宏观考量家庭理想的子女数量和期望子女的质量。随着科技的进步和城市化水平的提升，社会对劳动者的要求越来越高，对于知识的需求越来越大。不同职业、不同行业、不同学历个体的收入水平不同，个体间存在收入梯度，当前物价水平上升，不同的收入水平带给个体不同的生活压力，各类社会因素是否对青年人的生育行为产生影响？收入梯度在个体生育行为过程中的影响机制如何？高收入群体的收入梯度与低收入群体的收入梯度对生育行为的影响是否相司？诸如此类问题是本章研究的重点。本章对当前社会中的收入梯度进行细化分类，从不同的角度研究收入梯度对生育行为的影响，试图找到个体生育行为减少的内在原因，发现问题并提出相应的对策和建议。

3.1.2.2 研究意义

丰富人口学相关领域的研究。以往收入对生育行为的有关研究聚焦收入总量和收入增速，少有学者从个体收入梯度的角度研究对收入生育行为的影响。传统的收入对生育行为的影响研究均站在绝对数量的研究上，即从确定的收入水平或收入增速的角度研究收入对生育行为的影响，本章在此基础上，从相对视角研究收入对生育行为的影响。个体收入可随时间等因素变化，且收入梯度是相对概念对个体生育行为的影响较大，本章的研究有助于丰富人口学中相关领域的研究，为缓解我国的人口压力找到新方向。

为政策制定者提供相应的理论依据。1986 年和 1990 年我国的出生率分别为 22.43‰ 与 21.06‰；而 2016 年与 2022 年我国的出生率分别为 13.57‰ 与 6.77‰。二孩政策的提出虽在短时间内提升了个体的生育行为，但长期内我国的生育低迷的状态仍未改变，本章从新的角度研究生育行为受到的影响，为政策制定者提供新的视角和理论依据。

为提高我国生育水平、改善人口结构探索新方案。国家卫生健康委公布 2017 年我国育龄妇女平均生育意愿为 1.76 个，2019 年为 1.73 个，2021 年为 1.64 个；2019 年我国总和生育率为 1.47，2020 年为 1.3。表明当前我国居民的生育行为减少、生育意愿下降，持续较低的生育率使我国人口结构失衡、老龄化问题加重，对我国经济社会的发展产生不良影响。本章通过对个体收入梯度进行研究，找到影响生育行为的因素，从新的角度找到缓解人口问题的对策，对提高生育水平、改善我国人口结构具有重要的现实意义。

3.1.3 研究方法和研究框架

3.1.3.1 研究方法

（1）文献回顾与总结

通过对社会现象进行观察与思考发现收入对个体生育行为产生影响，确定研究的宏观方向。搜索与阅读国内外有关文献，通过文献回顾与总结梳理研究思路，确定从个体收入梯度角度分析收入对生育行为的影响。对已有相关理论模型进行梳理，确定个体收入梯度影响生育行为的生产模型和时间模型，并进一步展开分析与研究。

（2）定量分析法

本章使用 2010 年与 2014 年 CFPS 数据库中有关收入梯度和生育行为的数据，计算出样本个体在观察期内的已有子女数量和收入水平，每一位样本个体均有对应的编号代码，按照样本代码将不同年份的数据进行合并，整理成混合截面数据，依据研究需要进行处理和分析，确保数据处理严谨、准确。另外，本章使用 CFPS 数据库的数据研究个体收入梯度对生育行为的影响，因变量与自变量的取值相差较大，因变量数据离散且相互独立。因此，本章采用离散回归模型研究个体收入梯度对生育行为的影响，解决数据处理过程中可能存在的异方差等问题。本章先使用 Probit 模型进行基准回归，之后进行异质性检验、机制检验与稳健性检验，依据研究结论提出相应的对策和建议。

3.1.3.2　研究框架

本章的研究建立在经济学理性人假说、子女成本—收益假说等经济学基本假说的基础上，研究个体收入梯度对生育行为的影响。首先，对国内外有关文献进行梳理，宏观把握个体收入梯度影响生育行为的研究背景和研究方法。其次，依据文献的梳理结果构建理论模型与实证模型。再次，使用 Probit 模型对数据进行处理，实证研究个体收入梯度对生育行为的影响。在基准回归的基础上进行机制检验、异质性检验与稳健性检验，确保实证回归逻辑严谨且论证充分。最后，得出本章结论并提出相应的对策和建议。

本章共分为五个部分。第一部分为引言，介绍当前我国的收入梯度及生育行为状况，阐述研究背景，然后介绍本章研究目的、研究意义、研究方法、研究框架和研究的创新之处。第二部分为文献综述，系统地对有关生育行为、收入梯度以及两者关系的文献进行梳理，并进行文献评述。第三部分为个体收入梯度对生育行为的理论机理，在原有理论的基础上提出个体收入梯度影响生育行为的生产模型与时间模型，随后引出本章的计量模型。第四部分为收入梯度影响生育行为的实证分析，通过使用 Probit 离散回归模型研究收入梯度对生育行为的影响，在基准回归的基础上进行机制检验、异质性检验与稳健性检验。第五部分为研究结论与对策建议，总结本章的研究结论并提出相应的对策与建议。

本章的研究框架如图 3-1 所示。

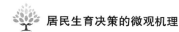

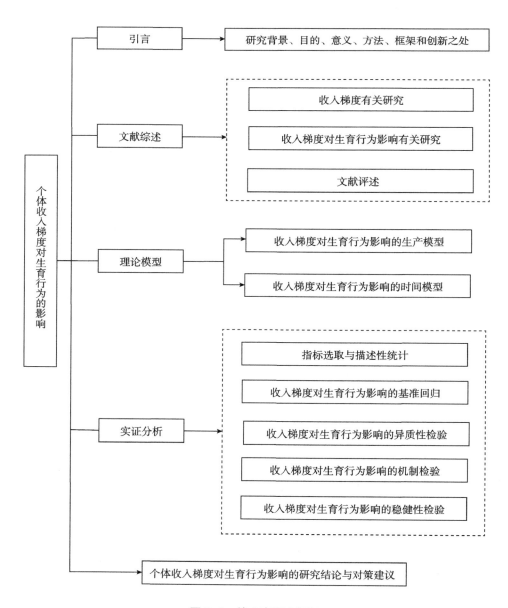

图 3-1　第 3 章研究框架

3.1.4 研究创新之处

本章的创新之处主要体现在以下三个方面：

第一，本章为收入梯度影响生育行为的研究提供了新视角。当前，从收入梯度角度研究收入影响生育行为的文献较少。已有文献主要从宏观角度研究个体收入梯度对生育行为的影响，将样本按照群体进行分类，研究不同群体间收入梯度对生育行为的影响。已有研究忽略了个体间的差异性，个体的性格、生活环境等的不同导致收入梯度对生育行为的影响程度也不同，因此本章从微观角度研究个体收入梯度对生育行为的影响，为相关研究提供新的结论与视角。

第二，本章使用微观追踪数据使研究结论更具体、准确。以往对生育行为影响因素的研究大多使用统计年鉴数据或省级面板数据等宏观数据进行研究，使用此类数据得到的研究结论往往较为宏观，无法观测微观个体在不同时期的数据变化。本章使用 CFPS 数据库中的数据，追踪相同个体在不同年份的生育与收入数据，使研究结论更具有针对性，可以细致分析个体在某一时间段内的数据变化。

第三，本章创新性地提出了收入梯度对生育行为的作用机理。现有针对收入和生育间关系的研究大多认为低收入群体的学历水平和人力资本水平较低、受传统观念影响较大、时间成本较低等，因而生育子女较多；高收入群体的时间成本较高且对子女质量的追求高于对子女数量的追求，所以生育子女的数量较少。本章的研究在此基础上提出了个体收入梯度影响生育行为的工作和学习机理。在当前的社会背景下，个体收入梯度产生时，个体倾向于努力工作或参加继续教育提升自身专业水平以缩小收入梯度，在这一过程中个体的时间与精力有所损耗，挤占了生育子女或抚养子女的时间与精力，因此个体倾向于减少生育行为。

3.2　文献综述

3.2.1　收入梯度的相关研究

收入梯度指因个体间收入分配比重不同而导致的收入梯度，对于其产生的原因，学者们进行了细致的分析和研究。黄斌等（2014）以浙江、安徽等省份的问卷调查数据研究教育水平的差异对收入梯度的影响，研究发现农村居民随着受教育水平的提高，收入先下降后上升，因此，提升农村居民受教育水平主要是从长期来看可以缩小城乡间收入梯度，提升农民收入。程诚等（2015）认为，收入梯度产生的主要原因是性别不同。研究发现，女性的社会资本低于男性，因性别不同而导致的社会资本差异是导致劳动市场中个体收入存在差异的主要原因。齐亚强和梁童心（2016）使用2010年中国家庭追踪调查数据库中的数据研究区域或行业差异导致的收入梯度，研究发现，地区差异和行业差异促使收入梯度的产生，两者共同解释了收入梯度形成的部分原因（20%）。行业差异对收入的影响高于地区，行业或地区垄断或许是造成收入梯度的关键原因。何勤英等（2017）从代际流动或代际差异的角度研究收入梯度产生的原因，发现代际差异对收入的影响先上升再下降最后上升，呈"N"字型分布的趋势，高收入群体的子女拥有更高的人力资本及社会资本回报率，这是收入梯度产生的主要原因。

杨雪和魏洪英（2016）利用国家卫生健康委员会公布的数据研究就业的稳定性和收入梯度之间的关系，研究发现，我国东北地区劳动力具有遴选效应，个体技能性越强、专业性越高，对收入的促进作用越大，个体专业技能是影响个体工作稳定性的主要因素，个体技能差异是产生收入梯度的主要原因。Yang等（2020）研究发现，不同类型的农户具有相似的生计资本生产结构和生计选择，外出务工是当前农户主要的生计选择，人力资本和金融资本对生计策略有正向影响，农民的生计选择差异是产生收入梯度的主要原因。De Maio（2007）认为，基尼系数并不是测度收入梯度最准确的方法。De Maio（2007）使用广义熵指数和阿特金森指数法测度收入梯度，认为只有采用更准确的测度方法才可能得出可靠的研究结论。Ravallion（2014）研究发现，发展中国家收入虽在增加，但收入梯度也在逐年增加。

随着对收入梯度研究的深入，学者将研究对象转至收入梯度的影响因素，在这一角度的研究成果众多。杜磊（2021）研究劳动市场的身高歧视对收入梯度的影响，发现在去除受教育水平、体能健康等因素后仍然存在身高溢价，身高的不同是导致收入梯度产生的主要原因。杨胜利和王艺霖（2021）使用Heckman模型研究流动人口就业稳定性对收入梯度的影响，发现控制其他因素后就业稳定性显著影响收入梯度，工作稳定性越强，收入梯度产生的概率越低，有关单位要采取措施维持个体就业的稳定性以缩小个体收入梯度。阳科峰等（2022）依托中国综合调查数据，深入探讨了教育代际传递如何作用于收入梯度。其研究揭示，父辈受教育水平的提升显著促进了子代教育机会的获取，并随之带来了资源禀赋上的优势。这一连锁反应进一步对子代的收入梯度产生了影响，显示出教育代际传递效应在塑造子代经济状况中的重要作用。此外，他们还发现，收入的代际传递同样是影响子代收入梯度的一个关键因素。刘帅（2022）运用广义矩估计法这一统计工具，深入分析了我国各省份产业结构变化对居民收入梯度的影响机制。

Gollin 和 Zimmermann（2007）主要对非洲一些有疟疾的国家进行了研究，使用动态均衡法研究了疟疾病毒对国民收入的影响，发现疟疾等病毒危害是影响收入梯度的原因之一。Zhang 等（2008）研究发现，虽然女性在人力和政治资本等方面存在劣势，但这些并不是影响收入梯度的主要因素，家庭地位的差异才是女性收入梯度产生的主要原因，家庭工作的冲突极易影响女性的收入水平。Diagne 等（2010）使用贝宁国家的数据研究性别歧视对收入梯度的影响，发现农业生产方面存在性别歧视，给农民的生产带来较大的负面影响，进而影响农民的生产和收入，女性虽然生产力较低，但女性的专业技术能力与男性相同，因此性别歧视是收入梯度产生的原因之一。Adamopoulos（2011）将富裕国家与贫穷国家进行对比，研究运输成本对收入梯度产生的影响，发现运输成本影响生产厂商之间的资源分配，以及农业和非农业部门生产的数量和效率，因此交通运输程度影响居民的收入梯度。Knowles 和 Weatherston（2006）认为，制度或地理并不是人均收入的决定因素，社会资本与社会文化规范是居民收入梯度产生的深层原因。Cawley 等（2010）使用自然估计法研究收入梯度和美国居民体重之间的关系，发现收入梯度和体重之间无相关关系，尤其对于男性而言，收入的高低不是影响体重的主要因素。

3.2.2 收入梯度对生育行为影响的相关研究

收入梯度对生育行为的影响研究起源于劳动经济学者对收入问题的细致研究，他们从三方面研究了收入与生育行为之间的关系，分别为收入对生育的影响、生育子女对收入的影响以及生育子女的"惩罚"效应（如母职"惩罚"等）。Hill（1979）研究发现白人女性的工资受到子女的负面影响。在此以后，学界进行了大量关于生育对收入的影响的研究。Barro 和 Sala-i-Martin（1995）对 102 个国家的数据进行分析发现，在年人均收入低于 767 美元的国家生育与收入正相关，在其他国家生育与收入负相关。Anderson 等（2003）对 1968～1988 年美国全国青年纵向调查数据的分析表明，母亲刚回到工作岗位时受到的工资损失最高，中等技能的母亲比低技能或高技能的母亲遭受损失时间更长且损失更大。Amuedo-Dorantes（2005）使用 NLSY79 妇女个人数据，发现受过教育的妇女的工资在生育子女后有一定提升，因此受过教育的妇女延迟生育会影响未来收入的上升。Amuedo-Dorantes（2008）利用国家青年纵向调查 1979（NLSY79）数据，发现产妇的工资较低可能反映了她们对提供健康保险工作的相对偏爱。Pacelli 等（2013）使用大量意大利雇主—雇员匹配数据来研究影响母亲收入的因素，发现工资差距"惩罚"只出现在全职工作的妇女中，这可能归功于意大利对兼职工作的保护。Viitanen（2014）利用国家儿童发展研究数据库中的数据研究英国儿童对女性收入的影响，发现 23～51 岁女性的一胎生育都对收入有不同程度的影响。张川川（2011）研究发现，子女数量的增加会显著降低城镇已婚女性的劳动供给，且降低女性的工作时间和工资水平。梁超（2017）通过实证研究发现，城乡实际二元生育政策阻碍了我国的城镇化进程并导致城乡收入梯度扩大。

随着收入与生育关系研究的深入，有学者开始研究收入梯度对生育行为的影响。Birdsall 和 Jamison（1983）研究发现，在 1975～1979 年收入梯度的相对重要性已经下降，因为在此期间中国政府实施计划生育政策的力度加大，在该政策背景下收入与生育之间的关系逐渐下降，计划生育政策已将生育水平压力降至期望值以下。Bhattacharyya（1975）认为，使用人均收入或能源消耗等综合指标作为经济发展的指标研究收入与生育之间的关系没有考虑人口的收入分配或能源消耗的性质，他指出了将能源分布的性质作为重要的干预变量纳入人口与收入梯度等经济发展变量中研究的重要性。Docquier（2004）提出了收入决定生育模型，认为人力资本投资的不可分割性限制了权衡儿童质量和数量的可能性，这在微观层面产生了收入梯度和生育之间的非单调关系，生育水平随着收入的增加而增加或减少取决于人口的收入分配和私人教育成本。

张新洁（2017）研究收入梯度对家庭生育行为的影响，在实施计划生育政策的条件下，生育行为与家庭收入水平负相关，收入水平较低的家庭倾向于生育更多的子女，在收入水平上升的过程中，收入对家庭生育行为影响的显著性逐渐发生变化。张新洁和郭俊艳（2017）研究不同收入阶层居民的生育差异，构建了三期 OLG 模型，研究发现子女数量与家庭收入负相关，低收入与中等收入家庭的子女数量对收入回归系数的显著性高于高收入家庭，我国不同收入水平居民的生育行为存在差异。陈静（2017）使用中国综合社会调查数据研究职业和收入差别对生育的抑制作用，发现女性的学历水平显著影响生育行为，职业差距所带来的收入梯度显著影响女性的生育需求。房佳斐（2016）研究生育代价与性别收入梯度之间的关系，发现中国性别收入不平等现象持续存在，劳动市场存在生育代价，女性的职业水平、收入水平等因素均影响生育代价，女性的专业技术水平越高，生育子女的概率越低。徐乐（2021）研究收入梯度对家庭生育选择的影响，发现父辈的经济地位高低影响子代的生育行为，妻子对丈夫的依赖程度抑制女性的生育行为，夫妻双方的收入梯度对生育行为亦产生影响。

3.2.3 文献评述

近年来，我国低于国际警戒线的生育率水平引发了学者的普遍关注，对生育行为问题的研究越发成熟，尤其是影响生育行为的因素成为人口学家关注的焦点。通过对上述文献进行归纳与梳理，可以得出以下结论：

当前，学者从不同维度探究影响生育行为的各种因素，如不动产价格、父辈工作状态、环境、养老保险等。本章重点从个体收入梯度的视角研究生育行为受到的影响。现有对生育行为和收入之间关系的研究主要从收入总量与收入增速的角度出发，此类研究将收入视为确定的客观现实，强调某一时刻的收入水平，而实际生活中个体的收入水平是动态变化的，因此从收入梯度的角度进行研究可以避免此类问题。然而，当前从收入梯度的角度研究对生育行为的影响的文献较少，已有文献主要从宏观角度研究不同群体、地区、行业群体收入梯度对生育行为的影响。在此基础上，本书从微观视角研究个体收入梯度对生育行为的影响。由于群体间收入梯度可能忽略了个体间的异质性或特殊性，因此，本章的研究更针对个体与他人之间收入梯度对生育行为的影响，研究结论更符合个体实际，能够有效分析收入动态变化时社会因素对生育行为的影响，分析其中的机制并提出相应的对策和建议。

3.3 个体收入梯度对生育行为影响的理论机理

3.3.1 收入梯度对生育行为的生产模型

已有文献均基于宏观数据或宏观视角研究某一类人群的收入梯度对生育行为的影响，此类分析忽略了不同个体所面临的社会、文化环境的不同对研究结论造成的影响。因此，本书从个体角度构建收入梯度与生育行为之间关系的模型。目前，学界并无直接分析收入梯度与生育行为关系的理论模型，笔者对收入梯度有关理论模型进行梳理分析发现，学者对收入梯度模型的构建主要以个体生产模型（陈海龙和马长发，2020）、AIDS 扩展模型（张慧芳和朱雅玲，2017）等为基础，结合生活实际并借鉴陈海龙和马长发（2020）与周天刚（2001）

研究中使用的生产模型进行理论模型的构建。为了更符合实际，笔者从单个企业或行业的角度展开分析，通过抽象化、条件化的处理力争使研究结论更加准确。

理论模型以柯布-道格拉斯生产函数为原型，在原有模型的基础上加入生育行为等核心变量，进一步推导模型，并做如下假设：①某一企业或单位进行生产时需同时使用资本和劳动力。②劳动者仅获得工资性收入，无其他收入情况。③加班、兼职均可获得对应的额外收入。④个体受教育程度相同时，人力资本也对应相同，所有产品的价格默认为相同。⑤企业仅需要两类不同的人群即可满足生产要求。

设定：Y 为企业的总产出或总收入；A 为综合技术水平；K 为企业所需资本；L 为个体；N 为个体生育子女的数量；C 为个体因生育（照料）子女而产生的损失；W 为个体对应的收入水平；r 为资本的需求价格；α 与 β 为对应系数，$\alpha + \beta = 1$。

柯布-道格拉斯生产函数表达式为：

$$Y = AK^{\alpha}L^{\beta} \tag{3-1}$$

则企业的总收益水平 TR 为：

$$TR = AK^{\alpha}(L_1 + L_2)^{\beta} - NL_1C_1 - NL_2C_2 \tag{3-2}$$

为了更好地研究个体间收入梯度对生育行为的影响，将个体 L 分为两类不同的人群，用 L_1 和 L_2 表示。假定人群 1 与人群 2 的收入水平、学历水平、专业优势技能等均有差距，且人群 1 与人群 2 不存在亲属关系。

企业的总成本 TC 为：

$$TC = W_1L_1 + W_2L_2 \tag{3-3}$$

其中，W 为个体对应的收入水平。

由式（3-2）与式（3-3）可求得企业利润函数：

$$\Pi = TR - TC = AK^{\alpha}(L_1 + L_2)^{\beta} - NL_1C_1 - NL_2C_2 - W_1L_1 - W_2L_2 \tag{3-4}$$

当企业追求利益最大化时，劳动者的边际收益函数为：

$$D_1 = \frac{\partial \Pi}{\partial L_1} = \beta AK^{\alpha}(L_1 + L_2)^{\beta-1} - NC_1 - W_1 \tag{3-5}$$

$$D_2 = \frac{\partial \Pi}{\partial L_2} = \beta AK^{\alpha}(L_1 + L_2)^{\beta-1} - NC_2 - W_2 \tag{3-6}$$

由式（3-5）与式（3-6）可知，利润最大化条件下，个体收入梯度公式为：

$$\frac{D_1}{D_2} = 1 - \frac{N(C_1 - C_2) + (W_1 - W_2)}{\beta AK^{\alpha}(L_1 + L_2)^{\beta-1} - NC_2 - W_2} \tag{3-7}$$

由式（3-7）可知，若个体间无收入梯度时需满足：

$$\frac{N(C_1-C_2)+(W_1-W_2)}{\beta AK^{\alpha}(L_1+L_2)^{\beta-1}-NC_2-W_2}=0 \tag{3-8}$$

由此可以得出：

$$N=-\frac{W_2-W_1}{C_2-C_1} \tag{3-9}$$

通过式（3-9）可以发现，个体收入梯度 W_2-W_1 与子女数量 N 负相关，且生育子女数量与造成企业生产损失的差异 C_2-C_1 负相关。

3.3.2 收入梯度与生育行为的时间模型

通过对文献的梳理找到本章的研究机理：当存在个体收入梯度时，个体以提升自身人力资本的方式来提高其收入水平或学历水平，进而抑制生育行为。人力资本的提升方式主要有两种：一是增加工作时间或参加兼职以提升专业技术水平；二是参加继续教育或继续深造以提升自身的学历水平。专业技术水平或学历水平的提升均抑制生育行为的产生。本节理论模型的讨论建立在收入梯度对生育行为影响的生产模型和工作时间机理、学习机理的基础之上，构建收入梯度影响生育行为的时间模型。

在式（3-1）与式（3-2）的基础上假定个体的工资率水平为 w，个体的工作时间为 h，个体因生育子女、参加继续教育等耽误工作的时间为 t，排除个体睡觉、吃饭、必要的闲暇等时间，个体的工作总时间为 H。若个体不生育子女或不参加继续教育时 $t=0$，且 $H=h$。若个体生育子女或参加继续教育，则满足 $H>h$，且 $h+t=H$。假定个体的工资水平与劳动时间的关系为：

$$W=wH=w(h+t) \tag{3-10}$$

个体因生育子女或参加继续教育等耽误工作，对企业造成的损失成本为（假设将生育子女或者继续教育均视为带薪休假）：

$$C=wt \tag{3-11}$$

则企业的总收益水平 TR 变为：

$$TR=AK^{\alpha}(L_1+L_2)^{\beta}-NL_1w_1t_1-NL_2w_2t_2 \tag{3-12}$$

企业的成本 TC 为：

$$TC=w_1(h_1+t_1)L_1+w_2(h_2+t_2)L_2 \tag{3-13}$$

企业的利润函数变为：

$$\prod =TR-TC=AK^{\alpha}(L_1+L_2)^{\beta}-NL_1w_1t_1-NL_2w_2t_2-L_2w_2t_2-$$

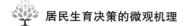

$$w_1(h_1+t_1)L_1-w_2(h_2+t_2)L_2 \tag{3-14}$$

企业追求利润最大化条件时需满足：

$$D_1=\frac{\partial \Pi}{\partial L_1}=\beta AK^{\alpha}(L_1+L_2)^{\beta-1}-Nw_1t_1-w_1h_1-w_1t_1 \tag{3-15}$$

$$D_2=\frac{\partial \Pi}{\partial L_2}=\beta AK^{\alpha}(L_1+L_2)^{\beta-1}-Nw_2t_2-w_2h_2-w_2t_2 \tag{3-16}$$

当企业利润最大化时，个体收入梯度的时间公式为：

$$\frac{D_1}{D_2}=1+\frac{Nw_2t_2+w_2h_2+w_2t_2-Nw_1t_1-w_1h_1-w_1t_1}{\beta AK^{\alpha}(L_1+L_2)^{\beta-1}-Nw_2t_2-w_2h_2-w_2t_2} \tag{3-17}$$

当个体间无收入梯度时，应满足：

$$\frac{Nw_2t_2+w_2h_2+w_2t_2-Nw_1t_1-w_1h_1-w_1t_1}{\beta AK^{\alpha}(L_1+L_2)^{\beta-1}-Nw_2t_2-w_2h_2-w_2t_2}=0 \tag{3-18}$$

即：

$$N=\frac{w_2h_2-w_1h_1}{w_1t_1-w_2t_2}-1 \tag{3-19}$$

式（3-19）即为收入梯度对生育行为影响的时间模型。假设两类人群的初始工资率水平 w 与工作时间 h 和 H 相同，某一时刻两者存在收入梯度，群体1通过兼职、加班等方式提升收入，则 h_1 增加，N 下降。若群体1与群体2初始情况相同，群体1的收入水平较低，通过继续教育的方式提升自身的学历水平，则工资率 w_1 增加，N 下降。

对收入梯度影响生育行为时间模型的理论分析，论证了当收入梯度产生时，个体通过兼职或参加继续教育等方式提升自身收入水平，这个过程可以抑制生育行为的产生。依据理论模型的分析和生育数据离散的特点，本章使用 Probit 模型作为实证回归的计量模型，离散概率模型有助于解决回归过程中出现的异方差等问题。计量模型设定如下：

$$Probit(number_i \leq N)=\alpha_0+\alpha_1 difference_i+\alpha_2 controls_i+\mu_i(i=1,\ 2,\ \cdots) \tag{3-20}$$

其中，$number$ 为生育行为，N 为生育子女的数量，α_0、α_1、α_2 为对应系数，$difference$ 为收入梯度（非负实数），$controls$ 为控制变量，i 代表样本个体编号。

3.4 个体收入梯度对生育行为影响的实证分析

3.4.1 指标选取与描述性统计

本书研究个体收入梯度对生育行为的影响基于这样一个事实：现实生活中并无对收入梯度的准确度量，收入梯度是相对概念而不是绝对概念，将名义收入或实际收入简单作差并不能准确衡量收入梯度的大小，并且个人收入与他人收入梯度的大小取决于个人的主观感受和风险偏好。因此，为了更准确地度量个体收入梯度对生育行为的影响就需要准确地设置变量。此外，生育行为既可从宏观的角度进行研究，也可从微观角度进行研究，微观角度与宏观角度相比，具有研究精确度高以及可观测每一个调查样本的变化情况等优点。为了更准确地研究个体生育行为的变化及影响因素，本章选取中国家庭追踪调查（CFPS）数据库中的微观数据①。

中国家庭追踪调查数据库可以追踪相同个体在不同年份的调查数据，可以观测个体的收入水平、生育行为在不同年份间的变化。本章使用 2010 年与 2014 年 CFPS 数据库中的数据，收集被调查个体在观察期内收入梯度与生育行为的变化数据。不同年份的数据相互独立，但该数据库对每个个体进行了编码，通过相同样本编码可以找到个体在不同年份的数据，因此本章按照样本编码将不同年份的数据合并，并整理成混合截面数据供后续分析。

具体指标的选取和处理方法如下：

（1）生育行为。个体的生育行为是本章的核心被解释变量，使用 0-1 虚拟变量作为生育行为的代理变量。当前对生育行为的度量并无统一的标准，因此笔者通过梳理相关文献来确定本章的测度方法，如表 3-1 所示。对生育行为的测度方法进行梳理，发现主要有两类：第一类是自制调查问卷直接获取生育行为有关数据；第二类是通过对问卷的有关问题进行计数求和。CFPS 调查问卷中并没有与生育行为直接相关的问题，因此本书对生育行为变量的衡量采用计数求和的方法。CFPS 数据调查问卷中有"同子女 1 的关系如何""同子女 2 的关系如何"……"同子女 10 的关系如何"这 10 个问题，将"很不亲近""不太亲近"

---

① CFPS 由北京大学中国社会科学调查中心实施，数据库包含北京、天津、湖南等 31 个省（自治区、直辖市）的数据，该项目在 2008 年及 2009 年开展了初访与追访的预调查，2010 年正式展开全国数据收集，之后每两年收集一次数据。

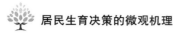

"一般""亲近""很亲近"和"已去世"6种作答作为有子女的计数衡量标准，其余答案视为无对应子女，对10个回答进行计数求和，得到对应的子女个数。通过相同的方法求得2014年各样本的子女数量，将2010年视为基准年，研究样本个体在2010~2014年的生育行为，将2014年的子女数量与2010年的子女数量作差得到子女差异数量。因疾病、天灾等其他因素导致的子女数量下降的情况，在此不予考虑，因此将子女数量差异为负的样本剔除。最后，将子女差异数量大于零的样本定义为1，使生育行为变量变为0-1虚拟变量，取值为1定义为有生育行为，取值为0定义为无生育行为。

表3-1　生育行为的衡量

作者	数据来源	变量选取
石智雷（2014）	自制调查问卷	调查问卷直接获取生育行为数据
汪伟等（2020）	CFPS数据库	依据问卷对子女数进行计数求和
Schoen等（1999）	西班牙家庭和住户调查数据库	不同年份的子女数作差视为生育行为
Mencarini等（2015）	意大利世代调查数据库	依据问卷的回答进行计数求和

（2）收入梯度。收入梯度是本章核心解释变量，将个体收入水平与全样本收入的均值作差后取绝对值作为代理变量。收入梯度的数值大小可以进行度量，但不同个体对收入梯度大小的主观判断存在差异，受风险偏好、主观判断、社会因素等影响。当前，收入梯度尚无统一的衡量标准或衡量指标，故此借助对已有衡量收入差距与收入风险的研究成果进行梳理，可以了解不同收入梯度的衡量方法，如表3-2所示。

表3-2　收入差距与收入风险的测度

分类	代表文献	研究对象	收入梯度衡量方法	文章所用数据库
收入差距	万广华（1998）	农村居民收入差异	使用基尼系数估算	《中国农村统计年鉴》
	魏后凯（1996）	地区间收入差异及分解	计算人均收入锡尔系数	国家统计局数据
	邹薇和张芬（2006）	收入分配差异及人力资本	计算收入变异系数	《中国统计年鉴》
收入风险	樊潇彦等（2007）	收入差异对耐用品的影响	收入的方差	CHNS数据库
	廖娟（2011）	收入差异与个人职业选择	个人年收入的横截面变异	北京市抽样调查数据
	林光华（2013）	收入差异与预防性储蓄	收入去趋势后的方差	江苏农户调查数据
	马小勇（2008）	农户收入差异的应对	年收入的变化量	自制调查问卷数据
	陈学招和张雯佳（2018）	收入风险与家庭金融市场参与	以收入等级直接衡量	城市居民家庭消费金融调查数据

已有对收入梯度的衡量主要分为用其他变量替代或计算收入本身两类度量方法，本章参照樊潇彦等（2007）的方法使用计算收入本身的方法将个体的收入水平与样本整体的期望值作差，两者差值取绝对值视为个体间收入梯度。使用此方法作为收入梯度代理变量的优势在于：第一，类方差计算不受大样本数据的限制，可以进行多重比较；第二，计算样本期望值之差可以准确了解个体的收入与样本整体收入均值之间的差异，最大化消除主观性因素对研究结果造成的影响；第三，此计算方式默认将收入均值作为基准进行比较，避免了因基准不同而造成的研究结论模糊的情况（如月收入1000元、1500元与月收入3000元、3500元之间的收入梯度均为500元，收入梯度相同但对生育行为的实际影响存在差异）；第四，避免了收入梯度取值正负差异对研究结果造成的影响。在此基础上，为避免回归过程中存在异方差问题，将0~1000元的收入梯度定义为1；将1000~2000元的收入梯度定义为2；将2000~3000元的收入梯度定义为3；将3000元及以上定义为4，作为个体收入梯度的代理变量。

　　（3）控制变量。本章依据已有文献结合数据实际选取性别、年龄、户籍、民族等变量作为控制变量，避免其他因素的存在对研究结果产生影响，控制变量的选取如表3-3所示。

表3-3　控制变量的选取

变量名称	变量来源	变量取值
性别	使用数据中 gender 变量	1代表男性；2代表女性
民族	使用数据中 qa5code 变量	1代表汉族；2代表蒙古族；其他数字分别代表其他少数民族
年龄	使用 2010 减出生年份	取值为对应的正整数
户籍	使用数据中 provcd 变量	包括我国 25 个省份
城乡	使用数据中 qa2 变量	1代表农村；2代表城镇
是否与父母同住	使用数据中 co_f 与 co_m 变量	1代表与父母同住；0代表不与父母同住
基期子女数量	计算 2010 年样本的子女数量	变量取值为非负整数
是否有福利金	使用数据中 qj3_s_1 变量	1代表有福利金；0代表无福利金

针对控制变量的处理需要做以下说明：本书的研究建立在对合法家庭生育子女的基础上，我国的法定结婚年龄为男不早于 22 周岁，女不早于 20 周岁，因此删除年龄小于 20 周岁的样本。当前我国一胎的平均生育年龄为 25~30 周岁，二胎的平均生育年龄为 30~35 周岁，40 周岁及以上生育子女的群体较少，但本章的研究尽可能覆盖所有的年龄群体，使研究结果更具有普适性，最终保留了 40 周岁以上的样本个体。由于本章生育行为的变量选取是用四年生育数据作差得到，若在样本观察期内无生育子女行为，则样本的生育数量为 0，对研究结果无影响，但为了剔除离群值对样本的影响，将年龄大于 65 周岁的个体删除。co_f 与 co_m 分别为是否与父亲同住和是否与母亲同住，将两者的数据进行求和并进行虚拟变量替换处理最终得到了本章所需的变量。

各变量的描述性统计结果如表 3-4 所示。

表 3-4　样本的描述性统计

变量名称	Obs	Mean	Std.	Min	Max
生育行为	16669	0.103	0.304	0	1
收入梯度	16669	0.708	0.788	0	4
性别	16669	0.445	0.497	0	1
民族	16669	1.646	2.797	1	38
年龄	16669	40.505	10.852	20	60
户籍	16669	38.149	15.428	11	62
城乡	16669	1.457	0.839	1	3
是否同住	16669	0.198	0.398	0	1
是否有福利金	16669	0.865	0.341	0	1

3.4.2　个体收入梯度对生育行为影响基准回归

前文在理论上分析了个体收入梯度对生育行为的影响，现使用 Probit 模型分析两者之间的关系，回归结果如表 3-5 所示。列（1）为个体收入梯度对生育行为影响的回归结果，加入省份控制变量与其他控制变量后收入梯度的回归系数显著为负，且在 1% 的显著性水平下成立，个体收入梯度的增加抑制了个体的生育行为产生的概率。列（2）在列（1）的基础上加入了基期已有子女数量的控制变量，收入梯度的回归系数不变且在 1% 的显著性水平下显著，表明收入梯度对生育行为的影响不受已有子女数量的影响。已有子女数量的回归系数显著为负，说明随着已有子女数量的增加，收入梯度对生育行为的抑制效果增强。列（3）与列（4）分别为 2010 年与 2014 年个体当年收入水平对生育行为的影响。两者的回归系数均显著为负，但回归系数的取值为 0，表明一段时期内的某一个时点（起始点与终点）对生育的影响较小，几乎为零，收入梯度对生育行为的影响存在滞后性。

表 3-5　收入梯度对生育行为的影响

变量	（1）	（2）	（3）	（4）
收入梯度	-0.07*** (-3.51)	-0.07*** (-3.83)		
2010 年收入水平			-0.00* (-2.87)	
2014 年收入水平				-0.00*** (-5.82)
已有子女数量		-0.10*** (-7.49)	-0 10*** (-7.47)	-0.10*** (-7.57)
省份控制变量	0.08** (2.55)	0.11*** (3.29)	0.11*** (3.30)	0.11*** (3.14)
控制变量	Yes	Yes	Yes	Yes
常数项	1.74*** (11.88)	1.66*** (11.31)	1.61*** (11.03)	1.66*** (11.37)
N	16669	16669	16669	16669

注：*、**、***分别代表在 10%、5%和 1%的水平下显著；括号内为 T 值或 Z 值，余表同。

3.4.3　异质性检验

在我国经济发展的进程中，居民收入梯度持续扩大，收入梯度的存在不利于经济、社会、文化的发展。随着时代的发展，带动经济发展的引擎在持续变化，社会要素也在持续调整，特定的社会条件下收入梯度对生育行为的影响可能存在不同。因此，本节从不同角度分析收入梯度对生育行为的影响是否存在异质性。

3.4.3.1　收入水平差异

收入是与经济发展、就业环境等联系最密切的变量，改革开放以来我国经济飞速发展，劳动力市场由按劳分配为主体向以市场经济为主体的多种所有制方向发展。随着人力资本水平的增加和市场化程度的加深，个体间收入水平差异逐年增加。已有文献指出，地区差异、城乡差距、政策制定等因素都是导致收入梯度增加的原因。相对于收入水平，收入梯度是相对概念而不是绝对概念，收入梯度具有灵活性、不稳定性与相对性等特点。收入梯度分为两种不同类型：一是因收入水平较高，高于其他个体或群体而导致的收入梯度，具体表现为收入梯度的取值为正；二是因收入水平较低，低于其他个体或群体而导致的收入梯度，具体表现为收入梯度的取值为负。本章的基准回归为了避免两者的出现对结果产生影响，在数据处理时将收入梯度的代理变量做绝对值处理，在此将收入梯度按照正负进行分类，分别研究两种不同的收入梯度类型对基准结果的影响。

在数据处理的过程中将收入梯度为正的个体与收入梯度为负的个体进行区分，产生两列新的虚拟变量并做交乘项，结果如表3-6所示。"正"代表收入梯度为正的虚拟变量，取值为"0"代表收入梯度小于等于零，取值为"1"代表收入梯度大于零；"负"代表收入梯度为负的虚拟变量，取值为"1"代表收入梯度小于零，取值为"0"代表收入梯度大于等于零。列（1）为不同收入梯度对生育行为影响的回归结果，列（2）与列（3）分别在列（1）的基础上加入省份控制变量与已有子女数量控制变量。回归结果表明：无论是否加入省份或其他控制变量，正向收入梯度均显著抑制生育行为，可能的原因是收入水平与人力资本、学历水平等因素相关（陈斌开等，2010；姚先国和张海峰，2008），高收入水平的人群由于摆脱传统思维的束缚倾向于追求子女的质量，且高收入人群的时间成本更高，对自由时间追求的欲望也更强（Mark et al.，1999；李子联，2016；周晓蒙，2018），导致生育行为发生的概率下降。而负向收入梯度与生育行为负相关但不显著，表明低收入群体收入梯度存在不利于生育行为的产生，但与高收入群体相比，生育子女的概率仍然较高。可能的原因是低收入群体的人力资本水平、学历水平与专业技术水平较低，需要兼职或加班等方式才可以增加收入水平，增加收入水平需要挤占时间成本，压缩生育子女与抚养子女的时间。此外，低收入群体受传统思维或养儿防老思想的影响较高，生育子女的机会成本较低，因此低收入群体仍有继续生育子女的意愿和行为。

表3-6　收入水平异质性对生育行为的影响

变量	（1）	（2）	（3）
收入梯度×正	-0.07*** (-3.80)	-0.07*** (-3.71)	-0.08*** (-4.03)

续表

变量	（1）	（2）	（3）
收入梯度×负	-0.06 (-1.47)	-0.06 (-1.48)	-0.05 (-1.20)
省份控制变量		0.08** (2.50)	0.11*** (3.23)
已有子女数量			-0.10*** (-7.44)
控制变量	Yes	Yes	Yes
常数项	2.01*** (22.23)	1.72*** (11.75)	1.65*** (11.18)
N	16669	16669	16669

3.4.3.2 基准收入梯度

基准回归分析了个体与他人产生收入梯度时对生育行为的影响，但个体收入梯度的范围较宽泛，既包括个体与自身收入的对比，也包括与其他个体之间的对比。因此，本节分析基准收入的异质性对研究结果的影响。

对照组的处理方式与基准回归结果相同，将 2010 年个体的收入水平与样本整体收入水平的均值作差后取绝对值作为个体收入梯度的代理变量；实验组将 2014 年与 2010 年个体的收入水平直接作差后取绝对值作为个体收入梯度的代理变量，其余变量的处理均与基准回归相同，回归结果如表 3-7 所示。

表 3-7 基准收入梯度对生育行为的影响

变量	（1）	（2）	（3）	（4）
收入梯度	-0.07*** (-3.51)	-0.08*** (-2.70)	-0.04* (-1.82)	-0.09*** (-2.80)
已有子女数量			-0.10*** (-7.49)	-0.10*** (-7.47)
省份控制变量	0.08** (2.55)	0.29*** (2.83)	0.11*** (3.29)	0.39*** (3.68)
控制变量	Yes	Yes	Yes	Yes
常数项	1.74*** (11.88)	1.89*** (19.35)	1.66*** (11.31)	1.87*** (19.09)
N	16669	16669	16669	16669

列（1）与列（3）为对照组，将他人收入均值作为基准，研究不同个体间收入梯度对生育行为的影响；列（2）与列（4）为实验组，将自身的基期收入作为基准，研究自身收入水平的差异对生育行为的影响。研究发现，无论是个体间的收入梯度还是自身的收入变化引起的收入梯度均抑制个体的生育行为，基准收入的异质性不影响本章的研究结果。

3.4.3.3 学历收入梯度

表3-8为学历异质性导致收入梯度对生育行为影响的回归结果。其中，列（1）的处理与表3-5相同，将个体收入水平与样本整体收入水平的均值作差取绝对值作为收入梯度代理变量的回归结果；列（2）将样本个体按照学历进行分类，分别样本个体与同学历样本群体收入均值之差的绝对值对生育的影响；列（3）为样本个体的收入水平与高于自身学历水平的学历样本群体收入均值之差的绝对值对生育的影响（例如将小学学历每一个样本个体的收入水平与初中及以上样本群体收入水平均值作差后取绝对值）；列（4）为样本个体收入水平与低于自身学历水平的学历样本群体收入均值之差的绝对值对生育行为的影响，取绝对值的目的是排除收入梯度取值的正负对研究结果造成的影响。

表3-8 学历收入梯度对生育行为的影响

变量	（1）	（2）	（3）	（4）
收入梯度	-0.07*** (-3.83)	-0.06*** (-2.87)	-0.04* (-1.82)	-0.06*** (-2.77)
已有子女数量	-0.10*** (-7.49)	-0.10*** (-7.47)	-0.10*** (-7.32)	-0.09*** (-7.40)
省份控制变量	0.11*** (3.29)	0.11*** (3.30)	0.11*** (3.42)	0.11*** (3.36)
控制变量	Yes	Yes	Yes	Yes
常数项	1.66*** (11.31)	1.57*** (10.76)	1.55*** (10.60)	1.57*** (10.80)
N	16669	16669	16669	16669

列（2）的回归结果显示，按照同级学历进行分类的收入梯度抑制生育行为

发生的概率，结果在 1% 的显著性水平下成立。虽然列（2）在列（1）的基础上区分了学历收入梯度，但不影响回归结果的系数及显著性水平，初步可以确定学历收入的差异不存在异质性。列（3）的回归系数为负且在 10% 的显著性水平下成立，列（4）的回归系数也为负并在 1% 的显著性水平下成立，表明无论是由于低学历而造成的负向收入梯度（收入梯度取值为负）还是高学历造成的正向收入梯度（收入梯度取值为正）均降低生育行为发生的概率。列（3）的显著性水平低于列（4），表明负向收入梯度对生育行为的影响程度弱于正向收入梯度对生育行为的影响程度，这验证了表 3-5 的回归结果，且印证了 Klepinger 等（1995）、Angeles 等（2005）、周晓蒙（2018）、张丽萍和王广州（2020）、朱州和赵国昌（2022）等的研究结论。

3.4.3.4 职业收入梯度

列（1）研究个体收入水平与其他所有样本个体均值差异绝对值对生育行为的影响，与后几列相比起到对照作用。列（2）将个体收入与自身相同职业收入水平的均值作差后取绝对值作为收入梯度的代理变量，研究收入梯度对生育行为的影响。列（3）将个体收入与其他职业群体平均收入水平作差后取绝对值作为收入梯度的代理变量，研究收入梯度对生育行为的影响。列（4）在列（3）的基础上加入了基期（2010 年）已有子女数量控制变量。列（2）收入梯度对生育行为影响的回归系数显著为负，表明在相同职业内收入梯度的增加可抑制生育行为发生的概率。列（3）与列（4）收入梯度对生育行为影响的回归系数为负，但均不显著，表明不同职业群体的收入梯度对是否产生生育行为无影响。对比列（2）至列（4）发现，收入梯度对生育行为的影响不存在职业异质性，相同职业内的收入梯度对生育行为产生影响，可能的原因是不同职业间的职业"壁垒"较强，不同职业对专业技术水平和学历要求等条件要求不同，不同类型的职业间并未无比较的可能。但相同类型职业间个体存在竞争关系，相同职业内由于专业技术水平差距或学历水平差距等原因使收入存在差异，进而影响生育行为产生的概率。因此，相比于不同职业导致的收入梯度，相同职业导致的收入梯度对生育行为影响的概率更大，人们不在意其他行业个体的收入水平，更在乎相同行业的个体与自身收入水平的差异，同行业收入梯度较容易弥补，不同行业的收入梯度较难弥补，个体要重新学习其他职业所需的专业知识和专业技能，需要的时间等成本较高。

表 3-9　职业收入梯度对生育行为的影响

变量	（1）	（2）	（3）	（4）
收入梯度	-0.07*** (-3.83)	-0.07*** (-2.78)	-0.03 (-1.13)	-0.03 (-1.13)
已有子女数量	-0.10*** (-7.49)	-0.12*** (-2.78)		-0.10*** (-7.41)
省份控制变量	0.11*** (3.29)	0.14** (2.54)	0.09*** (2.60)	0.11*** (3.33)
控制变量	Yes	Yes	Yes	Yes
常数项	1.66*** (11.31)	1.98*** (6.15)	1.66*** (11.43)	1.59*** (10.82)
N	16669	16669	16669	16669

3.4.3.5　地区收入梯度

收入水平的高低受到经济发展水平与地区比较优势的影响，大量学者从地区的角度研究收入梯度，分析不同地区对个体收入梯度的影响。我国共有 34 个省级行政区域，不同地区的经济发展情况和比较优势均有不同，总体表现为东部地区的经济发展水平优于西部地区。由于地区经济发展水平与产业发展模式等差异的存在，不同地区所需求的专业技术人才和个体能力存在差异，相同的专业技术人才在不同地区的收入水平与面临的收入梯度存在差异。因此，有必要从地区异质性的角度分析收入梯度对生育行为的影响。

表 3-10 为收入梯度对生育行为影响分地区异质性的回归结果。其中：列（1）为对照组，将个体收入梯度与全体样本收入水平均值作差取绝对值作为收入梯度的代理变量进行回归的实证结果；列（2）为个体收入水平与同省份样本总体收入均值作差取绝对值作为收入梯度的代理变量进行回归的实证结果。列（3）与列（4）将我国的省份按照瑷珲—腾冲线进行划分，分为东部地区和西部地区，列（3）为个体收入水平与东部地区样本总体收入均值作差取绝对值作为收入梯度的代理变量进行回归的实证结果；列（4）为个体收入水平与西部地区样本总体收入均值作差取绝对值作为收入梯度的代理变量进行回归的实证结果。通过实证结果可以发现，无论是否以地区进行区分，收入梯度对生育行为的影响系数均负向显著，收入梯度对生育行为的影响不存在异质性。可能的原因是当前地区间经济、文化等交流较频繁，地区间收入水平和收入梯度趋同，并不会因为更换工作地点而快速缩小收入梯度，收入梯度的存在是持续性且长期性的，需要

个体从人力资本等其他角度弥补差距。地区的异质性并不能帮助个体缩小收入梯度进而提升生育行为。

表 3-10 地区收入梯度对生育行为的影响

变量	（1）	（2）	（3）	（4）
收入梯度	-0.07*** (-3.83)	-0.07*** (-3.61)	-0.09*** (-3.15)	-0.06*** (-2.95)
已有子女数量	-0.10*** (-7.49)	-0.10*** (-7.51)	-0.10*** (-7.42)	-0.10*** (-7.47)
省份控制变量	0.11*** (3.29)	0.10*** (3.11)	0.10*** (3.21)	0.11*** (3.25)
控制变量	Yes	Yes	Yes	Yes
常数项	1.66*** (11.31)	1.72*** (11.54)	1.66*** (11.14)	1.69*** (11.64)
N	16669	16669	15669	16669

3.4.4 机制检验

收入对生育行为的影响是劳动经济学者较为重要的课题，收入可以分为绝对收入、相对收入、收入梯度等，其对生育行为影响的渠道分析或机理分析并未统一。本节依据已有文献和前文的理论模型，从人力资本的角度分析收入梯度对生育行为影响的研究机理，将人力资本细化为专业技术能力与专业知识水平，两者在时间维度上分别体现为增加工作时间以提升专业技术水平，增加学习时间或继续教育时间以提升专业知识水平。

3.4.4.1 工作及娱乐时间机制

我国人均收入水平逐年增加，但物价水平也随之增长，当个体收入的增速低于物价水平的增速时，较低的收入水平会增加个体的生活压力。我国劳动年龄人口群体的学历水平与年龄呈负相关关系，劳动市场对学历水平的较高要求降低了职业的边际收入增长率，挤压了低学历劳动就业者的收入，降低了低学历群体的幸福感。对于低收入群体而言，当收入梯度存在时，个体倾向于继续工作或通过兼职等方式增加工作时间以提升个体的收入水平，缓解生活压力；对于高收入群体而言，因收入水平较高，个体的物质水平已极大满足，对休闲娱乐等个人享受和生活质量的要求较高，因此利用工作时间或闲暇时间进行旅游等娱乐行为，增加了个体生育子女的时间成本。基于此，使用模型（3-21）对工作时间机制进行检验。

$$Time_i = \alpha_0 + \alpha_1 Difference_i \times r + \alpha_2 Controls + \varepsilon_i \quad (i=1、2) \tag{3-21}$$

其中：$Time$ 为时间，角标 i 代表时间类型，i 取值为 1 代表兼职；i 取值为 2 代表休闲娱乐，$Difference$ 为收入梯度，r 为正负收入虚拟变量，$Controls$ 为控制变量，ε 为残差项。

收入梯度对工作时间的回归结果如表 3-11 所示，列（1）与列（2）为收入梯度对兼职时间的回归结果，列（3）与列（4）为收入梯度与休闲娱乐时间的回归结果，列（2）与列（4）在列（1）与列（3）的基础上加入控制变量。负向收入梯度与兼职时间的回归系数显著为正，表明收入水平低于社会收入均值时个体参加兼职的概率较高，以此提升收入水平弥补收入梯度。正向收入梯度与兼职时间的回归系数显著为负，表明收入水平较高的个体参加兼职的概率较低，高于社会平均值的收入水平基本可以满足个体的生活所需。收入水平较高的正向收入梯度显著提高参加休闲娱乐的概率，回归系数显著为正且在 1% 的显著性水平下成立，在没有工作时个体倾向于参加旅游等休闲娱乐项目以提升生活质量，此类群体的时间成本与生活成本较高。而收入水平较低的样本个体收入梯度与休闲娱乐的回归系数显著为负，收入水平较低的个体没有足够的资金和时间参加娱乐活动。已有研究表明，时间成本显著影响个体的生育行为（罗志华等，2022；左玲和关成华，2023），可以推断工作及娱乐时间是收入梯度对生育行为影响的一个可能机制。

表 3-11　收入梯度对生育行为影响的工作时间机制

变量	（1） 兼职	（2） 兼职	（3） 休闲娱乐	（4） 休闲娱乐
收入梯度×正	-0.13 *** (-4.39)	-0.08 *** (-2.69)	0.36 *** (15.19)	0.24 *** (9.25)
收入梯度×负	0.84 *** (13.05)	0.76 *** (11.05)	-0.32 *** (-3.91)	-0.24 *** (-2.74)
省份控制变量		-0.17 (-0.05)		-0.15 *** (-3.14)
已有子女数量		0.14 (1.37)		-0.09 *** (-5.20)
控制变量	No	Yes	No	Yes

变量	(1) 兼职	(2) 兼职	(3) 休闲娱乐	(4) 休闲娱乐
常数项	−1.27*** (−48.65)	−1.14*** (−7.53)	−1.92*** (−57.66)	−1.37*** (−7.31)
N	16669	16669	16669	16669

3.4.4.2 收入梯度的学习机制

2007 年，教育部宣布取消毕业生"统分""统包"就业制度（从 1993 年开始试行，2007 年全部停止），标志着我国人均学历水平的提高和经济发展速度的加快，科技水平发展与人均学历水平提升是当前社会的主要特征（李俊，2016）。赵春明和李宏兵认为，学历是影响个体收入的主要因素，当收入较低时，个体倾向于提高自身学历水平或参加继续教育等方式提升自身人力资本，以提升个人收入水平、缩小收入梯度。学历或人力资本水平的提升可以使人摆脱传统思想的束缚，不追求子女的数量而追求子女的质量。另外，学历水平的提升增加了个人的时间成本，当生育子女的收益低于工作或其他收益时，个体倾向于不生育子女或少生育子女（Yasuoka and Goto，2015；郭剑雄，2005；周晓蒙和裴星童，2022）。因此，笔者认为当收入梯度产生时，会促进个体进行继续教育或其他学习提升自身人力资本，但人力资本和学历水平的提升会导致生育行为下降。基于此，使用模型（3-22）对工作时间机制进行检验。

$$learn_i = \beta_0 + \beta_1 Difference_i \times r + \beta_2 Controls + \varepsilon_i \quad (i = 1、2) \qquad (3-22)$$

其中：$learn$ 为学习时间，角标 i 代表时间类型，i 取值为 1 代表工作日学习；i 取值为 2 代表非工作日学习，$Difference$ 为收入梯度，r 为正负收入虚拟变量，$Controls$ 为控制变量，ε 为残差项，机制检验结果如表 3-12 所示。

表 3-12　收入梯度对生育行为影响的学习机制

变量	(1) 工作日	(2) 工作日	(3) 非工作日	(4) 非工作日
收入梯度×正	0.214*** (6.90)	0.20*** (6.16)	0.22*** (6.97)	0.21*** (6.25)
收入梯度×负	−0.32*** (−3.02)	−0.227*** (11.05)	−0.22*** (−1.96)	−0.04 (−0.35)

续表

变量	(1)	(2)	(3)	(4)
	工作日	工作日	非工作日	非工作日
省份控制变量		0.09 (1.52)		0.07 (1.30)
已有子女数量		-0.06*** (-2.86)		-0.10*** (-4.18)
控制变量	No	Yes	No	Yes
常数项	-2.19*** (-50.58)	-1.51*** (-6.45)	-2.27*** (-49.48)	-1.55*** (-6.33)
N	16669	16669	16669	16669

列（1）与列（2）为收入梯度对劳动个体工作日学习时间影响的回归结果，列（3）与列（4）为收入梯度对劳动个体非工作日学习时间影响的回归结果；列（2）与列（4）在列（1）与列（3）的基础上增加了控制变量。工作日期间收入梯度为正的样本个体与学习时间的回归系数显著为正，可能的原因是收入水平高的个体以高学历人群为主，从事的大多为专业技能型工作或脑力工作，增加专业知识或学历水平有助于工作的顺利进行，且学历水平较高的人更倾向于继续学习（郝克明等，2005）。收入梯度为负的样本个体工作时间学习的回归系数显著为负，可能的原因是大部分低收入人群从事的工作以体力劳动或简单劳动为主，对学历的要求相对较低，此类行业的特点是工作时间长且劳动报酬较低。此外，从事体力劳动的从业者需要一定时间休息以缓解身体疲劳，因此个体在工作时间学习的可能性较低（韩常森，1989）。

由表3-12的回归结果表明，收入梯度为正的样本个体非工作时间的学习时长回归系数显著为正，表明高收入群体无论在工作时间还是休息时间都保持学习的状态，良好的工作环境与学习激励呈正相关关系且相互影响（王琪延，2000），良好的学习态度可以让高学历人群保持高收入状态以提升自身生活水平。收入梯度为负的样本群体在不加入控制变量时非工作时间的回归系数显著为负，加入控制变量后回归系数变为不显著，表明低收入群体在非工作时间偶尔存在学习行为，但不学习人群占大多数，当对变量进行控制时大多数群体的学习时间仍较低。可能的原因是低收入群体的学历水平较低，没有养成良好的学习习惯，更倾向于闲暇时间的享受。已有研究表明，专业知识水平的提升抑制个体的生育行为，即学习时间是收入梯度对生育行为影响的又一可能机制。

综上所述，收入梯度通过影响个体的学习时间和工作时间进而对生育行为产生影响，此分析与前文理论模型的分析结果相符，通过机制检验。通过对机理的详细分析发现，收入梯度对生育行为影响的机理存在异质性：收入水平较高会导致收入梯度（简称"正向收入梯度"）的个体倾向于通过增加学习或继续教育的时间以提升个人人力资本水平，进而抑制个体的生育行为；收入水平较低会导致收入梯度（简称"负向收入梯度"）的个体倾向于通过增加兼职、加班等方式增加专业工作技能，从而抑制生育行为。

3.4.5　稳健性检验

3.4.5.1　更换计量模型

本书使用微观数据研究个体收入梯度对生育行为的影响，生育数据具有离散且密集程度高的特点，为了避免异方差等因素的影响，将生育行为处理成 0-1 变量，研究收入梯度对生育行为发生概率的影响，并控制基期子女数量使研究结论更准确。针对本章数据处理和数据特点，使用 Probit 模型进行回归分析，Probit模型能够解决方程间的内在关联问题，充分考虑因变量的发生概率。一方面，Probit 模型的假设条件较为严格，计算过程复杂，且有较多的近似处理，苛刻的假设条件可能对研究结论造成影响，且研究结论可能存在偶然性；另一方面，Probit 模型存在稀有时间偏差，如果数据中存在特殊数据或数据被某些偶然因素影响，则研究结论并不稳健。因此有必要对回归模型进行替换，以保证研究结论的稳健性，表 3-13 为收入梯度对生育行为影响的稳健性检验回归结果。列（1）为 Probit 回归模型的回归结果，作为对照组；列（2）为使用 logistic 模型的回归结果；列（3）为有序逻辑斯蒂模型回归结果；列（4）为线性回归结果。

表 3-13　收入梯度对生育行为影响（更换计量模型）

变量	（1） Probit	（2） Logistic	（3） Ologit	（4） OLS
收入梯度	-0.07*** (-3.83)	-0.14*** (-3.89)	-0.14*** (-3.89)	-0.02*** (-6.02)
性别	0.10** (2.48)	0.19*** (2.63)	0.19*** (2.63)	0.03 (0.80)
民族	0.01** (2.32)	0.02** (2.12)	0.02** (2.12)	0.01 (1.63)

续表

变量	(1)	(2)	(3)	(4)
	Probit	Logistic	Ologit	OLS
年龄	-0.08*** (-35.96)	-0.16*** (-34.96)	-0.16*** (-34.96)	-0.01*** (-44.67)
省份	0.11*** (3.29)	0.21*** (3.37)	0.21*** (3.37)	0.01*** (2.18)
城乡	-0.11*** (-5.02)	-0.19*** (-4.74)	-0.18*** (-4.74)	-0.02*** (-6.52)
是否与父母同住	-0.04 (-0.89)	-0.18** (-2.27)	-0.18** (-2.27)	0.03*** (4.94)
是否有福利金	-0.09** (-1.97)	-0.12 (-1.47)	-0.12 (-1.47)	-0.01** (-2.04)
已有子女数量	-0.10*** (-7.49)	-0.18*** (-7.02)	-0.18*** (-7.02)	-0.02*** (-11.99)
常数项	1.67*** (11.31)	3.45*** (12.63)		0.62*** (29.92)
N	16669	16669	16669	16669

根据回归结果可知，无论替换何种计量模型均不影响收入梯度对生育行为影响的回归系数及显著性水平，研究结论是稳健的，不存在偶然因素的影响。现对控制变量的有关情况进行分析：性别控制变量中 0 代表女性，1 代表男性，性别的回归系数显著为正，表明收入梯度存在时男性比女性生育子女的概率更大，可能的原因是男性的抗风险能力较强且其他因素对男性生育行为的影响小于女性（陈卫，2002；杨菊华等，2009）。民族控制变量的设定中，1 为汉族，2 为蒙古族，3 及以上为其他少数民族，民族的回归系数显著为正，表明少数民族在收入梯度产生时生育子女的概率高于汉族。

年龄控制变量为 2010 年时，样本个体的年龄回归系数显著为负，表明随着年龄的增加，收入梯度对大龄群体生育行为的抑制程度高于低年龄群体。年龄控制变量的回归结果与我国的现实情况相符，随着人均受教育年限的增加与社会发展水平的提升，我国育龄夫妇生育子女的意愿下降。我国的平均生育年龄介于 25 周岁至 35 周岁之间，随着年龄的增长，我国居民生育子女的数量逐年下降，此控制变量结论与社会实际相符。省份控制变量将我国的省份按照经济发展水平由高到低进行排序，取值越小代表经济发展水平越高，其回归系数正向显著，表明经济发展水平高的地区收入梯度对生育行为的影响程度大于经济发展水平低的地区。城乡控制变量中 0 代表农村，1 代表城镇，回归系数显著为负，表明城镇居民收入梯度对生育行为的影响程度高于农村。可能的原因是城市的发展水平和产业结构优于农村，城镇的贫富差距较大，农村经济发展主要依赖第一产业且青年高学历人口流失严重，因此城市的收入梯度对生育行为的影响程度更高（陆铭和陈钊，2004；蔡昉和杨涛，2000）。从表 3-13 中可以看出，是否与父母同住控制变量的回归系数为负，显著性水平存在差异，表明个体是否与父辈同住对研究结果的影响较小，从收入梯度的视角看待生育行为问题与父母是否同住并无显著关系。基期拥有子女数量控制变量的回归系数显著为负，表明已有子女数量对是否继续生育子女影响较大，已有子女数量越多，个体再生育一个子女的概率越低，但在相同子女数量的样本中收入梯度的存在仍会继续抑制生育行为发生的概率（段志民，2016；陆万军等，2019）。

3.4.5.2 调整样本时期

本章的研究结论可能受到时间因素或偶然因素的影响使回归结果趋于显著，现调整样本观察时期，研究不同时期内收入梯度对生育行为的影响。本章的基准回归将时间设定在 2010~2014 年，研究收入梯度对这四年生育行为的影响（表 3-14 中的列（2）），列（1）将时间缩短为 2010~2012 年，研究这两年时间收入梯度对生育行为的影响；列（3）为 2010~2018 年的收入梯度对生育行为的影响，通过前三列的对比分析可以掌握间隔时间长短对基准回归的影响。列（4）为调整基期时间的回归结果，将 2010 年调整为 2016 年，通过比列的对比分析研究基期时间选择是否对研究结论产生影响。

表 3-14 收入梯度对生育行为影响（调整样本时期）

变量	（1）	（2）	（3）	（4）
	2010~2012 年	2010~2014 年	2010~2018 年	2016~2018 年
收入梯度	-0.24*** (-6.58)	-0.07*** (-3.83)	-0.00 (-0.22)	-0.03** (-2.06)
已有子女数量	-0.82*** (-15.71)	-0.10*** (-7.49)	-0.43 (-0.84)	-0.08*** (-7.55)
省份控制变量	0.05 (0.86)	0.11*** (3.29)	-0.54 (-0.80)	0.16 (0.59)
控制变量	Yes	Yes	Yes	Yes

变量	(1)	(2)	(3)	(4)
	2010~2012 年	2010~2014 年	2010~2018 年	2016~2018 年
常数项	1.63*** (6.75)	1.66*** (11.31)	1.23*** (0.47)	-13.23*** (-7.52)
N	6678	16669	991	4664

列（1）与列（2）收入梯度对生育行为的影响系数均为负向显著，表明缩短样本观察时间对研究结果无影响。从回归系数的角度分析，列（1）回归系数的绝对值大于列（2），表明收入梯度对生育行为的短期影响大于长期，随着时间的推移，收入梯度对生育行为的影响程度可能逐渐减弱。列（3）的回归系数不显著且取值为0，进一步验证了此结论。列（4）的回归系数显著为负，表明更换基准观察期对研究结论无影响，研究结论仍稳健。综上所述，收入梯度的确对生育行为产生负向影响，研究结论稳健，但收入梯度对生育行为的影响程度与时间相关，收入梯度对生育行为的短期影响大于长期。可能的原因是某种因素导致的收入梯度在短期是存在的，随着时间的推移，个体的人力资本和专业技术水平等得到提升，个体间收入梯度逐渐缩小或消失，因此长期的收入梯度对生育行为影响较低。

3.4.5.3 分样本回归

本章使用 CFPS 微观数据库分析收入梯度对生育行为的影响，基准回归使用 CFPS 数据库的样本进行回归，基准回归结果忽略了样本个体的就业情况对收入梯度的影响，样本中存在因未就业或失业而导致收入梯度的产生，造成回归结果存在误差，并且可能存在因样本选择的问题而使研究结论产生偏误。因此，将样本按照个体是否就业进行分样本回归，并检验回归结果的稳健性。CFPS 数据库中有"您现在是否有工作"变量，此问题对应有两个回答：当前有工作、当前没有工作。基于此变量产生就业虚拟变量和未就业虚拟变量，虚拟变量分别与收入梯度进行交乘，回归结果如表3-15所示。

表3-15　收入梯度对生育行为影响（分样本回归）

变量	(1)	(2)	(3)	(4)
收入梯度×就业人员	-0.11*** (-6.25)	-0.07*** (-3.26)	-0.08*** (-3.54)	-0.08*** (-3.43)

续表

变量	（1）	（2）	（3）	（4）
收入梯度×未就业人员	-0.12 *** （-5.47）	-0.06 ** （-2.53）	-0.07 *** （-2.79）	-0.07 *** （-2.74）
已有子女数量			-0.09 *** （-7.21）	-0.10 *** （-7.49）
省份控制变量				0.11 *** （3.28）
控制变量	No	Yes	Yes	Yes
常数项	1.35 *** （75.25）	2.03 *** （22.44）	2.05 *** （22.63）	1.67 *** （11.30）
N	16669	16669	16669	16669

列（1）为收入梯度与就业人员虚拟变量、未就业人员虚拟变量交乘的回归结果；列（2）在列（1）的基础上加入了控制变量；列（3）在列（2）的基础上加入了已有子女数量控制变量；列（4）在列（3）的基础上加入了省份控制变量。通过回归结果可知，无论是否加入控制变量，就业人员交乘项的回归系数与未就业人员交乘项的回归系数均显著为负，表明样本个体是否就业对回归结果无影响。因未就业而导致的收入梯度对生育的影响不影响回归结果的稳健性，原因是由于个体未就业或失业导致个体收入水平下降，个体无法保持原有的生活水平，且对生存的需求高于对生育子女的需求。此外，一般个体的未就业均为短期行为，在长期可以得到解决。因此，表3-15的回归系数仍显著，表明本章的研究结论稳健，且此结论与杨一凡（2020）的研究结果相符。

3.4.5.4 倾向性得分匹配

本章的基准回归使用中国家庭追踪调查数据库研究收入梯度对生育行为的影响，自变量与因变量均经计算得到，样本及变量的选择存在主观性，易产生样本选择问题。为了更准确地区分存在收入梯度的群体与不存在收入梯度人群，使用倾向性得分匹配的方法检验样本选择的稳健性（梁斌和冀慧，2020）。此倾向性得分匹配使用近邻匹配（k=1）与半径匹配（R=0.05）两种方法分别进行分析，在回归分析之前对样本进行匹配。经过匹配后数据间的差距缩小，较好地平衡了数据间的差距，使研究结论更稳健。使用近邻匹配方法经100次随机抽取（bootstrap=100）所得到的ATT值为-0.039，在1%的显著性水平下显著异于零；使用R=0.05的半径匹配经100次随机抽取（bootstrap=100）所得到的ATT值

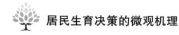

为 -0.030 ，在 1% 的显著性水平下显著异于零。倾向性得分匹配结束后对数据进行回归，结果如表 3-16 所示。

表 3-16   倾向性得分匹配的回归结果

变量	（1） 近邻匹配	（2） 近邻匹配	（3） 半径匹配	（4） 半径匹配
收入梯度	-0.02^{***} (-2.66)	-0.02^{***} (-2.78)	-0.02^{***} (-4.23)	-0.02^{***} (-4.86)
已有子女数量		-0.02^{***} (-10.51)		-0.02^{***} (-12.06)
省份控制变量		0.01^{*} (1.95)		0.01^{**} (2.15)
控制变量	Yes	Yes	Yes	Yes
常数项	0.59^{***} (3452)	0.57^{***} (20.12)	0.61^{***} (50.65)	0.59^{***} (29.62)
N	8955	8955	16669	16669

列（1）与列（2）为使用 k = 1 的近邻匹配后的回归结果，列（3）与列（4）为使用 R = 0.05 的半径匹配后的回归结果，列（2）与列（4）分别在列（1）与列（3）的基础上加入已有子女数量控制变量与省份控制变量。由回归结果可知，无论使用什么方式，收入梯度对生育行为的影响均负向显著，表明当收入梯度存在时个体产生生育行为的概率低于无收入梯度的样本群体，本章的研究结论较为稳健，不存在样本选择的问题。

3.5   研究结论与对策建议

3.5.1   研究结论

本章使用 2010 年与 2014 年 CFPS 数据库调查数据，使用 Probit 模型分析个体收入梯度对生育行为的影响，通过对文献的梳理构建个体收入梯度对生育行为的理论模型，从中找到了个体收入梯度对生育行为影响的研究机理，随后进行了异质性检验、机制检验与稳健性检验。

通过研究发现：

（1）个体收入梯度与生育行为呈负相关关系，个体收入梯度对生育行为影响的回归系数为负且在 1%的显著性水平下成立。收入梯度是相对概念，是随时变动的非绝对概念。例如，收入水平为 1000 元、1500 元与收入水平为 3000 元、3500 元的收入梯度均为 500 元，这是由于基准收入不同导致的，为了解决此类问题，本章使用样本整体收入均值作为基准，解决了收入梯度计算基准不统一的问题。收入梯度有正有负，对回归结果产生较大影响和偏误，为解决此问题，本章使用个体收入梯度与总收入梯度均值作差后取绝对值的方式进行处理，避免因收入梯度取值正负对研究结论的影响。2003 年以来我国的基尼系数均高于 0.46，2008 年我国的总和生育率为 1.71，2022 年我国的总和生育率约为 1.07，低于国际警戒线水平，本章的研究结论与实际现状相符。

（2）控制已有子女数量对研究结论无影响。从整体的角度分析发现，个体收入梯度抑制生育行为的产生，基准结果并未考虑已有子女数量对研究结论的影响。随着城市化水平的发展，我国平均生育年龄逐年增加，我国一孩平均生育年龄由 26.4 岁上升至 27.4 岁；二孩平均生育年龄由 30.89 上升至 32.59 岁，而女性的最佳生育年龄为 25 周岁至 30 周岁。虽然我国的平均生育年龄有所增加，但随着年龄的增长和已有子女数量的增加，不同个体是否继续生育子女存在差异。本章通过控制变量的分析讨论了已有子女数量对研究结论的影响，通过分析发现：随着已有子女数量的增加，个体收入梯度对生育行为的影响程度也越大；但无论已有子女数量的多少，当已有子女数量相同时，个体收入梯度的增加均会抑制个体生育行为的产生。因此，已有子女数量不影响本章的研究结论。

（3）个体收入梯度对生育行为的影响存在正负异质性。收入梯度是相对概念，因此存在两种不同类型：一是由于个体收入水平较高，高于社会平均收入水平，本章称为正向收入梯度；二是由于个体收入水平较低，低于社会平均收入水平，本章称为负向收入梯度。为了检验正向收入梯度和负向收入梯度对个体生育行为的影响，进行异质性检验。经异质性分析发现：正向收入梯度显著抑制个体生育行为，回归系数在 1%的显著性水平下成立，本章的研究结论与已有研究结论相符，即收入水平越高则个体生育子女的概率越低。负向收入梯度也抑制个体的生育行为，但回归系数不显著，可能的原因是低收入群体生育子女的概率高于高收入群体，且低收入群体生育子女的机会成本较低，子女可以帮助家庭分担风险，随着就业环境的变化，低收入群体的生活压力增加，生育子女的概率低于以往，因此负向收入梯度对生育行为影响的回归系数不显著。收入梯度的异质性对研究结果不产生影响。宏观来看，收入梯度分为个体自身的收入梯度、个体与其他人的收入梯度两种类型，通过异质性分析发现，收入梯度的两种不同类型均抑制个体的生育行为。

（4）个体收入梯度对生育行为的影响存在滞后性。一方面，生育行为发生在某一时点，但在数据上体现为已有子女数量的变化，特定时间段内已有子女数量增加，表明个体在此时段内存在生育子女的行为，数据无法记录某一时点所有样本发生生育行为的个体数量；另一方面，某一因素发生时影响个体的生育意愿或生育决策，但此类影响存在滞后性。通过基准回归分析可知，2010 年与 2014 年个体的收入水平与生育行为的回归系数显著为 0，表明某一时点的收入水平对生育行为不产生影响，个体收入梯度影响随后某一段时间的生育行为。

（5）个体收入梯度对生育行为的影响不存在学历、职业和地区异质性。本章的基准研究发现个体收入梯度抑制生育行为的产生，但个体的收入水平受各类社会因素的影响，为了研究不同因素引致收入梯度对生育行为的影响，进行异质性检验。异质性检验依据不同的分类标准对同类样本的收入水平求均值，用个体的收入水平与某类个体收入水平的均值作差取绝对值得到相应的代理变量。由异质性分析结果可知，无论以何种方式区分，个体收入梯度均抑制生育行为的产生，因此学历、职业与地区异质性均对研究结论无影响。

（6）个体收入梯度对生育行为的影响存在时间异质性。无论时间长短，个体收入梯度均会对生育行为产生影响，但短期收入梯度对生育行为的抑制程度高于长期。当生育行为以两年作为观察期时，个体收入梯度对生育影响的回归系数高于长期，随着时间的增加，回归系数趋于零。可能的原因是个体收入梯度在短时间内较难弥补，但随着时间的增加，个体可通过继续教育等方式增加人力资本和收入水平，以缩小收入梯度，因此长期内可弥补个体收入梯度。

（7）收入梯度对生育行为的影响存在工作及娱乐时间影响机制与学习机制。本章从人力资本角度分析收入梯度对生育行为影响的过程机理，将人力资本分为专业技能和知识水平两方面。具体而言：负向收入梯度与兼职时间的回归系数显著为正，与娱乐时间的回归系数不显著，低收入群体参加兼职或加班等工作的概率较高，以此提高个体的专业技术水平进而提升个人的收入水平，缓解生活压力。一方面，正向收入梯度显著提高了参加休闲娱乐的概率，在没有工作时，高收入群体倾向于参加旅游等休闲娱乐的项目以提升生活质量，高收入群体的时间成本较高，对自由的追求较大且对子女质量的要求高于数量，因此收入梯度通过影响个体的工作和娱乐时间影响个体的收入水平；另一方面，高收入水平个体参加继续教育和学习的时间较多，回归系数显著为正，表明高收入群体倾向于增加知识水平，生育行为产生的概率较低。高收入群体通过增加专业知识的方式提升人力资本从而抑制生育行为的产生，低收入群体通过增加专业技术水平的方式提升人力资本从而抑制生育行为的产生。具体而言，正向收入梯度的群体通过加强学习和继续教育提升人力资本从而抑制生育行为；负向收入梯度的群体通过增加工作时间或减少娱乐时间提升专业技术水平或收入水平从而抑制生育行为的产生。

3.5.2　对策与建议

（1）加强对个体生育行为的政策支持，提升生育行为。改府等有关单位可以出台生育补偿或生育激励政策，如扩大生育保险的行业覆盖面，激励青年个体生育子女。政府等有关机构还可以对新生儿增加基础教育补助或医疗卫生等方面的资金补助，缓解个体抚养子女的压力，增加对产前护理、婴幼儿照料相关机构的补贴和支持，提供学前教育、婴幼儿医疗费等相关补偿，降低生育子女的抚养费用。

（2）加强对个体的工作保障，降低收入梯度。有关机构要加强对企业与个体的扶持和保障，对企业进行政策与资金上的扶持，促进企业生产，降低个体收入梯度发生的可能；增加对个体补贴的范围，重点关注城乡流动人口，加强对个体和企业的监管，防止劳资纠纷事件的发生。出台相关法律加强对个体的保护与支持，例如相关机构加强对企业等用人单位招聘审查。随着社会对专业技能和知识的需求逐渐增加，为保障企业的创新活力，应定期开展培训，邀请专业人士开展讲座，不仅有利于提升个体的专业知识水平和相关专业技能，还能进一步提升企业的运行效率与个体的工作质量。

（3）提升教育教学质量，加强成人职业素质教育。有关机构要加大对成人的素质教育和专业技术培养的方式和渠道，让更多劳动者提升人力资本。加强对继续教育与专业技能培训行业的资金支持力度，提高劳动者的专业技术水平和素质教育。加强对欠发达地区或偏远地区的教育支持力度，缓解教育压力，提升全民人力资本，降低收入梯度，提升生育行为。

（4）加强政府配套措施的改革。首先，稳定物价、控制消费，加大政府转移支付力度。随着经济的发展和物价水平的提高，居民消费压力逐年增加，政府等有关机构应均衡各地物价、不动产价格，减轻居民消费压力。政府等有关机构还可以增加对低收入家庭的转移支付和补贴，缓解个人支出压力；加强对教育培训机构、课外辅导机构等的监管，控制机构培训费用；加强对母婴产品、幼儿培训等行业的监管，严查哄抬物价现象发生。其次，优化经济格局，加快全国统一大市场的建设。我国虽然地域辽阔，但不同地区有不同的地理优势和经济发展模式，不同经济发展环境有不同的企业发展方式。相关单位可以加大对流动人口、进城务工人员的监管和保障，缓解因地区差异而导致的收入水平的差异。加快全国统一大市场的建设，减小个体收入梯度，提高个体生育行为。

（5）改善金融服务，深化制度改革，让群众对未来充满积极预期。个体收入梯度对生育行为的影响体现在个体对未来的预期上，当个体间收入梯度存在时，会影响个体的心理状态和未来预期，因此相关政策的提出可以确保群众不产生对未来的消极预期，以提升生育行为产生的可能。具体而言：相关金融机构要加强与街道、社区或村委的合作，加强对个体的诚信监管，最大化保障群众的资金及借贷安全，降低群众的融资风险和信贷压力，提升居民的安全感，降低群众不确定性预期。完善城镇制度化建设，因地制宜，结合当地的比较优势采取差异化策略，做到精准分析，精确治理。确保群众的就业安全与收入安全，积极推动医疗、教育等公共服务保障，控制社会物价水平，降低群众消费支出，缓解居民生活压力，确保社会公共服务资源均等化。

4　生育保险对生育意愿的影响研究

4.1　引言

4.1.1　研究背景

近年来，为了提高生育水平，我国接连实施了一系列鼓励措施。生育保险作为一项生育支持政策，能够为家庭提供经济支持，弥补生育甚至部分养育成本，是保障女性生育权益的重要举措。在不考虑政策因素的情况下，一个国家的意愿生育水平相当于该国生育水平的极大值（王军和王广州，2013），由此，在我国新生人口增长乏力、生育支持体系有待完善的情况下，通过生育保险鼓励生育意愿是否可成为提高生育水平的一条可选路径？本章通过研究生育保险对生育意愿的影响效果及路径，试图为鼓励生育探寻出一个新的政策着力点，以期为解决我国人口问题提供参考建议。

4.1.2　研究目的

第一，适应人口发展新形势变化，推动高质量发展。平缓生育水平下降的趋势，积极应对生育水平持续走低带来的风险，提高生育意愿，推动实现适度生育水平，改善人口结构，应对人口老龄化。

第二，更好地制定生育政策，优化社会发展。国家政策干预出生率的效果不显著，这表明，随着经济的发展，我国人口出生率低的局面扭转难度较大，如何稳定出生率、增强老龄化社会的稳定性，是政府接下来相当一段时间内的重点改革方向。

第三，探寻生育保险对生育意愿的影响效应及作用机制，探究鼓励生育的更多路径，为完善生育鼓励政策提供借鉴，也辅助我们更好地应对生育率下降及人口老龄化带来的危机。同时结合我国的基本政策,分析如何处理好新生人口下降和老龄化带来的社会问题。

4.1.3　研究意义

在社会保障对生育的影响问题上,目前多数学者从养老保险角度展开研究,与生育相关程度较高的生育保险却研究较少。本章从生育保险经济支持角度探讨社会保障对生育意愿的作用,研究生育保险对生育意愿的影响效果,探讨生育保险对生育意愿的影响机制,为鼓励生育探寻新的政策路径。

从当前生育保险保障实际情况出发,结合生育保险对生育意愿的影响效果和作用机制,为进一步完善生育保险制度体系、更好地保障妇女生育权益、提高生育意愿,进而提高出生率提供科学依据。

将人口学、统计学等学科的相关理论和研究方法应用于生育保险对生育意愿影响的研究,有利于深化和丰富各相关学科的理论发展,充实生育理论内涵,为进一步完善生育政策提供理论支撑。

4.1.4　主要内容

本章主要从微观个体视角出发研究生育保险对生育意愿的影响。运用中国家庭追踪调查微观数据,选择将生育保险作为解释变量,生育意愿作为被解释变量。在此基础上,本章还对可能存在的内在机理和不同群体间的异质性进行了检验和验证。此外,为了确保研究结果的稳健性,本章进一步进行了一系列稳健性检验。具体研究内容安排如下:

第一节是引言部分。这部分内容对我国的人口现状、生育政策、生育保险制度现状进行了简要的背景介绍。我国生育率持续低迷,新生人口增长乏力,近年来虽采取了一系列鼓励生育的措施,但政策效果并不显著,进而引出"生育保险能否提高生育意愿"的问题。此外,本章还阐明了研究的目的、意义以及主要贡献。

第二部分是国内外有关生育意愿与生育保险的文献综述。首先,对生育相关的经典理论进行阐述;其次,从总体和二孩生育两个角度对我国生育变化情况进行了研究;再次,从母亲受教育程度、收入因素、代际差异三个方面探讨了生育的影响因素;最后,讨论了社会保障的生育效应,重点探讨了社会保障对生育的双向影响,系统梳理了生育保险与医疗保险合并实施以来,生育保险立法、两险合并实施的作用、存在的问题、解决措施等研究成果,在此基础上引出本章的研究意义和可能的边际贡献。

第三部分是生育保险与人口生育现状相关的研究。首先，阐述了生育保险的概念以及发展，并从生育保险覆盖范围、给付原则等角度描述了生育保险的特征，运用 2012~2021 年的数据，从参保人数、基金收支等角度对"两险合并"后生育保险和职工基本医疗保险的变化进行了研究。其次，运用 2002~2022 年的数据，从出生人口数、总和生育率、出生率等角度对我国人口生育情况进行了研究。总体看来，我国人口生育率持续降低。

第四部分是本章的理论基础和影响机理。从生育成本—效用理论、孩子"数量—质量"替代理论和代际财富流理论阐述本章的理论基础，并在前人研究的基础上构建了一个世代交替的两期决策模型，探讨了生育保险对生育意愿的影响机理，同时设定了本章的理论模型。

第五部分是实证分析。一是数据来源、样本定义及描述性统计。首先对数据来源进行了介绍，本章所用数据来自中国家庭追踪调查数据；其次对变量进行了介绍和说明，自变量为生育保险，因变量为意愿生育数量，并从生育保险的经济支持（生育津贴）角度探讨生育保险对生育意愿的作用效果。选取个人特征、家庭特征和城市特征三个层面的控制变量，个人特征包括性别、年龄、健康状况、学历、户口、是否有养老保险，家庭特征包括家庭总收入、家务时长，选取GDP 作为城市特征变量；并对样本进行描述性统计分析。二是基准回归。利用普通最小二乘法（OLS）检验生育保险对生育意愿的影响效果，包括作用方向、显著程度、影响程度等。基准回归结果为生育保险能够显著促进生育意愿，在添加了一系列控制变量后结论仍然成立。本部分还验证了生育保险对生育意愿的促进作用存在关键性拐点，即生育保险与生育意愿呈倒"U"型关系，当生育保险补贴金额低于拐点值时，生育保险能够促进生育意愿，当生育保险补贴金额高于拐点值时，生育保险对生育意愿起抑制作用，我国当前的生育保险补贴水平位于拐点值左侧，因此得出结论，我国目前的生育保障水平偏低，难以将居民的生育意愿激发到最大值。三是生育保险对生育意愿影响的机制检验。从生活成本、医疗成本角度检验生育保险对生育意愿的作用机制。用日常支出和居住成本作为衡量生活成本的代理变量，结果显示：生育保险能够促进生活成本和医疗成本较少个体的生育意愿，对生活成本和医疗成本较高个体的生育意愿无显著影响。四是生育保险对生育意愿影响的异质性检验。从性别、户口、住房产权属性、房贷、收入、工作日做家务时长六个角度全面研究了生育保险对生育意愿作用的异质性。发现生育保险对男性、农村户口个体的生育意愿有显著促进作用，但抑制了拥有住房所有权和房贷人群的生育意愿，能够显著促进中等收入个体的生育意愿，但对于低收入与高收入个体的生育意愿没有显著影响。同时，对工作日做家务时长较少家庭的生育意愿有显著促进作用。由以上研究检验了生育保险对不同人群的作用效果。五是进一步检验了生育保险对多孩生育意愿的影响，结果表明，生育保险对多孩生育意愿具有显著促进作用。六是稳健性检验。限于数据可得性和可能存在的遗漏变量问题，运用工具变量法对模型进行了稳健性检验，估计结果验证了结论的稳健性。同时，还采用更换计量模型（OProbit）和对可能的遗漏变量进行检验的方法对估计结果进行了检验，并验证了估计结果的稳健性。

第六部分是研究结论与政策建议。研究发现，生育保险对生育意愿具有显著的促进作用。机制分析表明，生育保险通过补贴生活成本和医疗成本促进了经济条件较差家庭的生育意愿。异质性分析较精准地识别了生育保险的作用群体，生育保险对男性、农业户口、中等收入群体以及家务负担较轻人群的生育意愿具有显著促进作用，但抑制了拥有住房产权及房贷人群的生育意愿。基于以上研究结论，本章为鼓励生育以及完善生育保险制度提出了具体的政策建议。

4.1.5 研究方法与技术路线

本章在梳理有关生育意愿与生育保险文献的基础上，结合我国生育保险的给付政策，推导生育保险对生育意愿的影响机理。使用2018年中国家庭追踪调查数据对生育保险如何影响生育意愿进行实证研究。具体过程为：首先，对生育保险补贴额度、生育意愿以及相关控制变量进行描述性统计分析。其次，运用普通最小二乘法估计生育保险对生育意愿的影响，并进一步从生活成本和医疗成本两个角度分析影响机制。同时，还从性别、户口、房产产权属性、房贷、收入水平和家务时长六个角度估计了生育保险对不同群体生育意愿的异质性。再次，进一步运用Logit模型研究生育保险对多孩生育意愿的影响，丰富了实证结论。最后，使用工具变量法（IV）、更换计量模型（OProbit）以及对可能的遗漏变量进行检验等方法对估计结果进行稳健性检验。

根据本章研究的主要内容和结构，绘制技术路线与方法示意图，如图4-1所示。

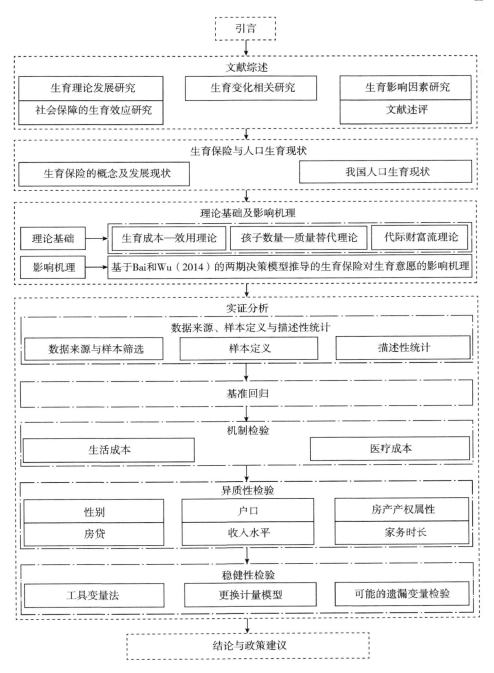

图4-1　第4章技术路线与方法示意图

4.1.6   研究贡献

第一，采用中国家庭追踪调查数据，识别并检验了生育保险与生育意愿的关系，探寻了生育保险对生育意愿的微观机理。

第二，验证了生育保险对生育意愿的促进作用存在关键性拐点，当生育保险的补贴金额低于拐点值时能够促进生育意愿，超过拐点值时开始抑制生育意愿，我国目前的生育保险补贴水平在拐点值以下。

第三，现有文献多从宏观层面开展生育保险的相关研究，本章从微观视角分析了生育保险对生育意愿的影响效果。为加强生育保险制度体系建设、制定生育支持政策提供了一个新的着力点。

4.2   文献综述

4.2.1   社会保障的生育效应研究

社会保障对生育具有双向影响。部分学者认为，社会保障能够促进生育。社会保障对生育意愿的影响效果存在地域差异，如果社会保障待遇较低，子女提供的养老支持越高，社会保障对生育的促进作用越强（Yakita，2001）。当把孩子视为一种消费品时，若社会保障制度的完善能增加生育群体的终身净财富，那么他们可能会减少储蓄，增加当前的消费，包括作为消费品的孩子的数量（Swidler，1983）。社会保障中公共养老金规模过大或过小都会降低生育率，中等规模的公共养老金能够刺激生育。但是多数学者认为社会保障对生育具有负向影响。父母要孩子的一个重要原因是为了老年保障，而社会保障作为替代投资手段会降低生育率。社会保障力度越大，老年人经济独立性越高，在居住和生活的安排上除了依附子女之外还有更多选择，降低了老年人对子女赡养的依赖程度（郭凯明和龚六堂，2012）。尤其对于"防老"依靠"养儿"的人来说，养老和退休计划的社会保障功能降低了孩子（尤其儿子）的效用，也因此降低了出于养老动机的生育行为（Hohm，1975）。刘一伟（2017a）认为，社会养老保险不仅显著降低了居民选择生育的概率，还降低了生育数量，子女养老对生育意愿具有促进效应，政府养老则具有"挤出效应"。

2017年生育保险与医疗保险合并实施以来，有学者从生育保险立法、两险合并实施的作用、存在的问题等角度展开研究。生育保险可以规避生育行为的正外部性，与医疗保险合并后满足了制度层面的整合，两险的合并扩大了生育保险覆盖范围，降低了执行成本，提升了基金共济能力，但仍有很多方面需要完善。因此，应提高就业流动人口生育保险参保率，鼓励适龄人口按政策生育。庄渝霞（2019）认为，应将非正规就业人群纳入生育保险保障范围，并推行企业、政府和个人三方共担的筹资模式，提高企业参保的积极性。虽然，我国生育保险为女性提供了产假权益保障，但由此造成的劳动中断势必会对女性重返工作岗位产生影响，引发工作与家庭的冲突，影响女性的生育行为和生育意愿（计迎春和郑真真，2018）。由于学龄前儿童较高的护理成本（Connelly，1992），公立保育资源的匮乏，母亲照料儿童的机会成本，以及劳动力市场的僵化和不完善，生育行为往往会阻碍已婚女性进入劳动力市场，降低女性的劳动力参与率（Boca，2002）。在年轻群体中，母亲的收入远远落后（Waldfogel，2001），已婚女性往往会遭遇更大的工资惩罚（Budig and England，2001）。针对已婚已育女性所面临的困境，有学者提出了一些解决措施。Hank 和 Kreyenfeld（2003）认为，在工作与家庭难以平衡的情况下，公共日托服务是养育子女和就业协调的关键，儿童的非正式照料（祖父母辈的照料支持）也具有类似的作用，增加了生育的概率，也在一定程度上促进了人力资本的提升（于也雯和龚六堂，2021）。当父母提供表征为社会资本的照料服务和经济支持时，可以通过降低女性的机会成本，提高女性的生育意愿。这种影响在正规托幼机构供给程度较低的地方，以及受过高等教育、经济情况良好且职业发展前景较好的女性身上表现尤其明显（靳永爱等，2018）。

4.2.2 文献述评

低生育水平作为一种全球普遍的人口现象，已经引起了国际社会的广泛关注，诸多经济学家、人口学家围绕低生育水平的现状、形成机制、经济社会影响、政策激励措施等方面进行了大量研究。在生育支持方面，国内外学者不仅从理论上进行了探讨，建立了相关的理论研究框架，还进行了大量具体的实证研究。在社会保障方面，我国学者对生育保险已经有了一定研究成果，但多集中在生育保险制度本身，对生育保险的生育效应的研究相对缺乏。为此，本章从生育保险的经济支持角度研究生育保险对生育意愿的影响，探讨生育保险对生育意愿的影响机制。以期为解决我国当前人口问题提供一项备选答案。

本章的边际贡献如下：首先，采用中国家庭追踪调查数据，识别并检验了生育保险与生育意愿的关系，探寻了生育保险对生育意愿的微观作用机理；其次，验证了生育保险对生育意愿的促进作用存在关键性拐点，适度地提高生育保险水平有助于提升生育意愿；最后，较精准地识别了生育保险作用显著的人群。本章的这些发现为进一步完善生育保险制度建设、建立生育支持政策体系提供了强有力的理论支撑。

4.3 生育保险发展现状

4.3.1 生育保险的概念及发展

党的二十大提出健全覆盖全民、统筹城乡、公平统一、安全规范、可持续的多层次社会保障体系，优化人口发展战略，建立生育支持政策体系。生育保险作为一项社会保险制度，是国家通过立法在妇女劳动者因生育子女暂时丧失劳动能力时，为她们提供必要的物质帮助的一项制度手段。生育保险通过实物帮助和现金补助，为孕产妇提供医疗保健、生育补助、生育津贴及有酬产假等保障。

我国生育保险立法较晚。中华人民共和国成立初期的生育保险政策主要依据1953年的《中华人民共和国劳动保险条例（修正草案）》和《劳动保险条例实施细则》。但在20世纪60~70年代，我国生育保险相关法律法规的发展出现停滞。1988年我国颁布的《女职工劳动保护规定》和《关于女职工生育待遇若干问题的通知》恢复了我国的生育保险政策。1994年原劳动部颁布了《企业职工生育保险试行办法》，该办法的主旨要义是为了适应社会主义市场经济体制和现代化企业制度的需要，将社会统筹作为生育保险费用的来源，从而促进企业的公平竞争，保障女性获得平等的就业机会。该办法至今已实行30年，社会环境和人口发展已经发生了巨大的变化，亟须做出适应社会现状和经济发展的调整。2004年，原劳动和社会保障部颁布了《关于进一步加强生育保险工作的指导意见》，意见指出：各级劳动和社会保障部门要逐步建立和完善与本地区经济发展相适应的生育保险制度。2012年我国人力资源和社会保障部就其起草的《生育保险办法（征求意见稿）》公开征求意见，旨在出台一部更全面的生育保险相关办法以代替《企业职工生育保险试行办法》。2010年我国出台了首部生育保险相关的专门性法律《中华人民共和国社会保险法》，但是这部法律中涉及生育保险的相关规定存在很多局限，其中关于生育保险的规范大多是基础性的、政策性的，不够具体，在实际执行运用过程中可操作性较差。因此，《企业职工生育保险试行办法》仍是我国目前规定比较全面的行政法规。

4.3.2　生育保险的特征

生育保险是经济和社会保障发展到一定阶段的产物，作为社会保险的子险种，它具备社会保险的基本特征，但因生育行为的特殊性，生育保险也必然具有其自身的一些特点。

第一，生育保险覆盖范围较小，保障对象主要是育龄期妇女，保障时间比较集中，一般在育龄期。第二，生育保险的给付与婚姻和人口政策相联系，我国生育保险的保障对象为合法婚姻并符合国家计划生育政策的生育者。第三，生育保险遵循"产前、产后均享受"的原则，从妇女怀孕开始到分娩之后的一段时间，生育保险都对妇女起到保障作用。第四，生育保险给付项目多、待遇水平高，具有保障劳动力简单再生产和扩大再生产的双重功能。

4.3.3　生育保险与职工基本医疗保险合并实施进展

20 世纪 50 年代，我国分别建立了生育保障制度和基本医疗保障制度，建立之初，两套制度独立运行，互不干涉。但随着生育保险和基本医疗保险的发展，一些问题逐渐显露出来，如两项保险统筹层次低、生育保险选择性参保导致参保率低等。此外，我国医疗保险和生育保险在医疗待遇支付上存在很大的共性，在医疗服务项目上也有交叠的地方，在管理服务方面也基本相同，在运行操作层面上具有很多共同之处。基于以上问题和条件，我国在"十三五"规划纲要以及中央全面深化改革任务中部署"将生育保险和基本医疗保险合并实施"的任务。2019 年，国务院办公厅发布《关于全面推进生育保险和职工基本医疗保险合并实施的意见》，全面推进两险合并的实施。

两项保险合并实施后，生育保险参保人数和覆盖范围进一步扩大。两险合并之前，由于生育保险由企业全额缴纳，个人不缴纳，部分企业为了控制成本并未给员工缴纳生育保险，导致生育保险的参保率大幅低于基本医疗保险。两险合并实施后，生育保险基金项归入职工基本医疗保险基金，两项保险统一征收缴纳，缴纳职工基本医疗保险则必须缴纳生育保险，企业不再能够对生育保险选择性参保。对于灵活就业的参保人，如果能够按时缴纳基本医疗保险，在符合生育保险法律法规的情况下，也能够享受生育保险医疗救助。基于以上原因，在生育保险和基本医疗保险合并实施以后，生育保险的参保人数将会明显增多。如表4-1所示，2012~2017年职工基本医疗保险参保人数变动较小，增长率介于2%~4%，且有下降趋势。生育保险参保人数每年以较平稳的速度增长，增长率介于3.5%~6.5%。2017年试点推行两险合并以后，2018年生育保险参保人数比2017年增加了1134万人，增长率提高到5.88%，较2017年增加了1.28个百分点，同时，职工基本医疗保险参保率也较2017年增加了1.80个百分点。2019年全面推行两险合并以后，到2020年我国生育保险参保人数有了大幅增长，达到了23567.3万人，较2019年增加了2150万人，增长率达到10.04%，较2019年增加了5.23个百分点。但是随着人口出生率的下降，享受待遇人数的涨幅并不大。在职工基本医疗保险方面，2020年参保人数也较2019年有了一定幅度的增长。由此可见，生育保险与职工基本医疗保险合并实施以后，参保人数进一步增多，覆盖范围进一步扩大，更好地保障了生育妇女的生育保险权益。

2012~2018年生育保险基金收入的年均增长率为17.02%；2012~2016年生育保险基金支出的年均增长率为36.55%。同时，在2016年推行"全面二孩"政策的情况下，随着生育保险享受人数的增加，2016年当年生育保险基金支出超过了收入值，出现了生育保险当期结余为负的情况。随着二孩生育累积效应的释放，2017年新生人口持续增加，生育保险待遇享受人数持续增多，生育保险当期结余出现了101亿元的赤字。长此以往，若未来生育政策发生变动或者人们生育意愿增强，将给生育保险的稳定带来潜在风险。

在职工基本医疗保险基金方面，两险合并以前，职工基本医疗保险基金收入由2012年的6062亿元增加到2018年的13538亿元，年均增长率为14.33%，基金支出由2012年的4868亿元增加到2018年的10707亿元，年均增长率为14.04%，基金收入的年均增长率仅比基金支出的增长率高0.29个百分点，抗风险能力有待提高。两险合并全面实施后，2019~2021年，职工基本医疗保险基金收入由15845亿元增加到19003亿元，年均增长率为9.51%，基金支出由12663亿元增加到14747亿元，年均增长率为7.92%，收入增长率高出支出增长率1.59个百分点，且2012~2021年收入年均增长率为13.54%，较支出增长率的13.11%高出0.43个百分点，增强了两项保险的基金共济能力，抗风险能力也进一步提高。

生育保险与职工基本医疗保险合并实施以后，部分城市对生育保险的缴费比率进行了调整。由用人单位参加生育保险和职工基本医疗保险的缴费比例之和确定新的职工基本医疗保险费率，职工个人同样不负担生育保险费，不再单独设置

表 4-1 2012~2021 年我国生育保险和职工基本医疗保险情况

年份	职工基本医疗保险基金收支情况					生育保险参保及基金收支情况							
						参保情况				基金收支情况			
	年末参保人数（万人）	参保人数增长率（%）	基金收入（亿元）	基金支出（亿元）	当期结余（亿元）	年末参保人数（万人）	参保人数增长率（%）	享受待遇人数（万人次）	享受待遇人数增长率（%）	基金收入（亿元）	基金支出（亿元）	当期结余（亿元）	累计结余（亿元）
2012	26486.00	—	6062.00	4868.00	1194.00	15428.70	—	352.70	—	304.20	219.30	84.90	427.60
2013	27443.00	3.61	7062.00	5830.00	1232.00	16392.00	6.24	522.00	48.00	368.40	282.80	85.60	514.70
2014	28296.00	3.11	8039.00	6695.00	1344.00	17038.70	3.95	613.40	17.51	446.10	368.10	78.00	592.70
2015	28893.00	2.11	9084.00	7532.00	1552.00	17771.00	4.30	641.90	4.65	501.70	411.50	90.20	684.40
2016	29532.00	2.21	10052.00	8467.00	1585.00	18451.00	3.83	913.70	42.34	521.90	530.60	-8.70	675.90
2017	30323.00	2.68	12274.00	9467.00	2807.00	19300.20	4.60	1112.80	21.79	642.50	743.50	-101.00	564.50
2018	31681.00	4.48	13538.00	10707.00	2831.00	20434.10	5.88	1088.60	-2.17	781.10	762.40	18.70	581.70
2019	32925.00	3.93	15845.00	12663.00	3182.00	21417.30	4.81	1136.40	4.39	—	—	—	—
2020	34455.00	4.65	15732.00	12867.00	2865.00	23567.30	10.04	1166.90	2.68	—	—	—	—
2021	35431.00	2.83	19003.00	14747.00	4256.00	23751.70	0.78	1320.50	13.16	—	—	—	—

资料来源：历年《中国统计年鉴》《全国基本医疗保障事业发展统计公报》。

生育保险基金项目，生育保险与职工基本医疗保险统一征缴，在基金支出项目中设置生育保险支出项。同时，在两险合并实施后，部分城市对生育保险主管部门和职工基本医疗保险的主管部门进行了整合重组，优化配置人员构成，简化了办事程序，提高了服务效率。如此执行后，对保险的征缴的效率有所提升，同时能够扩大基金的共济范围，在没有增加用人单位负担的基础上保障了育龄妇女的合法权益，也为进一步完善生育保险待遇政策奠定基础。

4.4 生育保险的影响机理与模型设定

4.4.1 影响机理

本章构建了一个以世代交替模型为基础的两期决策模型，分析生育保险对生育意愿的影响。假定个体都是理性的、同质的且都是愿意生育的，下列模型中 t 代表年轻时期，y_t 代表年轻时的收入，c_t 为年轻时的消费，s_t 为年轻时的储蓄。$t+1$ 表示老年时期，y_{t+1} 表示老年时的收入，c_{t+1} 表示老年时的消费，x 表示生育子女的数量，m 为每生育一个孩子平均要付出的养育成本，b 为老年时在每个孩子身上平均获得的转移支付，则老年时在子女身上获得的总转移支付为 $f(x)=bx$，e 为平均每生育一个孩子获得的生育保险补贴金额，r 为储蓄的利率，则两期的预算约束方程为：

$$c_t = y_t - s_t - mx + ex \tag{4-1}$$

$$c_{t+1} = y_{t+1} + s_t(1+r) + bx \tag{4-2}$$

由个体的两期消费决策和生育数量构建如下个体效用函数：

$$U(c_t, c_{t+1}, x) = ln(c_t + \alpha x) + \beta ln(c_{t+1}) \tag{4-3}$$

个体效用最大化情况下效用函数表示如下：

$$maxU(c_t, c_{t+1}, x) = max[ln(c_t + \alpha x) + \beta ln(c_{t+1})] \tag{4-4}$$

α 和 β 分别表示消费权重和主观折现因子，是两个介于 0 和 1 之间的数值。

个体通过对生育数量的选择来实现效用的最大化，实现效用最大化的最优条件为：

$$\frac{e+\alpha-m}{y_t - s_t + (e+\alpha-m)} + \frac{b\beta}{y_{t+1} + s_t(1+r) + bx} = 0 \tag{4-5}$$

由此，得到生育数量与生育保险补贴额的关系式：

$$x=-\frac{(e+\alpha-m)[y_{t+1}+s_t(1+r)]+b\beta(y_t-s_t)}{b(1+\beta)(e+\alpha-m)} \qquad (4-6)$$

为验证生育保险补贴金额对意愿生育数量的作用效果，对式（4-6）求生育数量 x 对生育保险补贴额度的导数有：

$$\frac{dx}{de}=\frac{b\beta(y_t-s_t)}{[b(1+\beta)(e+\alpha-m)]^2} \qquad (4-7)$$

基于中国"养儿防老"的传统观念，进入老年时期，子女通常要对老年人尽到赡养的义务，即个体老年后从子女处获得的转移支付 $b>0$。基于理性经济人假设，年轻时期的收入通常大于储蓄值，即 $y_t-s_t>0$，因此 $\frac{dx}{de}=$ $\frac{b\beta(y_t-s_t)}{[b(1+\beta)(e+\alpha-m)]^2}>0$，即生育数量会随着生育保险补贴金额的上升而增加，生育保险会对生育意愿产生促进作用。

4.4.2　模型设定

将生育保险对生育意愿影响的模型设定如下：

$$FI_i=\alpha_0+\alpha_1\ln(BI_i)+\alpha_2X_i+\eta_t+\varepsilon_i \qquad (4-8)$$

其中，FI_i 为被解释变量，表示拥有生育保险人的期望生育数量，范围为 0~3 个；BI_i 为解释变量，指若拥有生育保险的人发生生育行为所领取到的生育保险补贴数额；X_i 为控制变量；η_t 为行业固定效应。《中华人民共和国社会保险法》规定，生育津贴计发基数为职工所在用人单位上年度职工月平均工资，计算方式为：生育津贴=上年度职工月平均工资÷30×产假天数。我国现行法律规定女性正常生育情况下产假为 98 天，虽然近年个别地区将产假延长至 158 天，考虑到政策存在时滞性，本章计算时仍将产假天数定为 98 天。同时，本章用生育津贴作为生育保险的经济度量。鉴于数据可得性以及企业职工平均工资与个人工资的强相关性，在删除数据异常值、缺失值，并进行上下 1% 缩尾处理后，本章以公式：生育津贴=个人月平均工资÷30×98，计算个体若生育将领取到的生育保险补贴金额。

4.5 实证分析

4.5.1 数据来源、样本定义与描述性统计

4.5.1.1 数据来源

本章的数据来自中国家庭追踪调查数据库,该调查由北京大学中国社会科学调查中心(ISSS)实施,反映中国社会、经济、人口、教育和健康的变迁,目前已被众多研究采用。

4.5.1.2 样本说明

(1)生育意愿。鉴于 CFPS 数据库中仅有 2018 年同时包含生育保险和生育意愿的相关数据,因此,本章使用 CFPS 2018 截面数据进行研究,用期望生育数量衡量生育意愿。生育意愿包括两部分内容:意愿生育性别和意愿生育数量,由于我国现行的产前筛查政策对性别筛查项目实施严格的管控,以及目前中国人口压力引致的提高生育数量的需要,本章主要从生育数量角度对生育意愿进行测度。

(2)生育保险。本章的核心解释变量为生育保险,我国生育保险的保障范围主要包括产假、生育津贴和生育医疗服务,本章主要从生育保险的经济保障角度进行研究。《中华人民共和国社会保险法》规定生育保险的保障对象为合法生育的女性劳动者,即只有合法的生育行为才能申领生育保险。合法生育即满足法定结婚年龄,办理了合法结婚手续,并且符合国家生育相关法律法规的生育行为。虽然 2022 年国家医保局明确指出未婚已育女性办理生育津贴不需要结婚证等材料,但 2018 年领取生育津贴的标准仍按当时的《中华人民共和国社会保险法》执行,因此,本章将样本婚姻范围限定为有配偶(在婚)。在工作保障方面,选择有"生育保险"项目的样本。在样本年龄方面,由于近年来我国生育政策逐渐放松,再结合我国法定最低结婚年龄的限制(男不早于 22 周岁,女不早于 20 周岁),为了测量在政策范围内最大可能的生育潜力,将样本年龄范围控制在 20~55 周岁。综上所述,本章选取的样本范围为 20~55 周岁且具有生育保险的已婚样本。

(3)控制变量。本章的控制变量包括个人、家庭、城市三个层面,个人特征包括:年龄、性别、健康状况、学历、户口、养老保险;家庭特征包括:家庭总收入、家务时长;城市特征为 GDP。CFPS 2018 对受访者的健康状况进行了调

查：认为自己的健康状况如何？本章将健康状况设置为 5 个等级：不健康 = 1，一般健康 = 2，比较健康 = 3，很健康 = 4，非常健康 = 5；学历设置为 8 个等级：文盲/半文盲 = 1，小学 = 2，初中 = 3，高中/中专/技校/职高 = 4，大专 = 5，大学本科 = 6，硕士 = 7，博士 = 8。户口和养老保险设为虚拟变量，农业户口 = 1，非农业户口 = 0；若参保基本养老保险、企业补充养老保险、商业养老保险、农村养老保险（含农保）、城镇居民养老保险中的任一项，养老保险 = 1，无养老保险 = 0。家庭总收入为过去 12 个月，包括经营性收入、工资性收入、租金收入、政府补助或他人的经济支持等家庭各项收入总和。CFFS 2018 对工作日/休息日每天用于家务劳动的时间进行了测量，由于休息日时间弹性较大，工作日时间弹性较小，工作日的家务劳动往往更让人感到时间紧张，从而在时间层面影响人们的生育决策，因此将工作日每天用于家务劳动的时间纳入控制变量。

为了排除异常值对估计结果的影响，将所有连续变量进行上下 1% 缩尾处理。本章主要变量描述性统计如表 4-2 所示。生育意愿的最大值为 3，均值为 1.709，说明当下人们的生育意愿普遍不高，多数人的意愿生育数量不足 2 个。生育保险补贴金额的最大值为 65333，最小值为 3678，均值为 14840，说明个体间生育保险的领取金额存在较大差距。

表 4-2　变量描述性统计

变量	变量定义	样本量	均值	最小值	最大值
生育意愿	期望生育孩子数	1577	1.709	0	3
生育保险	生育后领取到的生育保险数	1577	14840	3678	65333
年龄	选取 20～55 岁年龄范围	1577	38.58	20	55
性别	男性 = 1，女性 = 0	1577	0.549	0	1
健康	不健康 = 1，一般 = 2，比较健康 = 3，很健康 = 4，非常健康 = 5	1577	3.184	1	5
学历	文盲/半文盲 = 1，小学 = 2，初中 = 3，高中/中专/技校/职高 = 4，大专 = 5，大学本科 = 6，硕士 = 7，博士 = 8	1577	4.595	1	8
户口	农业 = 1，非农 = 0	1576	0.367	0	1
养老保险	有 = 1，无 = 0	1577	0.997	0	1
家庭总收入	包括经营性收入、工资性收入、租金收入、政府补助或他人的经济支持等	1567	125711	11000	500000
家务时长	工作日每天用于家务劳动的时间（小时/天）	1577	1.071	0	5
GDP	样本所在地区调查年国内生产总值（亿元）	1576	42515	2865	97278

4.5.2 基准回归

使用普通最小二乘法估计生育保险对生育意愿的影响，回归结果如表4-3所示，其中，列（1）为不考虑其他因素情况下，生育保险对生育意愿的回归结果。列（2）控制了个人特征，列（3）控制了个人特征和家庭特征，列（4）进一步控制了城市特征，列（5）在列（4）的基础上进一步控制了行业固定效应。

表4-3　生育保险对生育意愿的影响

	因变量=生育意愿				
	（1）	（2）	（3）	（4）	（5）
生育保险	1.540 **	1.357 **	1.272 **	1.242 **	1.287 **
	(0.618)	(0.622)	(0.627)	(0.629)	(0.640)
生育保险平方	-0.082 **	-0.073 **	-0.068 **	-0.067 **	-0.069 **
	(0.032)	(0.032)	(0.033)	(0.033)	(0.033)
年龄		-0.001	-0.001	-0.001	-0.001
		(0.002)	(0.002)	(0.002)	(0.002)
性别		0.065 **	0.055 *	0.060 *	0.053
		(0.029)	(0.032)	(0.032)	(0.033)
健康状况		-0.001	-0.003	-0.002	-0.003
		(0.015)	(0.015)	(0.016)	(0.016)
学历		0.003	0.008	0.012	-0.003
		(0.013)	(0.013)	(0.013)	(0.015)
户口		0.077 **	0.068 *	0.056	0.053
		(0.034)	(0.035)	(0.035)	(0.035)
养老保险		-0.300 ***	-0.311 ***	-0.296 ***	-0.316 ***
		(0.029)	(0.030)	(0.035)	(0.050)
家庭总收入			-0.043 *	-0.050 **	-0.048 **
			(0.023)	(0.023)	(0.024)
家务时长			-0.001	0.001	-0.002
			(0.016)	(0.016)	(0.016)
GDP				0.050 **	0.049 **
				(0.020)	(0.020)
行业虚拟变量	No	No	No	No	Yes

	因变量=生育意愿				
	（1）	（2）	（3）	（4）	（5）
系数	−5.491* (2.951)	−4.278 (2.968)	−3.470 (2.997)	−3.7€8 (3.010)	−3.516 (3.067)
样本量	1577.00	1576.00	1566.00	1565.00	1565.00
R^2	0.005	0.014	0.016	0.020	0.035

注：*、**、***分别代表在10%、5%和1%的水平下显著；括号内为标准差，余表同。

由表4-3列（1）可见，生育保险对生育意愿的影响在5%的水平上显著为正，即生育保险数额越高，对生育意愿的正向影响越强，列（2）～列（5）在逐步添加控制变量后系数仍显著为正。由列（5）可见，生育保险的系数为1.287，意味着生育保险金额每提高1%，意愿生育数量提高1.287个。"养老保险"的系数为负值，说明拥有养老保险的人生育意愿较低，养老保险的社会保障功能挤出了居民的生育意愿（王天宇和彭晓博，2015）。家庭总收入系数显著为负，但数值较小，说明家庭收入的提高会在一定程度上抑制生育意愿。GDP系数显著为正，即生育意愿随所在地区经济情况的提升而提升，这可能是因为地区生产总值不仅代表该地区经济水平，也在一定程度上反映了该地区的社会保障情况，一个地区社会保障越完善，人们对生育的后顾之忧越少，人们想生的同时也敢生，生育意愿转化为生育行为的比率越高。

综上所述，生育保险能够促进居民的生育意愿，但是随着生育保险补贴金额的不断提高，对生育意愿的促进作用会一直存在吗？在现行生育保险政策下，生育意愿是否还有提升空间？为验证以上问题，本章进一步将生育保险的二次项加入模型进行估计，结果如表4-3所示。由回归结果可知，无论是否加入控制变量或行业虚拟变量，"生育保险"系数均在5%的水平上显著为正，"生育保险平方"项系数均在5%的水平上显著为负，即生育保险与生育意愿呈倒"U"型关系，生育保险的增加不会持续地推动生育意愿的提升。通过计算可知，生育保险的拐点值约为10260，也就是说，当生育保险的补贴金额低于10260元时，生育保险能够促进生育意愿，但当生育保险的补贴金额高于10260元时，生育保险将对生育意愿产生负向影响，即出现福利惰性（梁斌和冀慧，2020）。同时，通过计算可知，在现行的生育保险政策下，个体意愿生育数量的最大值为2.48个，但由上文可知我国居民目前的人均生育意愿仅为 1.7 个，远小于计算所得的最大值，也就是说，我国现行的三孩生育政策已经足够容纳现有的生育潜力，但我国居民目前的生育意愿的平均水平距最高点还有一定距离。其中一个重要的因素在于我国当前的生育保障水平比较低，尚不足以充分激发居民的生育意愿。2018年，我国人均生育保险基金支出为 7003 元，全国范围内人均生育保险基金支出最高的地区是上海，为 20155 元，其次是北京，为 13452 元，其余地区均低于拐点值 10260 元。此外，生育保险基金支出包括生育津贴、生育医疗费和计划生育手术费三项，即全国绝大部分地区居民生育后领取到的生育保险补贴金额（生育津贴）达不到居民生育意愿最高点的补贴值（10260 元）。因此，我国目前的生育保障水平偏低，难以将居民的生育意愿激发到最大值。

4.5.3　机制检验

家庭经济情况的稳定是影响夫妻生育决策的重要因素（Busetta et al.，2019）。2019 年的全国人口与家庭动态监测调查显示，有生育二孩及以上意愿的妇女，真正实现再生育的不足半数，而经济负担是阻碍家庭再生育的重要原因之一。生活支出是家庭经济压力的重要来源，此外，患者医疗费用也给家庭带来较大经济压力（李静和谢雯，2021），进而影响家庭的生育决策。因此，医疗费用在家庭经济支出中是不容忽视的一部分。综上所述，本章使用生活成本、医疗成本检验生育保险对生育意愿的作用机制。

4.5.3.1　生活成本机制检验

借鉴张巍等（2018）、梁斌和冀慧（2020）的思路，用日常开支和居住成本作为生活成本的衡量指标，日常开支包括每月伙食费和日用品消费，居住成本包括每月房租和房贷支出。

每月伙食费和日用品消费越少，表示家庭日常开支越低；每月伙食费和日用品消费越多，表示家庭日常开支越高。每月伙食费为平均每月家庭伙食费及购买自家消费的零食、饮料、烟酒等总费用，将每月伙食费按中位数分为两组，表4-4 列（1）为每月伙食费低于中位数的子样本，列（2）为每月伙食费高于中位数的子样本。由回归结果可见，表 4-4 列（1）"生育保险"系数为 2.381，在5% 的水平上显著为正，表明生育保险增强了每月伙食费较少家庭的生育意愿，列（2）"生育保险"系数不显著，说明"生育保险"对每月伙食费支出较多家庭的生育意愿没有显著影响。

表4-4　生活成本机制检验（日常支出）

变量	因变量=生育意愿			
	每月伙食费较少	每月伙食费较多	日用品支出较少	日用品支出较多
	（1）	（2）	（3）	（4）
生育保险	2.381**	0.578	1.921*	0.845
	（0.950）	（0.868）	（1.107）	（0.807）
生育保险平方	-0.124**	-0.034	-0.100*	-0.047
	（0.050）	（0.045）	（0.058）	（0.042）
控制变量	Yes	Yes	Yes	Yes
行业虚拟变量	Yes	Yes	Yes	Yes
常数项	-9.163**	-0.006	-7.215	-0.898
	（4.523）	（4.172）	（5.189）	（3.888）
样本量	774	791	560	1005
R^2	0.053	0.050	0.064	0.055

　　将日用品消费也以中位数进行分组，表4-4列（3）是日用品消费低于中位数的子样本，列（4）是日用品消费高于中位数的子样本，日用品消费较少的家庭，"生育保险"系数显著为正，日用品消费较多的家庭，"生育保险"系数不显著，说明生育保险显著增强了日用品支出较少家庭的生育意愿。表4-4的结果表明，生育保险通过补贴生活成本提升了日常开支较少家庭的生育意愿。分析生育保险对生活成本较高家庭的生育意愿无显著影响的原因，可能是生活成本支出较高的家庭往往经济条件较好，生育保险的补贴数额只占家庭收入的较小部分，对生育意愿难以起到激励作用。

　　另外，居住成本也是生活成本的重要组成部分，同样影响着人们的生育决策。本章使用每月房租和房贷支出衡量居住成本，每月缴纳房租和房贷越多，表示居住成本越高，生活成本越高。将样本按每月缴纳房租的中位数分为两组，根据分析结果，一组为每月房租支出较少的子样本，"生育保险"系数为1.150，在1%水平上显著为正；另一组为每月房租支出较多的子样本，"生育保险"系数不显著，说明生育保险促进了每月房租支出较少群体的生育意愿。

　　同样，按每月缴纳房贷中位数将样本分为两组，由回归结果可见，每月缴纳房贷较少的子样本"生育保险"系数在5%的水平上显著为正，每月缴纳房贷较多的子样本中"生育保险"系数不显著，表明生育保险显著促进了房贷压力较小家庭的生育意愿。估计结果表明生育保险通过补贴生活成本提升了生活成本较低人群的生育意愿。

4.5.3.2　医疗成本机制检验

本章所用医疗费用项目定义为：过去 12 个月，不包括已经报销和预计可以报销的费用，家庭直接支付的医疗费用。将样本按医疗费中位数分为两组，表 4-5 列（1）为医疗费低于中位数的子样本，列（2）为医疗费高于中位数的子样本，由估计结果可见，医疗费用较少的样本组"生育保险"系数为 1.615，显著为正，医疗费用支出较多的样本组"生育保险"系数不显著，说明生育保险提高了年支出医疗费较少家庭的生育意愿，但对年支出医疗费较多家庭的生育意愿没有显著影响。这可能是因为年支出医疗费较高的家庭经济负担较重，负担生育养育孩子的成本有较大压力，使得年支付医疗费较多的家庭生育意愿较低。

表 4-5　医疗成本机制检验

	因变量=生育意愿	
	医疗费较少	医疗费较多
	（1）	（2）
生育保险	1.615 * (0.906)	1.340 (0.908)
生育保险平方	−0.081 * (0.047)	−0.077 (0.048)
控制变量	Yes	Yes
行业虚拟变量	Yes	Yes
常数项	−5.804 (4.363)	−3.035 (4.308)
样本量	837	728
R^2	0.041	0.069

4.5.4　异质性检验

传统的生育动机与性别有关，"不孝有三，无后为大"，中国人传统的生育观念可能导致男性有更高的生育意愿。石智雷等（2022）认为，与女性相比，男性的理想子女数更多。为了研究生育保险对生育意愿作用的性别差异，本章将生育保险与性别的交互项加入模型。根据回归结果所示，"生育保险×性别"的系数在 1% 的水平上显著为正，表明生育保险显著提高了男性的生育意愿，生育保险每提高 1%，男性的意愿生育数量将增加 0.191 个。实证结果说明，生育保险对生育意愿的影响存在显著的性别差异，在现行的生育保险制度下，相对于女性，男性具有较强的生育意愿。

户口性质不同的人生育意愿也可能不同。姚从容等（2010）认为，城乡居民意愿生育数量的差距正在逐渐缩小，但意愿生育性别的差距逐渐增大。本章使用生育保险与户口的交互项研究生育保险对不同户口类型样本的生育效应的差异，根据估计结果得出，交互项"生育保险×户口"的系数显著为正，说明生育保险对农业户口人群的生育意愿具有显著促进作用，生育保险每提升1%，农业户口人群的生育意愿提升0.099个。实证结果说明，生育保险对不同户口性质人的生育意愿具有不同影响，持农业户口的人多生活在农村，总体消费水平较低，抚养孩子的成本也较低，因此生育保险的补贴金额在一定程度上能够对农业户口居民的生育意愿产生激励作用。

生育保险对住房产权属性不同的人的生育意愿的影响也可能不同。为了验证此问题，本章将生育保险和住房所有权的交互项纳入模型，住房所有权为虚拟变量，若家庭成员对现住房拥有部分或全部产权则赋值为1，否则赋值为0。根据估计结果显示，交互项"生育保险×住房所有权"系数显著为负，即生育保险对家庭拥有住房所有权人群的意愿生育数量有负向影响。分析认为，拥有住房产权的家庭可能面临房贷压力，购房压力的存在导致家庭经济约束趋紧，挤出了部分生育子女的意愿（Dettling and Kearney，2014），为此，本章进一步加入房贷与生育保险的交互项进行验证。将房贷设置为虚拟变量，若家庭贷款买房或装修则赋值为1，否则赋值为0。根据估计结果所示，交互项"生育保险×房贷"系数为 -0.013，且在10%的水平上显著为负，说明生育保险降低了有房贷人群的生育意愿，房贷压力导致生活成本和养育成本上升，对生育意愿具有挤出效应，验证了前文预期。

生育保险对生育意愿的影响可能因收入水平的不同而产生差异。对于我国不同收入层次的划分，万事达国际组织将我国家庭年收入在7500~50000美元的家庭确定为中等收入群体，Milanovic和Yitzhaki（2002）将日均收入12.5美元的人群确定为中等收入者。在Milanovic和Yitzhaki（2002）的基础上以1：6.5的汇率进行近似计算，将人均年收入低于28470元的家庭认定为低收入群体，家庭人均年收入在28470~117650元的确定为中等收入群体，高于117650元的确定为高收入群体。本章假设样本家庭规模为3人，通过简单近似计算，将年收入10万元以下的家庭确定为低收入家庭，10万~30万元之间的确定为中等收入家庭，年收入30万元以上的确定为高收入家庭。将不同收入水平的家庭划分为高、中、低三组，检验生育保险对生育意愿的影响，估计结果如表4-6所示。中等收入家庭生育保险系数在5%水平上显著为正，低收入家庭和高收入家庭系数均不显著，这表明生育保险显著提高了中等收入群体的生育意愿，对低收入群体和高收入群体均无显著影响。分析认为，一方面，收入过低的家庭由于经济条件所限，难以负担抚养更多孩子的边际成本，生育保险的补贴金额与未来养育教育孩子的支出相比杯水车薪，难以对生育意愿起到促进作用。同时，低收入家庭的收入不确定性更大，这也抑制了他们的生育意愿（徐巧玲，2019）。另一方面，高收入家庭由于经济条件较好，生育保险提供的现金补偿往往不足以激励他们的生育意愿，所以生育保险对高收入人群生育意愿的影响也不显著。

表4-6　不同收入家庭异质性检验

	因变量=生育意愿		
	低收入家庭	中等收入家庭	高收入家庭
	（1）	（2）	（3）
生育保险	0.895 （1.618）	1.287** （0.640）	1.900 （2.130）
生育保险平方	−0.043 （0.087）	−0.069** （0.033）	−0.110 （0.108）
控制变量	Yes	Yes	Yes
行业虚拟变量	Yes	Yes	Yes
常数项	−2.233 （7.417）	−3.516 （3.067）	−9.029 （10.903）
样本量	381	1565	113
R^2	0.056	0.035	0.332

　　家务劳动时间能够影响居民的生育意愿（王一帆和罗淳，2021）。Torr 和 Short（2004）认为，夫妻家务劳动分工不同将影响生育二孩的可能性。因此，本章将样本按工作日家务劳动时间中位数分为两组，表4-7列（1）为工作日家务时长小于中位数的子样本，列（2）为工作日家务时长大于中位数的子样本，回归结果显示，工作日做家务时间较少的人群"生育保险"系数显著为正，工作日做家务时间较多的人群"生育保险"系数不显著，表明生育保险显著增加了家务负担较少家庭的生育意愿。原因可能在于工作日时间约束趋紧，家务劳动

以及照料子女会加重"工作—家庭"冲突，这会对生育意愿产生抑制作用。

表4-7 家务时长异质性检验

	因变量＝生育意愿	
	家务时长较少	家务时长较多
	（1）	（2）
生育保险	1.666 ** （0.712）	0.665 （1.324）
生育保险平方	−0.087 ** （0.037）	−0.033 （0.071）
控制变量	Yes	Yes
行业虚拟变量	Yes	Yes
常数项	−5.316 （3.475）	−0.421 （6.315）
样本量	1151	414
R^2	0.044	0.076

4.5.5 生育保险对多孩生育意愿的影响

放开生育政策后，我国的生育水平并未得到理想的提升，一孩生育率从2019年的0.7下降到2021年的0.5，生育一孩的平均年龄从26.4岁提高到27.4岁，能生且想生第一个孩子的人口数量明显降低，因此，挖掘多孩的生育潜力成为我们未来制定生育政策的重要方向。

人们通常认为生育第一个孩子是为了家庭形成做出的决策，生育第二个甚至更多孩子则是为了完善家庭结构（Morgan，2003）。部分学者从经济成本的角度研究了社会保障对多孩生育意愿和生育行为的影响，主要有"挤入"和"挤出"两种观点。王丛雷和罗淳（2022）认为，当前的社会保障机制可以为家庭提供物质支持，并在一定程度上降低家庭的经济风险，同时降低家庭的生育成本，由此推动生育率的整体回升。社会保障在一定程度上为农民生育三孩提供了经济上的安全感，让人们想生的同时也敢生。具体到保险种类来说，医疗保险增强了农民的社会归属感，能够在精神层面上缓解部分生育风险，从而促使这部分人群响应"三孩"政策，对农民的三孩生育意愿具有"挤入"作用；养老保险则"挤出"了农民的三孩生育意愿。黄秀女和徐鹏（2019）也认为，随着养老保

居民生育决策的微观机理

险覆盖范围和保障水平的不断提高，越来越多的农民购买养老保险，这在一定程度上降低了农民的三孩生育意愿，对农民的三孩生育意愿产生"挤出"效应。但由于医疗保障能够较及时地补贴家庭的经济支出，分摊家庭的育儿开支，从而促进了农民的三孩生育意愿。Lutz 等（2006）认为，随着社会的发展，社会保障制度的完善会使人们从生育中获得的回报减少，这些都会"挤出"人们的生育意愿。不动产价格的不断上涨显著地挤出了城镇居民的二孩生育意愿（宋德勇等，2017）。生育多孩势必会产生更多的时间成本，这也是育龄人群进行生育决策时需要考虑的重要因素。部分学者从家庭照料的角度探讨人们的多孩生育决策，王晶和杨小科（2017）将家庭照料模式分为"候鸟型""长期共居型"和"留守型"，他们认为"候鸟型"照料模式能够在一定程度上提升城市青年的二孩生育意愿，但稳定性和强度都较低，而"长期共居型"则具有较强的稳定性和强度。"留守型"照料模式"挤出"了城市青年的二孩生育意愿。吕碧君（2018）通过考察公婆提供照料支持对已育一孩妇女生育二孩意愿的影响发现，公婆对孙辈的照料支持能够显著提高城镇妇女生育第二个孩子的意愿。

在以上研究的基础上，本部分进一步探讨了生育保险对多孩生育意愿的影响。被解释变量为多孩（二孩及以上）生育意愿，若意愿生育数量为1，则将多孩生育意愿赋值为0，若意愿生育孩子数大于等于2，则将多孩生育意愿赋值为1。核心解释变量仍为生育保险。控制变量同前文相同，从个人特征、家庭特征、城市特征三个方面选择。本部分采用 Logit 模型研究生育保险对多孩生育意愿的影响。回归结果如表4-8所示。

表4-8　生育保险对多孩生育意愿的影响

	因变量=多孩生育意愿				
	（1）	（2）	（3）	（4）	（5）
生育保险	5.563** (2.291)	5.038** (2.324)	4.561* (2.386)	4.448* (2.406)	4.767* (2.466)
生育保险平方	-0.295** (0.120)	-0.268** (0.121)	-0.236* (0.125)	-0.232* (0.126)	-0.248* (0.129)
年龄		-0.008 (0.008)	-0.006 (0.008)	-0.006 (0.008)	-0.008 (0.008)
性别		0.188 (0.118)	0.114 (0.127)	0.140 (0.128)	0.111 (0.133)

· 88 ·

续表

	因变量=多孩生育意愿				
	（1）	（2）	（3）	（4）	（5）
健康状况		0.001 （0.059）	−0.009 （0.060）	−0.010 （0.06□）	−0.011 （0.062）
学历		−0.047 （0.053）	−0.018 （0.054）	0.002 （0.055）	−0.041 （0.061）
户口		0.268* （0.143）	0.214 （0.143）	0.155 （0.145）	0.128 （0.147）
家庭总收入			−0.290*** （0.096）	−0.333*** （0.098）	−0.315*** （0.098）
家务时长			−0.010 （0.063）	−0.002 （0.06□）	−0.009 （0.065）
GDP				0.262*** （0.08□）	0.270*** （0.082）
行业虚拟变量	No	No	No	No	Yes
常数项	−25.329** （10.959）	−22.413** （11.121）	−17.533 （11.507）	−19.194* （11.59□）	−19.453 （11.951）
样本量	1562	1557	1547	1546	1545
R^2	0.003	0.010	0.015	0.02□	0.027

　　列（1）为基准回归，列（2）～列（5）逐步加入了个人特征、家庭特征、城市特征、行业虚拟变量。由列（1）基准回归结果可知，生育保险系数为5.563，在5%的水平上显著为正，在逐步加入控制变量以后，估计结果仍然显著为正，这表明生育保险显著提升了人们的多孩生育意愿。同时，在基准回归部分以及逐步加入控制变量以后，生育保险的二次项都显著为负，表明生育保险与多孩生育意愿之间呈倒"U"型关系，与前文生育保险与生育意愿之间的关系相同。基于以上分析，我们也可以从生育保险入手挖掘多孩生育潜力的更多可能。

4.5.6　稳健性检验

4.5.6.1　工具变量法

　　本文所用模型可能存在内生性问题。首先，限于数据可得性，本章无法直接获得样本可领取的生育保险准确金额，通过近似计算所得数据可能与真实值存在偏差，导致数据存在测量误差。其次，由于无法将所有相关变量都纳入模型，可能导致模型存在遗漏变量问题。本章采用工具变量法（IV）解决内生问题。选取"分地区社会保障和就业支出"作为工具变量。地区划分依据国家统计局2011年发布的划分方法，将我国经济区域划分为东、中、西、东北四大地区。一个地区的社会保障和就业支出代表了该地区的社会保障情况，社会保障情况越好，对居民的生育保障越完善，生育保障水平越高，满足工具变量相关性假设。此外，相对于整个地区的社会保障和就业整体性支出，人们往往更关注能够真真实实到自己手中的资金金额，满足工具变量外生性假设。

本章使用两阶段最小二乘法（2SLS）对模型进行工具变量稳健性检验，估计结果如表4-9所示。由表4-9列（1）第一阶段回归结果可见，社会保障和就业支出对生育保险的回归系数在1%的水平上显著为正，表明生育保险随地区社会保障和就业支出的增加而增加，第一阶段回归的F检验值为26.07，大于10，则不存在弱工具变量问题，所以工具变量"分地区社会保障和就业支出"与内生变量"生育保险"高度相关。由第二阶段估计结果可知，生育保险对生育意愿的回归系数为0.912，在5%的水平上显著为正，说明生育保险能够显著提高生育意愿，与基准回归结果一致，验证了基准回归结果的稳健性。

表4-9　工具变量检验结果

	2SLS-first stage	2SLS-second stage
	因变量=生育保险	因变量=生育意愿
	（1）	（2）
生育保险		0.912**
		（0.456）
社会保障和就业支出	0.085***	
	（0.025）	
控制变量	Yes	Yes
行业虚拟变量	Yes	Yes
常数项	4.499***	-2.105
	（0.433）	（2.452）
样本量	1565	1565
R^2	0.330	
F	26.07	

4.5.6.2　更换计量模型

更换计量模型对样本进行稳健性检验。采用OProbit模型检验生育保险对生育意愿的影响，回归结果如表4-10所示，"生育保险"系数为2.768，显著为正，即生育保险每提高1%，意愿生育数量增加2.768个，表明生育保险对生育意愿具有显著促进作用，与基准回归结果一致。

表4-10　OProbit 检验结果

	因变量=生育意愿
	（1）
生育保险	2.768**
	（1.337）
生育保险平方	−0.148**
	（0.069）
控制变量	Yes
行业虚拟变量	Yes
样本量	1565

4.5.6.3　遗漏变量检验

除了本章基准回归部分考虑的因素，事实上，还可能存在一些影响生育意愿的变量没有被纳入模型，如个人性格特征、对生活幸福程度的感受等。一个人的性格特征很可能影响其生育意愿，外向的人往往更乐观，更能够承担生活的困难，生育意愿可能更强。本部分将性格外向程度纳入模型，验证其对生育意愿的影响。CFPS 2018 调查问卷对受访者有多大程度符合"开朗、善社交"的外向型性格特征进行了调查，并设置了五个评价等级：完全不符合=1，不太符合=2，一般符合=3，比较符合=4，完全符合=5，估计结果如表4-11列（1）所示，变量"性格外向"系数不显著，说明外向型性格特征不会对生育意愿产生显著影响，否定了本章的预期。

表4-11　遗漏变量检验结果

	因变量=多孩生育意愿		因变量=多孩生育意愿
	（1）		（2）
生育保险	1.294**	生育保险	1.292**
	（0.642）		（0.641）
生育保险平方	−0.069**	生育保险平方	−0.069**
	（0.033）		（0.033）
性格外向	0.006	幸福程度	0.003
	（0.015）		（0.009）

续表

	因变量=多孩生育意愿			因变量=多孩生育意愿
	（1）			（2）
控制变量	Yes		控制变量	Yes
行业虚拟变量	Yes		行业虚拟变量	Yes
常数项	−3.562 （3.078）		常数项	−3.552 （3.074）
样本量	1565		样本量	1565
R^2	0.035		R^2	0.035

　　幸福程度也可能影响生育意愿。若婚姻美满，家庭和睦，生活幸福，人们可能更愿意生育孩子享受其乐融融的家庭生活，若生活不幸福甚至对婚姻没有信心，生育意愿将自然降低。本部分将受访者对自己幸福程度的评分纳入模型，评分范围为0~10分，估计结果如表4-11列（2）所示，变量"幸福程度"回归系数不显著，表明个人对幸福的主观感受不会显著影响其生育意愿，否定了本章的预期。

4.6　结论与政策建议

4.6.1　结论

　　基于2018年中国家庭追踪调查数据，本章研究了生育保险对生育意愿的影响，并进一步探讨了作用机制以及异质性。采用工具变量法（IV）、更换计量模型以及对可能的遗漏变量进行检验等方法对估计结果进行稳健性检验，验证了本章结论的稳健性。具体而言，本章研究发现：

　　第一，生育保险会影响个体的生育意愿，生育保险补贴金额对意愿生育数量具有显著的促进作用，并且对多孩生育意愿具有正向影响。

　　第二，生育保险通过补贴日常经济支出提升了经济条件较差家庭的生育意愿。对于日常生活支出较高的家庭，生育保险的补贴金额在其总收入中占比较小，对他们的生育意愿不能起到激励作用；对于日常生活支出较低的家庭，生育保险补贴金额不能弥补未来生育、养育以及教育孩子的成本，因此对他们的生育意愿也不能起到激励作用。

　　第三，在生育保险的作用下，男性的生育意愿更强，持农业户口的个体更愿意生育孩子,对于中等收入个体,生育保险补贴金额越多生育意愿越强,但对低收入和高收入个体没有显著影响。家务负担越轻,生育保险对生育意愿的促进作用越强,但对拥有住房产权以及房贷个体的生育意愿具有抑制作用。

第四,本章还验证了生育保险对生育意愿的促进效应存在关键性拐点,当生育保险补贴金额低于拐点时,生育保险对生育意愿具有促进作用,当生育保险补贴金额超过拐点时,生育保险开始抑制生育意愿,我国当前的生育保险保障水平处于拐点左侧。此外,现行的生育政策已经可以容纳当前最高水平的生育潜力,将生育意愿最大限度地转化为实际生育行为将是未来制定生育激励措施的方向。

4.6.2 政策建议

本章通过实证检验证明了生育保险会对人们的生育意愿产生影响,所得结论具有以下政策含义:

(1) 近年来,我国打赢了脱贫攻坚战,实现了全面脱贫,但不可否认的是,我国发展不平衡不充分的问题依然存在,城乡居民的收入梯度农然较大。生育保险对我国中等收入个体的生育意愿具有显著提升作用。因此,应扩大我国中等收入群体,进一步释放生育潜力。

(2) 我国当前的生育保险保障项目已经无法满足生育后产生的继发需求,应进一步完善我国生育保险法律体系,如制定"保姆津贴"政策。在时间层面给予育龄人群更多保障,一方面可以减少家庭的时间焦虑,创造生育养育多孩的时间条件;另一方面可以让母亲生育后尽快回到工作岗位,缓解工作—家庭矛盾,降低"母职惩罚",提高社会融合程度。

(3) 进一步健全我国医疗保障体系。医疗保障的关注点应更多向农村、低收入群体倾斜。目前,农村的医疗保障主要由新农合提供,但新农合主要以保大病、保住院为主,并且各地保障水平不一,补贴力度差异较大。应对农村、低收入群体的医疗保障项目进一步增加、细化,并对一定年龄老年人的门诊费用进行适当补贴,缓解农村低收入群体"看病贵"的问题,减轻农村年轻人的养老负担,让养老育儿两头承压的年轻人能够将关注点更多地放在抚养、教育孩子上,释放因家庭医疗费用负担过重想生却不敢生群体的生育意愿。此外,建议生育津贴政策将农民群体纳入保障范围,补偿农民家庭因生育耽误生产劳动所造成的损失,提高生育率。

(4) 降低生育保险申领标准。应根据社会实际情况适应性地调整生育保险覆盖范围,建议生育保险申领资格与新生儿落户政策相衔接,允许新生儿落户即允许其父母享受生育保险待遇,长效挖掘生育潜能。

5 祖辈代际支持对女性生育行为的作用机理研究

5.1 引言

5.1.1 研究背景与研究意义

5.1.1.1 研究背景

育龄群体大幅减少、"多子多福"等观念逐渐弱化以及生育政策影响效果逐步减退等因素导致总和生育率的下降。当前,人口老龄化问题和生育问题已经引起高度重视,如何充分释放老年资源,应对人口老龄化危机并改善女性生育行为现状,鼓励提高生育意愿这一系列问题引发了学者们的广泛讨论与研究。老年群体提供代际支持和调整生育政策能够为缓解人口结构失衡带来的负向影响提供思路。面对当前公共托育服务供给不足,祖辈代际支持俨然已成为减轻家庭育儿负担、促进女性生育意愿到生育行为转化的重要路径。代际支持对生育行为是否产生影响并且产生何种影响? 如果存在正向或负向的作用机制,这种机制路径是如何实现的? 老年群体能否成为婴幼儿照护的主力军,从而减轻女性生育养育负担? 基于以上问题,本章从祖辈的家庭价值这一角度展开分析并进行量化研究,试图分析父母提供的代际支持与子女生育行为之间的关系,并进一步探索代际支持效应的作用机理。在我国低生育率和社会老龄化问题日益突出的背景下,研究代际支持与女性生育行为两者之间的关系,将有助于提升我国生育年龄人口的生育水平,缓解人口结构失衡问题,进而促进我国经济长期健康发展。

5.1.1.2 研究意义

(1) 有助于丰富家庭隔代关系理论研究。以往有关生育行为的研究主要集中在微观个体人口学特征因素和政策因素上,关于家庭代际关系研究的文献较为匮乏。本章从代际支持理论视角出发，结合人口学、经济学等基本理论构建世代交叠模型，以收入效应和替代效应两条路径作为出发点构建理论机制，通过对不同类型的代际支持产生不同的影响进行探讨，厘清代际支持与生育行为之间的关系，为缓解人口结构失衡问题提供进一步证据支持。

（2）有助于为生育政策制定方向提供理论支撑。生育政策的全面放开虽能在短期缓解生育率低下问题，但整体的实施效果并不具备长期稳定性。本章以祖辈的家庭价值这一新视角为着力点，解释家庭行为与生育行为之间的代际转移，为调整和完善生育政策提供新方向。

（3）为积极应对人口老龄化、减轻育儿压力提供新思路。人口作为一切经济活动的载体，是促进经济蓬勃发展的重要组成部分。当前人口老龄少子化问题凸显，将老年人群体转变为儿童照料的参与者，无形中增加了社会的人口红利。此外，如果老年人群体能够充分发挥代际支持作用，不但能够帮助子女减少生育所带来的负担，提高适龄劳动女性数量，鼓励育龄女性回归劳动力市场，而且有助于改善老年人精神状态，充实老年人自身生活，提升老年人的幸福指数和效用水平。本章将根据祖辈代际支持对女性生育行为影响的实证分析结果，从结论出发，多角度为缓解当前老龄少子化问题提供借鉴参考。

5.1.2 研究方法及研究内容

5.1.2.1 研究方法

（1）文献综述法。通过对文献的阅读与整理，把握代际支持对女性生育行为影响的现有研究的进展，确定文章的论点，厘清文章的研究思路，确定从家庭价值视角展开讨论。本章收集并整理了国内外有关代际支持与生育行为相关文献，并对代际支持与生育行为的相关概念进行阐述，确定代际支持对生育行为影响的模型，并展开进一步的研究。

（2）定量分析法。本章对代际支持与女性生育行为的相互关系通过建立模型进行分析，并通过数据的形式体现所得结论，根据 2018 年 CFPS 数据库中的数据，获取被调查个体在样本期间代际支持与生育行为的有关数据，用 Stata 软件进行数据处理，获得被调查样本的已有子女数，并用多元线性回归模型研究包括代际支持、生育行为等方面在内的变量进行回归分析，随后进行稳健性检验、异质性检验与机制检验，依据研究结论提出相应的对策和建议。

5.1.2.2 研究内容

本章的研究逻辑建立在家庭隔代关系理论、家庭效用论等基本经济学原理基础上。首先，梳理现有文献对代际支持与生育行为的研究；其次，通过建立理论模型与计量模型对中国家庭追踪调查数据进行实证分析，探究代际支持对女性生育行为的影响大小及方向，并且对基准回归的稳健性进行检验、作用机制探讨以及异质性分析，确保研究结论的普适性与稳健性；最后，得出研究结论并总结相应的政策建议。

本章的研究内容如下：第一部分是引言。主要针对我国当下老年人口数量、结构现状以及女性生育现状进行背景介绍，引出问题，并对本章具体的研究意义、主要研究内容以及使用的研究方法、可能的创新之处进行详细阐述。第二部分是国内外代际支持和生育行为相关的文献综述。对该领域的研究现状进行系统的归纳与总结，确定现有文献的研究进展。第三部分是相关概念及理论框架。本章将论文中提及的生育行为、代际支持的概念加以解释说明，构建理论框架，作为本研究的理论依据。第四部分是代际支持对女性生育行为影响的实证分析。简要说明数据来源，以祖辈代际支持作为核心解释变量，以女性生育行为作为因变量，建立计量模型，检验祖辈代际支持对女性生育行为的影响效果。对于模型存在的内生性问题，采用工具变量法、更换计量模型、倾向得分匹配法等多种方法对基准回归结果作进一步稳健性分析。此外，通过直接生育成本和间接生育成本两种路径对祖辈代际支持影响女性生育行为的机制进行识别。最后，探讨影响的异质性，包括城乡属性以及受教育程度属性两个维度。第五部分是研究结论与政策建议。对研究结论进行归纳总结，并根据分析得出的结果，提出有针对性的对策建议，为应对低生育率、老龄化问题提供参考。

本章的研究框架如图5-1所示。

5.1.2.3 研究创新之处

本章的创新之处主要涵盖以下两个层面：

（1）从老年父母的家庭价值这一视角出发，探讨祖辈提供的代际支持对子女生育行为的影响，为家庭经济学领域研究家庭隔代关系提供独特视角。以往文献侧重于从影响生育行为的个体微观因素和宏观因素考察，很少从家庭行为角度展开研究。本章将代际支持与生育行为结合起来，探讨两者之间的相关关系，为养老与生育领域视角提供理论支撑与实证支持。

（2）创新提出祖辈代际支持对生育行为的作用机理。对于代际支持影响研究，大多数文献仅关注代际支持本身的概念，少有文献探讨不同类型的代际支持产生不同的效应。本章从收入效应和替代效应两条路径探讨祖辈父母提供的代际支持对子女生育行为的理论机制，从收入效应来看，代际经济支持对子女生育行为的影响存在正向的收入效应以及负向的孩子数量—质量替代效应；代际照料支持通过调整时间资源配置，降低了女性的生育成本进而影响女性的生育行为。

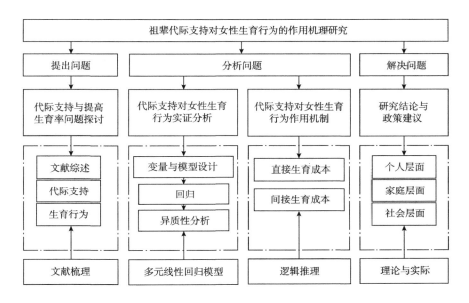

图 5-1　第 5 章研究框架

5.1.3　文献综述

5.1.3.1　代际支持的相关研究

有关代际支持概念的界定，相关领域内并没有明确的定义，但已基本形成共识。在现代社会，家庭之间的代际支持仍然保持着密切的联系。大多数学者认为，代际支持实际上是一种父代与子代之间双向的资源互动，具有交换性和互惠性。陈功和郭志刚（1998）提出，代际支持指的是资源在代际间的流动，根据提供的内容主要分为经济形式与非经济形式，包括物质与精神两个层面的资源的双向流动。这种资源的双向流动体现了家庭中父代与子代之间物质与精神的传递关系。西方学者对代际支持的研究起源于福利经济学领域中社会资源的再分配问题，旨在从经济交换的角度描述代际间的财产资源流动（王海漪，2021）。王树新（2004）将代际关系概括为一种联系子代与亲代的中介，具有配置和分享各种资源、互相交流彼此沟通感情的功能。孙鹃娟和张航空（2013）认为，老年父母照顾孙辈行为是一种能够体现这种代际关系和血缘关系的代际支持行为。王跃生

（2008）则认为，父代与子代之间的关系不仅体现了双方物质交换的关系，而且存在一种基于投资收益基础的抚育—赡养的关系，代际支持无论是短期的互惠互利还是长期的投资收益，都包含向上和向下两个维度（黄庆波等，2018）：一是子女赡养老人；二是父母给子女提供的支持（周冬霞，2014）。在中国传统家庭中，向家庭转移资源较少，因此家庭成员抚育和支持的主要来源是亲属和家庭网络（马春华等，2011），而祖父母提供的隔代照料是家庭成员抚育和支持的核心部分。国外研究表明，美国家庭中约 40% 的祖父母为孙子女提供照料支持（Hughes，2007）。祖父母提供照料支持具有灵活自由以及不求回报等独特的优势，能够有效取代家庭中母亲照料行为（Wheelock et al.，2002）。

有学者从三个维度对代际支持进行定义，具体表现为经济支持、日常生活照料支持以及情感慰藉三个方面（王树新和马金，2002）。王萍和李树苗（2011）认为，代际支持具体指家庭成员在经济层面、生活层面以及情感层面的互相帮助与支持。其中，代际经济支持一般是指代际之间包括但不限于金钱和物质方面的流动，体现资源互动的特点，是一种双向的代际交换。代际生活支持通常是指父辈向子辈提供照料生活起居、照看孙辈等生活方面的便利。代际情感支持指的是两代人之间通过沟通和交流等形式建立的情感支撑。这种代与代之间的资源共享、情感互通以及权利和义务的转换等联系称为代际关系（杨菊华和李路路，2009）。代际关系是双向的、互惠的。现代化变迁过程中，家庭成员间的日常照料、经济互惠和情感交流等互动更加密切（宋璐等，2006）。还有学者根据代际支持的特点进行分类，王大华（2005）将老年人与成年子女之间的社会支持细分为"物质帮助型""情感支撑型"以及"提供服务型"。按居住模式分为共居型、分居型及跨代型隔代照料，按参与程度分为完全和不完全照料，按照料内容分为经济支持、生活照顾以及精神支持等（钟晓慧和郭巍青，2017）。按代际间交流的频率、感情的亲密程度将代际支持划分为情感交融型和情感分裂型等类型（Silverstein，2013）。与父母同住的子女能够获得更多的代际支持（Mohamad，2015）。从代际支持的流动特性来看，体现明显的城乡差异特性。相较于生活在城市的父母，农村的祖父母一代有更多的时间参与孙辈照料，是幼儿托育的主要提供者。现有研究表明越来越多的农村父母随子女一起进城，并在家庭中承担料理家务、照顾孩子的角色（陈辉，2018），从侧面印证了代际支持的双向性。国外学者在考察子代与父代之间双向的代际支持中发现，相较于父代，子代能够获得更频繁、更充分的代际支持。

国内外学者总结代际支持的影响因素主要包括宏观传统观念和政策制度以及

微观视角的代际双方的人口学特征因素等因素。林卡和李骅（2018）研究隔代照料的影响因素时发现，隔代照料因各国传统文化差异而不同，在劳动力市场中，隔代照料能够有效缓解工作与家庭的冲突。鲍莹莹（2019）认为，一方面受传统观念的影响，祖辈父母担任家庭中照顾孙辈的角色，主动承担照料孙辈的责任。另一方面，由于公共托育服务体系的不完善以及公共托育服务供给严重不足，对于双职工家庭来说，祖父母为减轻子女压力不得不参与儿童照料行为。陈英姿和孙伟（2019）认为，主要受到不全面的公共托育制度的影响，祖父母承担主要的照料责任。老年人所拥有的医疗保险和养老保险等社会保障越多，子女更低可能性提供向上的代际经济支持（刘西国，2016）。从父代的婚姻状况、收入水平以及子代的受教育年限等因素来看，高收入的老年人群体得到代际经济支持的概率越低。代际支持本质上作为一种互动行为，不仅受到互动双方个体特征因素的影响，而且受到两者之间的情感关系的影响。老年人与子女联系越密切，能够获得的帮助就越多（熊波和石人炳，2016），国外的学者 Amato 和 Booth（1997）发现研究代际支持的影响因素侧重于代际双方的互动，这种互动不仅包括情感上的交流支持，还应该体现双方价值观念上的认同。Lou 和 Chi（2012）认为，在东亚国家，祖辈照料孙辈更多地受传统家庭规范的影响，希望能够提升家庭整体价值并获得子女的代际支持。

还有学者证明了父代对子代提供的这种社会性支持并未对老年人的身心健康产生不利影响，反而增进了两代人之间的情感交流，提升了老年人的幸福指数（王积超和方万婷，2018）。隔代抚育不仅养育了孙辈，而且能在抚育过程中获得子代提供的经济支持，同时也扩大了中老年祖父母的社会交往范围，有利于祖父母一代的心理健康和精神状态。因此，祖父母参与隔代支持能够充分利用老年资源，为解决人口老龄化问题提供新途径（吴培材，2018）。家庭的代际间的经济援助、情感交流状况以及双方见面的频率对老年人的主观幸福度和生活满意度都有显著的正向影响（唐金泉，2016）。此外，子女与父母之间见面的次数越多，越能够积极促进老年人医疗服务的利用率（朱斌和毛瑛，2017）。Cong 和 Silverstein，（2008）发现代际间的财富转移有利于老年人的身心健康，究其原因，老年人给子女提供经济帮助能够增强老年人自我的公平感与满足感，有益于身体健康。此外，老年人照料孙子、孙女时从子女获得额外的照看收入而促进了两代人的交流，提升了他们的生活满意度。相比于西方文化，中国文化传统中老年人能够从代际支持中获得自我价值的提升，从而获得幸福感和满足感（黄庆波等，2017）。老年人所提供的日常生活照料支持能够改善老年人身心健康，降低了老年人罹患心理疾病的可能性。Kolodinsky 和 Shire（2000）认为，代际支持能够减轻子女照顾家庭的负担，提升女性的劳动参与率，对女性劳动参与起到重要作用。Arpino 和 Bordone（2014）认为，祖辈照料儿童能够提升老年人的语言沟通能力，提升老年群体自身的健康水平。Di Gessa（2016）发现，欧洲地区老年群体照料孙辈提升自身的健康水平的原因主要与得到子女更多的支持有关。还有学者发现，子女提供的经济支持使得老年人形成代际依赖，导致老年人的自评健康较差（陈橹和简伟研，2002）。父母提供生活照料支持会挤占自我时间，照看负担加重，使其自身的幸福感降低。如果这种向下传递的代际支持超过了父代的承受范围，则会对其自身的身体健康状况造成不良影响（黄国桂等，2016）。随着这种代际支持频次的增多以及强度的加深，老年群体的生活质量水平也会随之下降（王伟同和陈琳，2019）。家庭的代际支持作为家庭支持的一种方式，影响老年人自身心理健康的同时也产生了溢出效应，这种溢出效应体现在子代的生活领域和工作领域（聂琦和张捷，2019）。

5.1.3.2　代际支持对生育行为影响的相关研究

中国是传统家庭社会，家庭的父辈与子辈之间存在着紧密的代际关系，因此生育行为和家庭行为之间存在着一定程度的代际传递。在当前生育政策全面放开的背景下，由于公共托育服务供给不足加之婴幼儿照料体系制度的不完善，导致女性的生育意愿很难释放，因此依托家庭成员之间的帮助与支持对于女性生育行为有极其重要的影响。代际支持与生育行为之间的关系研究俨然成为了家庭研究和代际研究的焦点话题。目前，关于代际支持对生育行为的影响研究，国内研究虽有但少见，主要从父母角度和子女角度两个思路展开分析。

从父母角度来看，父母通过向下一代提供多种形式的支持和表达生育偏好两种方式影响子女生育行为。子女做出生育决策往往不是个体的行为选择，同属于家庭决策，受到配偶、代际、社会网络等因素的影响（茅倬彦和罗昊，2013）。其中，来自家庭的经济、照料和精神支持能够显著提高育龄女性生育二孩的可能性（梁宏，2017），家庭成员作为社会化生育行为的出发点，其所提供的物质帮助、精神支撑等必不可少，能够在整个生育过程中为女性提供所必需的生育保障（王玥和孙楠，2022），对家庭生育二孩意愿具有积极的影响，这种影响程度在不同时期体现较大差异（王跃生，2018）。祖辈向子女提供照料支持通过降低生育成本的路径，显著增加了女性二孩生育的风险值（于潇和韩帅，2022）。当父母延迟退休时，照顾孙辈的时间会大大缩减，来自祖辈层面的照护服务供给缺失，从而导致生育率水平的下降。因此，祖父母提供的隔代抚育的支持可以分担年轻女性的育儿责任，缓解年轻女性因育儿造成的工作中断，这将显著影响年轻女性的非农就业（顾和军等，2022）。此外，来自长辈的物质支持与照料支持对青年女性生育行为的影响是显而易见的，这种减轻育儿负担的实际性帮助能够帮助青年女性有效落实生育期望（曾远力，2018）。父母向子女传达的二孩或多孩的生育偏好以及性别偏好的生育观念对子女的二孩生育计划产生显著影响（靳永爱等，2018）。Thomese 和 Liefbroer（2013）从生育需求与偏好等理论角度分析祖父母照顾婴幼儿对多孩生育行为的影响，发现提供代际支持的家庭表现出明显的生育意愿（Thomese and Liefbroer，2013）。Kaptijn 等（2010）表明祖父母的提供的隔代抚育支持能够显著增加父母未来几年内生育孩子的可能性，提高生育率。Tanskanen 和 Rotkirch（2014）认为，来自祖父母的精神支撑和照料支持能够显著增加子女的生育意愿。Yoon（2017）研究表明家庭提供的支持性环境对生育行为产生更大的影响，同居父母或姻亲提供的育儿支持显著地增加了生育二孩的可能性。Noble（2006）认为，由于祖父母照顾孩子，父母可以外出工作，一方面增加了家庭收入，另一方面改善了对子女健康的投资。Billingsley 和 Ferrarini（2014）通过比较不同欧洲国家的家庭政策发现，来自赡养者的支持能够显著增加二孩的生育意愿。Aparicio-Fenoll（2015）发现，祖母提供的儿童保育服务可以提高女儿的劳动力参与度和生育能力，并且参与工作的祖母的女儿生育可能性更高。从异质性来看，不同类型的照料方式对人们的生育意愿产生不同的影响。以老年人流动为前提的照料模式能显著提升城镇女性生育二孩意愿，但强度弱于与子女同住式照料（王晶和杨小科，2017）。Tanskanen 等（2014）从重组家庭祖父母养育支持状况角度出发，研究表明亲生孙辈比继孙辈更有可能获得来自祖父母的投资，并且收到来自男方家庭父母的投资更多。Fingerman（2015）通过建立多元 Logistic 回归模型发现收入和社会经济地位较高的老年群体更有可能提供代际支持。有学者认为向子女提供代际支持是一种投资行为，祖辈在提供代际支持的同时也能获得更多的向上反馈，并且在不同国家产生不同的作用。Hank 和 Buber（2009）从祖父母提供的儿童抚育支持的差异出发，表明不同欧洲国家的代际支持差异受长期的家庭文化影响，不同国家之间代际支持的广泛性和深入性差异显著。由此可见，人际关系的支持尤其是父母的代际转移支持已被认为是影响子女生育意愿的一个重要因素。

从子女角度来看，代际支持作为社会性支持的一个工具性替代品，是对当前公共托育体系的有效补给，也使得祖辈父母承担起家庭支持的主要责任（陈秀红，2017）。代际支持相当于另一种质量高且价低的托育服务体系，能够弥补社会公共育儿体系的缺失，以此影响子女的生育决策。作为一种低成本的替代式托育服务，祖辈提供的照料支持实现时间的代际转移，从而使得育龄妇女释放出更多时间回归职场（Gray，2005），因此，相比于其他形式的托育服务，祖父母提供的免费托育服务对妇女的生育率和劳动参与率都有积极的影响。此外，由于生育和养育孩子的成本具有长期不确定性，导致女性个体生育行为的推迟或放弃。而通过社会网络关系建立起来的代际传递能够为女性生育行为提供保障，改善决策者做出决策行为的稳定性。因此，祖辈提供的照料支持被看作一种社会资本，育龄妇女认为拥有这种社会资本能够获得稳定感和安全感，降低生育成本，从而更大可能选择生育。

5.1.3.3 文献述评

目前，随着生育政策的全面放开，生育率水平获得短期的提升，但长期整体效果远低于预期。女性个体的生育决策行为受到诸多因素的影响，面对当下的育儿压力，祖辈提供的代际支持在女性生育过程中发挥的作用逐步显现，同时也成为当前学术界热议的家庭经济学话题。通过对上述文献的归纳和整理，可以得到以下结论：

国内外学者重点关注代际支持和生育行为影响因素两个问题，而国内鲜有学者从代际支持与生育行为两者之间的关系出发，探索代际支持对女性生育行为的影响。关于代际支持的研究，大多数学者主要从代际支持的概念界定、影响因素以及代际支持产生的作用三个视角展开分析，代际支持被认为是凝结家庭成员之间血缘与亲属关系的双向的资源流动，具有双向性和互惠性等特点，包含经济帮助、照料支持及精神支撑等内容。有关代际支持的影响因素可以概括为宏观视角的政策环境因素以及微观层面的个体人口学特征因素。其中，宏观因素包括传统文化、公共托育制度、经济发展水平等，微观层面包括父代或子代的婚姻状况、受教育水平、生育观念等因素。一部分学者认为，代际支持对老年群体自身产生积极正向的促进作用，增强两代之间情感交流的同时，提升老年人健康水平；还有一部分学者从家庭代际支持产生的溢出效应探讨这种向下的代际支持一旦超出父母辈承受范围而导致生活幸福指数下降的负向作用。有关生育行为的研究，大多数学者从诸如生育政策、宏观经济环境、社会观念、公共服务资源等宏观视角以及年龄、受教育程度、收入水平等影响生育行为的个体微观层面进行分析。然而，目前关于代际支持与生育行为两者之间的量化关系研究较少，学者主要从父母角度和子女角度两个思路分析了代际支持对女性生育行为影响效应及原因。具体而言，父母通过向下一代提供支持和表达生育偏好两种方式影响子女生育行为，代际支持作为低价高质的公共托育服务的替代性社会资本，在弥补公共婴幼儿照护不足的同时保障女性生育过程中获得的经济稳定性和安全感。

综上所述，在分析整理国内外现有文献的基础上，本章从微观视角将代际支持与生育行为结合起来，更全面具体地了解祖辈父母提供的代际支持对子女生育行为的影响。因此，本章在建立理论模型推导的基础上，做出有关代际支持对生育行为产生影响的前提假设，再通过微观家庭数据深入探讨代际支持的作用机制，从而为提升生育率的家庭支持领域提供新视角。

5.2 概念界定与理论框架

5.2.1 概念界定

5.2.1.1 代际支持

代际支持实际上是代际关系的一种具象化体现。从传统意义上来讲，代际支持是从父代向子代的单向资源流动考量的，只属于抚养行为范畴。有学者进一步解释代际支持包括父母对子女的养育以及子女对父母的反哺。代际支持的表现形式为：代际经济支持、日常照料家务以及情感的交流与慰藉。以家庭经济学为理论背景，本章将代际支持定义为祖辈对孙辈提供的经济帮助、祖辈对孙辈提供的隔代照料行为及照料强度。

5.2.1.2 生育行为

生育行为是一种结合客观事实存在属性以及各种社会关系综合属性的活动。生育行为属于社会行为范畴，由社会环境在人的生理与心理双重条件基础下决定的，受社会环境和人类需求影响。不同社会环境下，不同个体生育需求产生不同的生育行为模式。

5.2.2 理论框架

假定一个个体主要有成年期和老年期两个经济决策时期（以下简称"两期"）。成年期个人在 t 期无弹性供给一单位劳动，获得劳动收入 w_t。其中，一部分收入实现现期消费行为 C_t^y，另一部分收入则用于储蓄行为 S_t，即为满足老年时期的消费需求 C_{t+1}^0 做准备。因此，个体效用函数可以表示为：

$$U = \ln(C_t^y) + \beta \ln(C_{t+1}^0) \tag{5-1}$$

式中，β 表示老年期消费的主观贴现因子。假设投资回报率为 r，则收入、两期消费和储蓄之间的关系可表示为：

$$C_t^\gamma + S_t = w_t \tag{5-2}$$

$$C_{t+1}^0 = (1+r)S_t \tag{5-3}$$

式（5-2）和式（5-3）是式（5-1）的约束条件。加入死亡概率 $d(0<d<1)$，假设从成年期到老年期客观存在以外或正常死亡的问题，那么个体的终生效用函数及其约束条件改写成：

$$C_{t+1}^0 = \frac{1+r}{1-d}S_t \tag{5-4}$$

$$U = \ln(C_t^\gamma) + \beta(1-d)\ln(C_{t+1}^0) \tag{5-5}$$

式中，$\beta(1-d)$ 表示个体老年期的消费偏好受到死亡率的影响。然后依次加入养育孩子所需的投入及其带来的效益以及老年父母参与孙辈的代际支持投入。假设养育一个孩子所需照料时间为 $g(0<g<1)$，给定生育率为 n_t，父代的代际支持投入为 z。因此，个体最终的效用函数以及约束条件为：

$$C_t^\gamma + S_t = w_t h_t$$

$$C_{t+1}^0 = \frac{1+r}{1-d}S_t$$

$$h_t = 1 - n_t [g - (1-d)z]$$

$$U = \ln(C_t^\gamma) + \beta(1-d)\ln(C_{t+1}^0) + \gamma\ln(n_t) \tag{5-6}$$

式中，h_t 表示个体成年期的劳动参与时间。个体如果实现最大化效益结果，依生育子女数量的最优选择和介于成年时期和老年时期之间的消费分配而定。因此，为了考察父代提供的代际支持对子代生育子女数量的变化，对 n 求关于 z 的导数，则得到：

$$\frac{\partial n_t}{\partial z} = \frac{-\gamma[-\gamma(1-d)]}{[1+\beta(1-d)+\gamma][g-(1-d)z]^2} = \frac{\gamma^2(1-d)}{[1+\beta(1-d)+\gamma][g-(1-d)z]^2} \tag{5-7}$$

其经济意义在于，父代提供的代际支持对子代生育孩子的数量产生影响。一方面，由于祖辈提供照料支持，父母为照料孩子所需的时间成本降低，有效弥补了儿童照料服务不足，来自家庭的代际支持在减轻女性养育负担的同时有效实现女性生育期望的实际转化；另一方面，祖辈提供的经济支持使得家庭总收入增加，收入增加使得生育成本降低，能够产生正向的收入效应。但受到孩子数量—质量负向的替代效应的影响，收入水平上升并未引起生育孩子的数量的明显增加。

受传统家庭观念的影响，中国家庭之间的代际传递出现"逆反哺"现象，即在父代保障自身生活水平的前提下向子代提供代际支持，包括经济支持、照料支持或精神上的支撑，这种工具性支持对子女的生育决策产生影响。根据 Beker 构建的家庭时间分配模型分析，将孩子视为一种只能由家庭生产的产品，家庭需要承担的成本主要包含两个层面：一是生产孩子所需要市场上的产品；二是照料孩子所投入的时间成本。当祖辈为子女提供工具性支持时会产生两种作用机制：一是产生正向的照料支持，由于祖父母的照料帮助，父母在养育孩子时花费的时间减少，养育孩子所需要的机会成本下降，生育孩子的数量增加。二是产生正向的经济支持。父代提供代际经济支持使得家庭总收入水平提高，更有可能产生生育意愿，对生育行为有积极的影响。相比于未受到父母经济支持的女性，有经济支持的女性有更大的可能回归家庭。然而贝克尔指出，随着收入水平的提高，家庭在追求生活质量的同时注重提高孩子这类耐用消费品的投资，实际上增加了多生育孩子的边际成本，最终导致女性的生育意愿降低，即负向的质量替代效应。根据上述理论机制的分析，认为祖辈通过经济支持和照料支持两条路径影响女性的生育行为，其理论机制的传导路径总结如图 5-2 所示：

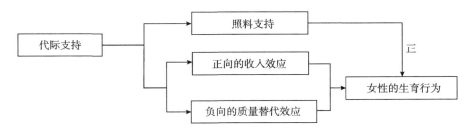

图 5-2　理论机制传导

基于代际支持对女性生育行为影响的理论机制分析，本章提出如下假设：

假设 1：祖辈提供的代际支持影响女性的生育行为。

假设 2：祖辈提供的经济支持会显著抑制女性生育孩子的数量。父代向子代提供经济帮助直接提升了家庭总收入水平，增加了经济支持的物质基础。此外，孩子的数量—质量替代效应为负。现有研究主要以收入对生育的负向作用为主，因此，祖辈代际经济支持对女性生育行为影响效应为负。

假设 3：祖辈提供的照料支持能够增加女性生育孩子的数量，并且这种效应显著为正。祖辈提供日常照料服务，有效缓解女性育儿压力，对女性生育行为产生正向促进作用。

5.3 代际支持对生育行为影响的实证分析

5.3.1 数据来源与变量选取

本章涉及的与代际支持以及生育行为相关的数据来自 2018 年中国家庭追踪调查数据。CFPS 数据库是由调查中心联合收集所得到的调查性数据，整体样本包含 25 个省（自治区、直辖市），样本规模为 16000 户，调查对象包含样本中的全部家庭成员。其中，家庭问卷模块为本研究提供了关键的解释变量与被解释变量。在数据筛选的过程中，保留家庭成员中 20~49 岁的女性。

5.3.1.1 被解释变量

被解释变量为女性的生育行为，用实际生育子女数量来衡量，本章利用 CF-PS 2018 年家庭成员调查问卷中询问的"孩子 1 是否健在""孩子 2 是否健在"等问题，并将其家庭编码与个人自答问卷中的家庭编码进行对比，为有效避免数据不匹配造成的误差问题，整理得到与样本相对应的实际生育子女数量。

5.3.1.2 核心解释变量

核心解释变量为祖辈父母为其子女提供的代际支持，本章具体从经济帮助和家务照料支持两个层面展开分析。根据调查问卷中所涉及的"过去 6 个月，父母是否为您提供经济帮助（包括实物和现金）?"这一问题，如果被调查样本给予肯定回答，那么对祖辈父母提供代际经济支持赋值为 1；如果被调查样本并未收到任何形式的经济帮助，则赋值为 0。同理，根据调查问卷中所涉及的"过去 6 个月，父母是否为您料理家务或帮您照看孩子?"这一问题。如果被调查样本给予肯定回答，那么对祖辈父母提供代际照料支持赋值为 1；如果被调查样本的父母没有帮忙料理家务或者照看孩子，则赋值为 0。

5.3.1.3 控制变量

本章根据已有对生育行为的文献研究，选取了个人、配偶、家庭、地区层面的特征变量。其中，个人层面的特征变量包括：年龄、年龄平方项、户口状况、健康状况、受教育程度、工作状态、收入；配偶层面的特征变量包括：配偶的年龄、配偶的受教育程度；家庭层面的特征变量包括：第一个孩子的性别、家庭总收入。具体定义为："城市户籍"赋值为 1，反之为 0；健康状况定义为："非常健康"=1，"很健康"=2，"比较健康"=3，"一般健康"=4，"不健康"=5；

受教育程度:"小学及以下"赋值为1,"初中"赋值为2,"高中/中专/技校/职高"赋值为3,"大专及以上"赋值为4。"有工作"赋值为1,"无工作"赋值为0。为了防止异方差和数据波动,对收入和家庭总收入作对数处理。具体变量设定与赋值情况如表5-1所示。

表5-1 变量设定与赋值情况

变量类型	变量定义	变量表示	变量赋值
被解释变量	实际生育子女数量	birth	连续型变量
核心解释变量	父母提供的经济支持	paei	是=1,否=0
	父母提供的照料支持	pafi	是=1,否=0
控制变量	年龄	age	受访者在调查年份的实际年龄,连续变量
	年龄的平方	age2	取年龄的平方值
	受教育程度	edu	小学及以下=1,初中=2,高中/中专/技校/职高=3,大专及以上=4
	户籍	hukou	城市=1,农村=0
	健康状况	health	非常健康=1,很健康=2,比较健康=3,一般健康=4,不健康=5
	工作状态	work	有工作=1,无工作=0
	收入	income	取对数
	配偶的年龄	age1	受访者配偶在调查年份的实际年龄,连续变量
	配偶的受教育程度	edu1	小学及以下=1,初中=2,高中/中专/技校/职高=3,大专及以上=4
	一孩性别	child_G	男=1,女=0
	家庭收入	fincome	取对数

表5-2报告了全样本变量的描述性统计结果。从被解释变量的统计结果来看,样本中女性实际生育子女的数量平均为2个。从核心解释变量的统计结果来看,样本中有21%的家庭中父母为子女提供代际经济支持,父母提供的家务照料支持比例为33.3%,父母提供的家务照料支持高于经济代际支持。从年龄分布情况来看,女性样本的平均年龄集中在37~38岁,而丈夫的平均年龄集中在44~45岁。从受教育程度来看,配偶的受教育水平明显高于女性的受教育水平。从工作状态来看,样本中有工作的女性比例为73.3%,表明女性劳动参与水平整体较高。从城乡分布来看,城市样本占27.5%,农村样本占72.5%,来自农村的

家庭居多。从健康状况来看，平均健康水平为 2.871，健康状况处于比较健康水平。

表 5-2　变量的描述性统计

变量分类	变量定义	样本量	均值	标准差	最小值	最大值
被解释变量	实际生育子女数量	2382	1.679	0.687	0	4
核心解释变量	父母是否提供经济支持=1	2382	0.210	0.408	0	1
	父母是否提供照料支持=1	2382	0.333	0.472	0	1
个体特征变量	年龄	2382	37.403	6.561	21	49
	年龄的平方	2382	1442.048	493.101	441	2401
	受教育程度	2382	2.108	1.015	1	4
	户籍	2382	0.275	0.447	0	1
	健康状况	2382	2.871	1.099	1	5
	工作状态	2382	0.733	0.442	0	1
配偶特征变量	收入的对数	2382	11.702	1.610	0	13.122
	配偶的年龄	2382	44.382	6.946	27	67
家庭特征变量	配偶的受教育程度	2382	2.324	1.025	1	4
	一孩性别	2382	0.520	0.499	0	1
	家庭总收入的对数	2382	11.318	0.834	6.994	15.438
地区特征变量	省份	2382	37.333	15.153	11	65

5.3.2　代际支持对女性生育行为影响的回归分析

5.3.2.1　模型设定

本文通过构建以下模型来识别父母提供的代际支持对女性的生育行为的影响。

$$birth_i = \beta_0 + \beta_1 pa_{ei} + \beta_2 pa_{ti} + \beta_3 X_i + \mu_i \qquad (5-8)$$

$birth_i$ 表示第 i 个家庭的实际生育子女数量，作为因变量纳入模型中，pa_{ei} 表示第 i 个家庭是否有老年父母提供代际经济支持，pa_{ti} 表示第 i 个家庭是否有老年父母提供家务照料支持。X_i 表示影响女性生育行为的其他层面的控制变量，μ_i 为随机扰动项。

表 5-3 基准回归结果

变量名称	模型（1）	模型（2）	模型（3）	模型（4）	模型（5）	模型（6）2SLS
父母提供的经济支持	-0.129*** （-3.64）	-0.082* （-2.45）	-0.085** （-2.61）	-0.087** （-2.65）	-0.089** （-2.75）	-0.555** （2.72）
父母提供的照料支持	0.0165 （0.54）	0.083** （2.72）	0.079** （2.66）	0.078** （2.61）	0.068* （2.32）	0.160** （2.20）
年龄		0.112*** （4.86）	0.130*** （5.60）	0.130*** （5.62）	0.133*** （5.76）	0.120*** （4.15）
年龄的平方		-0.001*** （-4.73）	-0.002*** （-5.27）	-0.002*** （-5.29）	-0.002*** （-5.29）	-0.001*** （-3.05）
受教育程度		-0.150*** （-9.68）	-0.102*** （-5.84）	0.0949*** （-5.35）	-0.084*** （-4.74）	-0.080*** （-3.58）
户籍		-0.270*** （-7.76）	-0.227*** （-6.50）	-0.219*** （-6.25）	-0.217*** （-6.25）	-0.200** （-2.58）
健康状况		-0.008 （-0.65）	-0.007 （-0.63）	-0.008 （-0.67）	-0.013 （-1.14）	-0.012 （-0.86）
工作状态		-0.058 （-1.87）	-0.052 （-1.69）	-0.047 （-1.55）	-0.063* （-2.07）	-0.090 （-1.21）
收入的对数		0.020* （2.30）	0.016 （1.91）	0.0158 （1.88）	0.011 （1.32）	0.011 （1.29）
配偶的年龄			-0.010* （-2.14）	-0.010* （-2.19）	-0.013** （-2.81）	-0.013 （-2.35）
配偶的受教育程度			-0.096*** （-5.74）	-0.091*** （-5.4_）	-0.090*** （-5.40）	-0.086*** （-3.50）
一孩性别				-0.216*** （-8.42）	-0.222*** （-8.69）	-0.231*** （-6.05）
家庭总收入的对数				-0.036* （-2.08）	-0.035* （-2.07）	-0.040 （-1.75）
省份					YES	YES
Constant	1.701*** （94.96）	-0.214 （-0.49）	0.008 （0.02）	0.387 （0.84）	0.274 （0.60）	0.805 （0.56）
Observation	2382	2382	2382	2382	2382	2382

注：*、**、***分别代表在10%、5%、1%的显著性水平；括号内为 T 值，余表同。

5.3.2.2　实证分析结果

首先，根据模型（1）的回归结果来看，在不考虑其他影响因素的情况下，只纳入祖辈提供的代际支持这一核心解释变量，祖辈提供的代际支持对女性生育行为有显著影响。其次，在模型（1）的基础上将个体特征变量、配偶特征变量、家庭特征变量以及地区特征变量依顺序加入，分别得到模型（2）~模型（5）。在依次加入控制变量的过程中，核心解释变量回归系数的估计值变化较小，说明无论是否增加其他因素，父代提供的代际支持对女性生育子女的数量都产生了影响。通过模型回归分析结果可以看出，本章提出的假设1、假设2和假设3都得到了证实。

具体来看，模型（5）的回归结果显示，父母提供的代际经济支持与生育子女数量呈显著的负相关关系，并且在5%的统计水平上显著，表明父代的经济支持会显著抑制女性的生育行为。这与前文所述的"质量—数量相互作用"理论提出的假设相一致。家庭对于孩子数量的选择会综合考虑养育孩子产生的成本与收益，当养育孩子的成本增加，孩子的消费效用、养老效用减少时，导致边际成本大于边际效用，对子女生育数量的偏好降低，家庭会更加注重提升孩子的质量而非一味地追求孩子的数量。因此，来自祖辈的经济支持降低了子女生育意愿的可能性，使得生育更多孩子的概率减少。来自父母的照料支持对生育子女数量的估计系数为0.068，并在10%的统计水平上正向显著，表明父代的照料支持在一定程度上对子女的生育决策行为起到促进作用。对于工作中的女性，面临工作与家庭的双重压力，为减少"母职惩罚"，家庭一般通过资源的内部调整来应对这一挑战。父母通过提供日常生活照料，降低了年轻父母照料孩子所需的时间成本，进而减少生育总成本，能够为年轻父母节约出更多的时间投入工作。生育成本的降低使得子女更倾向于生育或者多生孩子。在传统家庭观念以及生育政策调整的大环境下，祖辈托育服务仍然在我国婴幼儿照料体系中发挥基础性作用。

在控制变量中，从个体特征层面的控制变量影响因素分析来看，女性的年龄、户籍状况、受教育水平以及收入水平均对女性的生育行为产生显著的影响。年龄与生育之间存在着倒"U"型关系，即随着女性年龄的增长，生育的可能性降低。户籍状况、受教育程度与实际生育子女数量呈显著的负相关关系，并且变量均通过1%水平上的显著性检验。因此，得出以下结论：相对于农村户籍的育龄女性而言，城市女性的实际生育子女数量更少，影响程度大。究其原因，在传统观念中，农村人口受传统生育文化以及生产方式的影响，偏向于多生育；受教育程度的回归系数是-0.084，并且在1%的显著性水平下显著，说明随着受教育水平的提高，女性做出生育行为决策的概率降低。究其原因，随着技术水平和时代的发展，大家受教育程度普遍提高，更多的女性选择接受教育，生育理念发生了巨大的变化。从经济角度分析，生育行为相当于理性经济人在考虑生育效益与生育成本后使自己或家庭效益最大化的理性选择，当育龄妇女接受的教育程度越高时，其前期投入的时间与经济成本越高，这也意味着育龄妇女自身或家庭对未来在职业生涯中的经济效益预期值越高。而在当代社会，生育不仅通过"生育"这一过程消耗时间与金钱从而造成直接生育成本，还通过对女性未来职业生涯发展的潜在影响造成间接生育成本。从模型（5）的回归结果中可以发现，健康状况的回归系数为-0.013，在统计意义上并不显著，但是并不能排除健康状况水平作为影响到家庭生育决策的一个重要指标，其作用不容忽视。从家庭层面来看，一孩性别为男的家庭对育龄女性生育行为的影响在1%的水平上显著降低，更能减少生育子女数量，侧面反映了当代家庭的生育偏好。

模型的基准回归结果可能会因为存在反向因果关系而出现误差，造成对实际效应的高估或低估。模型中无法观测到的变量也会对基准回归结果产生影响，如生育观念等无法测量的因素。因此，本章选择合适的工具变量解决这一内生性问题，借鉴已有文献的做法将母亲是否健在和父亲是否健在作为工具变量进行两阶段最小二乘回归分析。

基于以上分析，对女性生育行为的估计，进一步设定模型（6）：

$$assistance = \alpha_0 + \alpha_1 malive_i + \alpha_2 falive_i + X_i + u_i \tag{5-9}$$

$$birth_i = \beta_0 + \beta_1 \widehat{assistance} + X_i + v_i \tag{5-10}$$

其中，$malive_i$ 为工具变量父亲是否健在变量，$falive_i$ 为工具变量母亲是否健在变量，X_i 是与模型（1）中相同的其他控制变量，u_i 和 v_i 为随机扰动项。模型（6）报告了 2SLS 回归结果。

相比于未加入工具变量的回归结果来说，加入工具变量后，祖辈提供的代际支持对生育子女数量的影响更大，说明模型中存在的内生性问题低估了代际支持对女性生育行为的影响。

5.3.2.3 孩子质量—数量替代效应检验

在前文对父母提供的代际经济支持产生的收入效应的分析中，为了进一步分析收入效应中父代提供的经济支持对女性生育行为的路径，对孩子的质量—数量替代效应进行验证。参考现有文献对孩子的质量的衡量指标，借鉴罗凯和周黎安（2010）方法，根据 CFPS 问卷调查中"孩子 1 最高学历"这一问题，用子女一孩的受教育水平衡量孩子的质量，检验结果见表 5-4。

表 5-4　孩子质量—数量替代效应检验结果

变量名称	（1）
父母提供的经济支持	-0.0875**
	（-2.70）
父母提供的照料支持	0.0648*
	（2.19）
一孩受教育水平	-0.0330*
	（-2.13）
控制变量	Yes
Constant	0.404
	（0.87）
Observation	2382

注：*、**、***分别代表在 10%、5%和 1%的水平下显著；括号内为标准误，余表同。

根据表 5-4 的检验结果可知，加入代际经济支持和代际照料支持变量，结果显示，一孩的受教育水平对女性的生育行为的影响为负，表明孩子的受教育水平越高，女性做出生育行为决策的可能性越低，父代提供的代际经济支持对女性生育行为的影响产生了负向的替代效应，女性更倾向于注重提升孩子质量而选择少生优生。假设 2 得到了证实。

5.3.3　异质性分析

不同类型的女性群体由于所处环境等不同，面临不同的利益诉求，从而导致女性群体的生育行为存在差异性。本节重点考察祖辈提供的代际支持对女性生育行为的影响可能存在结构性的差异，所以有必要将女性样本按照个体特征差异进行划分，以进一步考察祖辈提供的代际支持对不同特征子女生育决策行为的不同影响。

根据个体特征差异，本部分着重考察不同学历和不同户籍类型的代际支持对女性生育行为的影响程度的异质性。按户籍是城市还是农村分组，构造模型 1 和模型 2。依据全样本回归模型，按受教育水平划分出低教育水平组和高教育水平组。具体而言，将样本中学历程度为高中及以下的定义为低教育水平组，将学历程度为大专及以上的定义为高教育水平组，构造模型（3）和模型（4）。表 5-5 汇报了分样本的回归结果。

表 5-5　异质性分析回归结果

自变量	户籍		受教育程度	
	城市	农村	低教育水平组	高教育水平组
	模型（1）	模型（2）	模型（3）	模型（4）
父母提供的经济支持	-0.057 (-1.21)	-0.099* (-2.39)	-0.0927* (-2.50)	-0.063 (-1.07)
父母提供的照料支持	0.117* (2.46)	0.051 (1.39)	0.0529 (1.58)	0.072 (1.25)
年龄	0.120** (2.87)	0.128*** (4.59)	0.117*** (2.68)	0.253*** (4.20)
年龄的平方	-0.001** (-2.73)	-0.001*** (-4.15)	-0.00134*** (-4.14)	-0.003*** (-4.29)
受教育程度	-0.051* (-2.00)	-0.101*** (-4.36)		
户籍			-0.287*** (-7.38)	-0.090 (-1.36)
健康状况	-0.057** (-2.81)	-0.001 (-0.05)	-0.0101 (-0.80)	-0.049 (-1.58)
工作状态	-0.075 (-1.44)	-0.057 (-1.54)	-0.0563 (-1.67)	-0.150* (-2.23)
收入的对数	0.004 (0.25)	0.012 (1.25)	0.0144 (1.60)	-0.003 (-0.12)
配偶的年龄	-0.009 (-1.42)	-0.013* (-2.44)	-0.0144** (-2.92)	0.003 (0.31)
配偶的受教育程度	-0.094*** (-3.66)	-0.092*** (-4.45)	-0.113*** (-6.57)	-0.102* (-2.51)
一孩性别	-0.084* (-2.11)	-0.274*** (-8.62)	-0.246*** (-8.61)	-0.090 (-1.73)
家庭总收入的对数	-0.070* (-2.41)	-0.025 (-1.23)	-0.0448* (-2.39)	-0.067 (-1.78)
省份	Yes	Yes	Yes	Yes
Constant	0.575 (0.68)	-0.025 (-1.23)	0.557 (1.10)	-2.099 (-1.82)
Observation	655	1727	2043	339

5.3.3.1　不同户籍子女生育行为受代际支持影响的研究

根据表中结果可知，按户籍将样本分组后，不同户籍类型下父母提供的代际支持对女性生育行为的影响不同。具体来看，老年父母提供的生活照料支持对女性的生育行为有显著的正向影响，并且对城市子女的影响大于农村子女。原因是城市子女面临的生活压力大，对于双职工家庭而言，工作繁忙，往往难以平衡家庭和工作的冲突，因此用于照料孩子的时间不充裕。来自经济和生活的压力导致城市女性做出生育行为决策需要考量的因素更多。而代际照料支持能够为子女提供有效的帮助，降低生育成本负担，促进城市家庭做出积极的生育决策行为。对于农村女性来说，收入水平不高，这类型家庭成员为了获得更高的劳动报酬而选择工作，没有时间生育并照料孩子，因此，即使得到来自父母提供的经济帮助也不愿多生孩子。

5.3.3.2　不同受教育水平子女生育行为受代际支持影响的研究

在受教育程度的组别中，不同受教育群体在选择工作和生育行为时存在显著差异。具体来看，高中及以下学历女性的生育行为与祖辈提供的代际经济支持呈显著负相关关系，而大专及以上学历的高教育水平组别的影响效应不显著。相较于高教育水平组的女性而言，父母提供的经济支持会显著降低较低学历女性的生育水平。可能的原因有两点：①根据贝克尔的家庭时间分配理论，受教育程度的提升带来收入水平的增加，意味着子女因生育而放弃参与劳动市场的机会成本增加，导致子女生育的总成本抑制女性生育行为。②家庭选择生育孩子数量会综合考量生育孩子带来的家庭效用和成本，随着子女受教育水平的不断提升，会更注重追求孩子的质量而非数量，因此，子女倾向于做出消极的生育决策行为。

5.3.4　稳健性检验

在研究祖辈提供的代际支持对女性生育行为的影响的回归分析中，对于可能存在的内生性相关问题，需要对模型的回归结果作进一步的稳健性检验，以此检测所得结论是否可靠，是否具有普适性。本章采用调整样本期、重新界定女性样本的年龄范围、更换有序 Logistic 模型、Oprobit 模型以及倾向得分匹配法做稳健性检验，表 5-6 至表 5-10 展示了稳健性检验的结果。

5.3.4.1　调整样本期

也许某一结论在某一时间段内得到的回归结果是显著并且符合预期的，而当样本期调整到另外的时间段再次进行同样的回归时，就会发现得到的结论可能完全不同。研究结论可能受到时间趋势的影响而使得回归结果存在偏差，因此本节将重新调整样本期进行同样的数据处理和基准回归分析，确保结论的稳健性。我国自 2016 年实行全面二孩政策，在此之前家庭只允许生育一个孩子。因此，在稳健性检验中，选择 CFPS 2016 年的数据进行同样的回归分析。

表 5-6　调整样本期

变量名称	（1）
父母提供的经济支持	-0.064 * (-1.96)
父母提供的照料支持	0.018 (0.63)
年龄	0.074 *** (3.62)
年龄的平方	-0.001 *** (-2.97)
受教育程度	-0.107 *** (-6.93)
户籍	-0.280 *** (-8.31)
健康状况	-0.0124 (-1.17)
工作状态	-0.053 (-1.189)
收入的对数	-0.006 (-0.50)
配偶的年龄	-0.007 (-1.75)
配偶的受教育程度	-0.066 *** (-4.32)
一孩性别	-0.263 *** (-11.15)
省份	Yes
Observation	3000

本章的基准回归模型选取时间为 2018 年，即在实行"全面二孩"政策两年后，研究代际支持对女性生育行为的影响。列（1）将时间调整为 2016 年，根据表 5-6 报告的结果分析，重新调整样本期后，与基准回归进行对比发现，核心解

释变量祖辈提供的代际支持对女性生育行为的影响依旧显著，且与基准回归的影响方向一致。从回归系数差异来看，影响效应并未出现较大差距。综上所述，代际支持对生育行为产生显著影响的研究结论依旧保持稳健性。父母辈提供的物质帮助并未显著促进其子女的生育行为，相反，有照料支持的家庭生育意愿明显。

5.3.4.2　重新界定女性样本的年龄范围

考虑到现实因素，高龄女性群体的生育概率极低，以 45 岁为最大值边界，将女性样本年龄界定为 20~45 岁，对祖辈的代际支持对女性生育行为的影响进行二次检验。根据表 5-7 报告的结果来看，剔除部分生育概率极低的女性样本后，父母提供物质经济帮助对女性生育行为的作用效果为负，模型分析的回归结果中各解释变量的系数大小和作用程度都与基准回归的结果相近，说明能够检验研究所得结论的稳健性。

表 5-7　重新界定女性样本的年龄范围

变量名称	（1）
父母提供的经济支持	−0.233* （−2.05）
父母提供的照料支持	0.131 （1.29）
年龄	0.688*** （6.47）
年龄的平方	−0.009*** （−6.17）
受教育程度	−0.278*** （−4.37）
户籍	−0.724*** （−5.75）
健康状况	−0.095* （−2.22）
工作状态	−0.217* （−2.03）
收入的对数	0.041 （1.38）
配偶的年龄	−0.029 （−1.83）

续表

变量名称	（1）
配偶的受教育程度	−0.335***
	（−5.64）
一孩性别	−0.733***
	（−7.89）
家庭总收入的对数	−0.104
	（−1.71）
省份	YES
Observation	2382

5.3.4.3 更换计量模型

本章重新选择计量模型，分别利用有序 Logistic 模型和 Oprobit 模型估计祖辈代际支持对女性生育行为的影响。根据表 5-8 的结果显示，本章采取更换计量模型后主要考察的核心解释变量祖辈代际支持对女性能够生育行为的影响依旧显著，且与基准回归的影响方向一致。表中模型（1）是对有序 Logistic 模型回归所报告的结果，具体来看，给子女提供经济帮助的老年人群体会显著减少子女生育孩子数量，并在 5% 的统计水平下显著。相反，得到父母照料支持的家庭做出积极的生育决策行为。其他层面的控制变量的影响效果均与基准回归结果系数相近，作用方向相同，没有明显差异。表中模型（2）是对 Oprobit 模型回归所报告的结果，具体来看，祖辈代际经济支持与子女生育行为呈负相关关系，并且在 5% 的统计水平上显著。祖辈代际照料支持与子女生育行为呈正相关关系，女性生育动力提升，显著增加了生育孩子的数量。此外，其他主要解释变量的系数大小和作用程度同模型（1）以及基准回归结果一致，因此可以认为回归结果具有较好的稳健性。

表 5-8 更换计量模型

变量名称	模型（1）	模型（2）
父母提供的经济支持	−0.318**	−0.174**
	（−2.94）	（−2.83）
父母提供的照料支持	0.227*	0.122*
	（2.34）	（2.20）
年龄	0.492***	0.268***
	（6.35）	（6.12）

续表

变量名称	模型（1）	模型（2）
年龄的平方	-0.006*** (-5.90)	-0.00323*** (-5.69)
受教育程度	-0.282** (-4.83)	-0.165*** (-4.94)
户籍	-0.750*** (-6.54)	-0.440*** (-6.60)
健康状况	-0.071 (-1.86)	-0.0306 (-1.41)
工作状态	-0.222* (-2.23)	-0.0895 (-1.40)
收入的对数	0.033 (1.22)	0.0215 (1.39)
配偶的年龄	-0.045** (-3.08)	-0.0253** (-3.02)
配偶的受教育程度	-0.308*** (-5.64)	-0.172*** (-5.48)
一孩性别	-0.703*** (-8.27)	-0.412*** (-8.52)
家庭总收入的对数	-0.115* (-2.06)	-0.0693* (-2.18)
Observation	2382	2382
省份	Yes	Yes

5.3.4.4 倾向得分匹配法

针对老年人群体是否愿意提供向下的代际支持以及是否主动提供存在自选择偏差问题，可能导致实证分析结果存在偏差。因此，为解决这一问题并保证 PSM 结果的稳健性，本章采取核匹配法、近邻匹配法以及半径匹配法三种识别策略来识别代际支持对女性生育行为影响效应。倾向得分匹配法的步骤大致分为以下三步：首先，对数据处理组和参照组中的各因素运用 Logit 模型计算预测概率作为倾向得分值；其次，在进行匹配前作平衡性检验，保证匹配前后的误差消减程度最小，验证处理组与参照组是否存在显著差异；最后，通过不同类型的识别策略进行估计以识别代际支持对子女生育行为的净效应。

在对处理组进行估计之前，应对协变量的取值差异进行平衡性检验，如果差异不明显方可进行下一步的识别策略估计分析。表5-9汇报了平衡性检验结果，从表中可以清晰地观察到，绝大多数协变量匹配后的标准误差的绝对值小于5%，标准误差值相比于匹配前都有明显的缩小，并且匹配后T检验值显著性降低，说明处理组与参照组在匹配前后无明显差异，从而平衡性假设得到验证。

表5-9　平衡性检验结果

变量	样本	处理组均值	控制组均值	平衡偏差（%）	t值（T-test）	p值（T-test）
年龄	匹配前	35.331	37.955	-40.6	-8.06	0.000
	匹配后	35.358	35.29	1.0	0.17	0.866
年龄的平方	匹配前	1290	1482.5	-40.1	-7.87	0.000
	匹配后	1291.6	1284.3	1.5	0.25	0.804
受教育程度	匹配前	2.2994	2.0569	23.7	4.77	0.000
	匹配后	2.298	2.3284	-3.0	-0.46	0.649
户籍	匹配前	0.325	0.26156	14.0	2.85	0.004
	匹配后	0.324	0.3365	-2.8	-0.42	0.673
健康状况	匹配前	2.8523	2.8761	-2.2	-0.43	0.666
	匹配后	2.852	2.8573	-0.5	-0.08	0.937
工作状态	匹配前	0.6882	0.7448	-12.5	-2.53	0.012
	匹配后	0.688	0.6807	-12.0	-1.90	0.892
收入的对数	匹配前	11.693	11.704	-0.7	-0.14	0.811
	匹配后	11.698	11.674	1.5	0.24	0.988
配偶的年龄	匹配前	43.246	45.951	-39.4	-7.85	0.000
	匹配后	43.27	43.185	1.2	0.20	0.842
配偶的受教育程度	匹配前	2.505	2.2754	22.7	4.48	0.000
	匹配后	2.502	2.5521	-5.0	-0.77	0.440
一孩性别	匹配前	0.495	0.526	-6.3	-1.25	0.213
	匹配后	0.496	0.492	0.8	0.13	0.896
家庭总收入的对数	匹配前	11.362	11.307	6.6	1.33	0.183
	匹配后	11.361	11.385	-2.8	-0.44	0.657
省份固定效应	匹配前	37.535	37.28	1.7	0.34	0.738
	匹配后	37.524	37.003	3.4	0.54	0.593

为确保回归结果稳健，采用核匹配法、近邻匹配法以及半径匹配法三种识别

策略估计祖辈代际支持对女性生育行为的影响，不同方法的回归结果如表 5-10 所示。从核匹配的倾向得分匹配结果来看，有代际经济支持的处理组相较于没有代际经济支持的参照组的效应是负向显著的，足以验证代际经济支持对女性生育行为的抑制作用。同样，代际照料支持的平均处理效应是正向显著的，有证据表明祖辈提供的照料服务能够提升子女生育孩子数量。其他方法得出的倾向得分结果同样可以确认祖辈代际支持对女性生育行为产生的影响效果是显著的。综上所述，不管采用何种识别策略均有理由证明回归结果具有较好的稳健性。

表 5-10　倾向得分的平均处理效应结果

匹配法		代际经济支持（ATT）	代际照料支持（ATT）
核匹配		-3.62^{***} （0.046）	1.75^{**} （0.035）
近邻匹配（k=4）		-3.62^{***} （0.038）	1.75^{**} （0.035）
半径 （卡尺匹配）	cal=0.05	-3.62^{***} （0.035）	1.75^{**} （0.033）
	cal=0.01	-3.62^{***} （0.035）	1.75^{**} （0.034）

5.3.5　机制检验

现有研究重点在孩子的成本—效用分析的基础上，构建边际孩子合理选择模型来分析家庭中女性的生育决策行为。女性做出生育决策行为时会综合考虑生育孩子所产生的实际成本以及能够获得的满足程度的大小关系，因此，生育成本成为影响女性生育行为的决定性变量。此外，照料孩子使得年轻父母承担更多的心理成本，如果生育孩子带来的满足程度小于所投入的成本，那么女性育龄群体将不会做出生育决定。当前，家庭更加重视对孩子质量的追求，并且对于职业女性而言，其更加重视自身的职业发展和生活质量的提升，因而忽略对孩子提供必要的经济帮助与照护服务，从而降低生育的可能性。

本节根据前文所建立的代际支持的理论机制模型，具体讨论代际经济支持与代际照料支持的共同影响因素，主要从直接生育成本和间接生育成本展开细致分析，探究父母提供的经济支持以及照料支持对女性生育行为的影响机制。祖辈父母对其子女提供向下的代际经济支持，通过给予经济帮劫而使得家庭总收入水平提升，有效缓解了因生育成本昂贵而产生的生育动力不足问题，进而影响女性生育行为。祖辈父母对其子女提供向下的照料支持，一方面，实现了家庭时间要素的代际转移，为职业女性节约出更多的时间成本，让其可以选择是否回归职场，减轻母职惩罚的负向效应。另一方面，有效缓解了家庭中女性承担的主要育儿压力，从而为女性做出生育决策行为提供动力支撑。

祖辈父母作为高质低价的人力资源，能够很好替代当前昂贵的公共托育服务支持，从而降低女性的生育成本。祖辈父母通过直接给予物质帮助的支持形式所产生的效应是复杂的。祖辈提供经济支持使得父母的收入增加，家庭会注重对孩子质量的追求，质量与数量的权衡过程中降低了女性生育的可能性。祖辈父母提供的经济帮助减少了妇女抚养孩子的直接经济成本，同时也能节省外聘保姆人员的费用。我国城乡直接生育成本有较大差异，可能在代际支持影响女性做出生育行为决策的机制中起调节作用。祖辈父母提供照料支持，通过时间资源在家庭代际之间的重新分配，为女性减少因生育产生的机会成本和沉没成本起到正向作用。受教育程度越高的女性育龄群体所产生的生育成本也越高。因此，受教育水平可能在代际支持影响女性生育行为的机制中起到调节效应。

通过引入交互项的方式，具体验证直接生育成本和间接生育成本对主效应回归是否产生调节作用如表5-11所示。列（1）探究直接生育成本在祖辈代际经济支持对女性生育行为影响过程中的调节效应。根据呈现的结果来看，交互项系数负向显著，具体数值为-0.146，说明因城乡身份的差异而导致的直接成本的差异对女性做出生育决策行为产生影响，即父母提供的代际经济支持对直接生育成本更高的城市女性的生育行为的影响程度更大。昂贵的生育成本加剧了代际经济支持对生育行为的负向调节效应。列（2）探究间接生育成本在祖辈代际经济支持对女性生育行为影响过程中的调节效应。根据呈现的结果来看，交互项系数负向显著，具体数值为-0.062。祖辈提供的经济帮助对于受教育水平高的女性的生育偏好影响更大。受教育程度高的女性面临的母职惩罚效应更大，间接生育成本的增加，在代际经济支持对生育行为影响的作用机制中增强了负向的调节效应，使得这种抑制性作用更加显著。列（3）探究直接生育成本在祖辈照料经济支持对女性生育行为影响过程中的调节效应。回归结果表明，回归系数显著为负，对主回归模型产生负向的调节效应。祖辈提供的日常生活照料对于城市女性生育的可能性影响程度更大，即直接生育成本的增加能够削弱代际照料支持对生育行为所产生的正向积极作用。女性所承担的育儿压力主要来源于因放弃参与劳动力市场而产生的机会成本和沉没成本，所以导致女性对生育行为做出消极的回应。列（4）探究间接生育成本在祖辈照料经济支持对女性生育行为影响过程中的调节效应。回归结果显示，系数为-0.107，说明间接生育成本的增加能够显著弱化祖辈向其子女提供的日常生活照料支持对女性生育行为的正向影响程度，即女性的受教育水平越高，生育产生的间接成本越高，对女性生育子女的数量的影响越大。

表5-11　机制检验回归结果

变量名称	（1）	（2）	（3）	（4）
父母提供的经济支持	-0.092 * (-2.41)	-0.184 * (-2.45)		
父母提供的照料支持			0.028 * (2.24)	0.028 * (2.22)
年龄	0.130 *** (5.63)	0.130 *** (5.66)	0.133 *** (5.74)	0.135 *** (5.87)
年龄的平方	-0.001 *** (-5.21)	-0.00157 *** (-5.25)	-0.001 *** (-5.27)	-0.001 *** (-5.39)
受教育程度	-0.081 *** (-4.62)	-0.0932 *** (-4.86)	-0.0864 *** (-4.87)	-0.088 *** (-4.42)
户籍	-0.227 *** (-6.01)	-0.216 *** (-6.22)	-0.250 *** (-6.29)	-0.222 *** (-6.38)
健康状况	-0.014 (-1.19)	-0.013 (-1.19)	-0.014 (-1.22)	-0.013 (-1.16)
工作状态	-0.059 (-1.94)	-0.059 * (-1.97)	-0.059 * (-1.96)	-0.059 (-1.96)
收入的对数	0.011 (1.39)	0.0116 (1.38)	0.0108 (1.28)	0.011 (1.31)
配偶的年龄	-0.013 ** (-2.90)	-0.013 ** (-2.91)	-0.012 ** (-2.73)	-0.012 ** (-2.76)
配偶的受教育程度	-0.089 *** (-5.37)	-0.088 *** (-5.32)	-0.091 *** (-5.49)	-0.090 *** (-5.45)
一孩性别	-0.223 *** (-8.71)	-0.223 *** (-8.72)	-0.220 *** (-8.62)	-0.220 *** (-8.62)
家庭总收入的对数	-0.036 * (-2.11)	-0.035 * (-2.08)	-0.035 * (-2.08)	-0.034 * (-2.03)

变量名称	（1）	（2）	（3）	（4）
城乡×父母的经济支持	−0.146* （−2.27）			
受教育×父母的经济支持		−0.062* （−2.16）		
城乡×父母的照料支持			−0.153* （2.82）	
受教育×父母的照料支持				−0.107* （2.42）
省份	Yes	Yes	Yes	Yes
Constant	0.380 （0.83）	0.389 （0.85）	0.265 （0.58）	0.205 （0.44）
Observation	2382	2382	2382	2382

5.4　研究结论与政策建议

5.4.1　研究结论

　　本章在归纳整理现有文献的基础上，依据 2018 年中国家庭追踪调查数据探讨祖辈提供的代际支持对女性生育行为的影响及其作用机制。首先，通过构建世代交叠模型探讨代际支持对女性生育行为产生影响的理论机理。其次，通过利用线性回归模型进行实证分析，对代际支持产生的孩子质量—数量替代效应进行检验，并且采用工具变量法解决模型回归是否存在误差问题。在稳健性检验中，本章采用更换样本数据、重新界定女性样本的年龄范围、更换有序 logistic 模型和 Oprobit 模型以及倾向得分匹配法进行稳健性检验，然后剖析不同学历和不同户籍类型的代际支持对女性生育行为的影响程度的异质性。最后，从生育的直接成本和间接成本分析父母的代际支持对女性实际生育子女数量的影响，厘清代际支持对女性生育行为存在的影响机制。得出如下结论：

　　第一，祖辈代际经济支持对女性生育行为产生显著影响。获得父母提供的代际经济支持的家庭更倾向于少生孩子，而父母提供的日常生活照料支持能够显著促进子女的生育行为。父母提供的代际经济支持与生育子女数量呈显著的负相关关系，并且在5%的统计水平上显著，表明父代的经济支持会弱化女性生育意愿。究其原因，家庭对于孩子数量的选择会综合考虑养育孩子产生的成本与收益，当养育孩子的成本增加，孩子的消费效用、养老效用减少时，会导致边际成本大于边际效用，对子女生育数量的偏好降低，家庭会更加注重提升孩子的质量而非一味地追求孩子的数量。因此，来自祖辈的经济支持降低了子女生育意愿的可能性，女性育龄群体选择生育的概率更低。来自父母的照料支持对生育子女数量的影响正向显著，表明父代的照料支持在一定程度上对子女的生育决策行为起到促进作用。家庭一般通过资源的内部调整来应对女性面临的双重压力。父母通过提供日常生活照料，降低了年轻父母照料孩子所需的时间成本，进而减少了生育总成本，能够为年轻父母节约出更多的时间投入工作。生育成本的降低使得子女更倾向于生育或者多生孩子。

第二，从个体特征层面的控制变量影响因素分析来看，包括年龄、户籍状况、受教育程度、收入等在内的个人特征变量也会对生育子女的数量产生显著的影响。年龄越大的女性越不愿意生孩子，高龄产妇生育所面临的风险不确定性降低了生育的可能性。城镇户口以及受教育水平较高的育龄女性群体生育所面临的机会成本价格昂贵，生育偏好倾向于少生或不生。在传统观念中，农村人口受传统生育文化以及生产方式的影响偏向于多生育。原因是随着技术水平和时代的发展，越来越多的人受教育程度普遍提高，生育理念发生了巨大的变化，更多的女性选择接受教育。从经济角度分析，生育行为相当于理性经济人在考虑生育效益与生育成本后使自己或家庭效益最大化的理性选择，当育龄妇女接受的教育程度越高时，其前期投入的时间与经济成本越高，这也意味着育龄妇女自身或家庭对未来在职业生涯中的经济效益预期值越高。而在当代社会，生育不仅通过"生育"这一过程消耗时间与金钱从而造成直接生育成本，更通过对女性未来职业生涯发展的潜在影响造成间接生育成本。从家庭层面而言，女性做出生育决策行为的同时也会受到配偶生育态度和生育观念的影响。父代提供的代际支持对女性生育行为的收入效应中，负向的替代效应占据主导，因此父代提供的代际经济支持通过收入效应对子女生育行为的影响为负。

第三，代际支持对生育行为的影响存在正负异质性。按户籍将样本分组后，不同户籍类型下父母提供的代际支持对女性生育行为的影响不同。具体来看，代际照料支持能够为子女提供有效的帮助，降低生育成本和生育所带来的负担，促进城市家庭做出积极的生育决策行为。对于农村女性来说，虽然收入水平普遍不高，但为了获得更高的劳动报酬而选择工作，没有时间生育并照料孩子，因此，即使受到来自父母提供的经济帮助也不愿多生孩子。按受教育程度对样本进行分组后，不同受教育群体在选择工作和生育行为时存在显著差异。具体来看，高中及以下学历的女性的生育行为与祖辈提供的代际经济支持呈显著负相关关系，而大专及以上学历的高教育水平组别的影响效应不显著。相较于高教育水平组的女性而言，父母提供的经济支持会显著降低较低学历女性的生育水平。受教育程度的提升带来收入水平的增加，意味着子女因生育而放弃参与劳动市场的机会成本增加，从而导致子女生育的总成本抑制女性生育行为，子女倾向于做出消极的生育决策行为。

第四，代际支持对生育行为的影响存在直接成本与间接成本的影响机制。本章从生育成本分析代际支持对生育行为影响的过程机理。父母提供的经济帮助减少了妇女抚养孩子的直接经济成本。我国城乡直接生育成本有较大差异，可能在代际支持影响女性做出生育行为决策的机制中起调节作用。祖辈父母提供照料支持，通过时间资源在家庭代际之间的重新分配，为女性减少因生育产生的机会成本和沉没成本起到正向作用。受教育程度越高的女性育龄群体所产生的生育成本也越高。因此，受教育水平可能在代际支持对女性生育行为的影响中起到调节作用。

5.4.2 政策建议

当前，生育率低迷和人口老龄化程度不断加剧，出生人口增长率的下降、人口红利逐步消失等问题凸显，显示出完善生育和养老政策的必然性。面对当下一系列生育鼓励政策整体实施效果渐微的问题，有效解决女性育龄群体面临的生育困境与挑战，不仅要重视从女性个人角度提出针对性政策建议，更应该关注来自家庭与社会的支持作用来有效弥补生育支持的不足。基于此，本章在前文对祖辈代际支持对女性生育行为影响实证研究结论的基础上，充分考虑影响女性生育行为的多层面因素，为了缓解女性育儿困难，完善生育支持政策体系，从个人层面、家庭层面以及社会层面提出相应的对策建议，以期为调动生育积极性、努力建设家庭友好型社会，进而促进人口增长提供参考。

5.4.2.1 个人层面

第一，提升老年群体健康管理水平，保障照料质量稳步提升。老年群体由于受到年龄、居住环境等多种因素的影响，生理和心理机能逐步弱化，罹患各种疾病的风险增加，间接影响老年父母向其子女提供代际支持的可能性。因此，从老年人自身出发，进行适当的体育锻炼以维持身心健康的必要性不言而喻，提升自我健康管理意识和提高身体素质，更有可能提供代际照料支持。关注身体健康的同时，应该更加注重个人幸福感与获得感的提升。祖辈父母通过积极参与丰富老年生活的社交活动，密切与家庭成员之间的情感来往，加强自我心理疏导教育与培训，寻找合适的能够有效缓解因提供代际支持产生的负向挤出效应等方式丰富精神生活，减轻来自家庭以及社会的压力，促使老年父母更加主动且频繁地与子女来往，增强向下的代际支持概率。此外，老年人群体应当转变传统的就业观念，提早退休并不意味着个人社会价值的无法实现，相反，回归家庭成为儿童照料责任的主要承担者，是社会价值与家庭价值的双重实现。退出劳动力市场为年轻一代提供更多就业机会的同时，自由支配的时间更充足，应当充分利用有限的时间注重个人生活品质提升、培养兴趣爱好、保持乐观心态，将提升自我满足感与福祉度作为丰富老年生活、提高老年生活质量的动力源泉。

第二，提升代际支持质量，发挥家庭照料体系的主导作用。家庭成员内部之间资源的合理分工与配置，能够使得家庭成员更好地发挥家庭职能，保障生育与养老功能发展的实现。从教育资源在家庭内部之间的分配来看，来自父母辈的教育资源转移已成为普遍存在的一种社会现象。祖父母参与孙辈的日常生活照料以及学习教育，可见，隔代教育的重要性不言而喻。因此，政策考量方向应当从提升老年父母教育质量出发，以开办老年大学、加强教育宣传、科学观念引导等方式提升隔代教育的品质，从而保证隔代抚育的主导地位不变，更好地实现老年人的家庭价值，有效消减女性群体生育和养育孩子的后顾之忧。同时，提供情感慰藉等精神支撑能够巩固三代人之间的血缘亲属关系，情感交流越频繁的家庭，生育动机越明显，女性因生育而患有产后抑郁风险越低，提升生育概率水平效用明显。总之，父辈所拥有的育儿经验、育儿能力等都决定着向子代实现资源流动的高质性。因此，有必要将政策制定方向向提升代际支持质量转变，鼓励支持主体尽可能利用现有资源，发挥个体主观意愿，积极主动地实现更高水平的代际转移。

5.4.2.2 家庭层面

第一，重视配偶支持，家庭内部减轻养育负担。配偶层面的年龄及受教育水平等微观因素也是影响女性生育行为的关键原因。考虑到配偶支持的作用下，总体受教育程度越高的家庭，家庭总收入水平越高，生育的可能性越低，这也从侧面反映出家庭收入满意度的提升并不能对促进女性做出生育决策行为起到很好的调节作用。因此，考虑从配偶协调工作时间、主动承担家务、提供情感支持等角度提出建议。配偶合理化安排工作与休息时间，既能保证职业家庭生育多孩行为完成的条件，又不会降低其生育积极性。配偶应当转变家务活由女性一人承担的传统家庭理念，家庭作为一个整体，引导男性主动承担起照顾家庭的责任，协调女性的工作与家庭冲突矛盾，密切和谐的配偶关系，有利于完善家庭生育支持体系，促进家庭从"想生、愿意生"到"生"的观念转变。此外，家庭婚姻满意度的提升对女性育龄群体多孩生育行为起到正向的促进作用。高质量的婚姻关系可以维护家庭关系和睦，促进整个家庭综合发展的同时为女性育龄群体提供友好型生育环境。然而，低质量的婚姻极有可能增加因离婚而终止生育行为发生的风险概率。因此，努力加强婚姻建设与提升婚姻质量，促进婚姻与生育的双向互动，能够有效规避因生育失去基础的生理与情感的支持风险，激发夫妻双方的生育积极性。

第二，建立友好型家庭政策体系，充分发挥家庭成员社会价值。政策制定的中心向家庭倾斜，首先，应当保障家庭内部成员之间各项福利措施的充分反馈，确保家庭内部各成员之间能够充分享受福利措施待遇，明确福利主体所能享受的涉及家庭的政策规定。例如，针对国家规定的男性与女性双方所享有的育儿假及陪产假，应当适度放宽家庭成员内部选择的自主性，实现时间资源的重新分配以期达到促进双方共同生育意愿的目的。其次，家庭作为促进生育行为实现的基本单元，对女性生育期望的积极转化起到关键作用。为了保障家庭友好型社会的建立，有必要完善家庭职能部门对涉及家庭权益的政策规定。这包括将涵盖各个领域的家庭政策统一起来，进行统一监管和实施。同时，出台以家庭为对象的专项政策，合理约束家庭成员承担家庭育儿责任，从而更好地发挥政策效力。最后，针对家庭支持体系应当综合考量经济、服务、教育、就业等多维度的生育与养老保障体系，优化制度设计，完善家庭支持体系，为家庭赋能。应当重视倡导新型家庭文化，扎实推动家庭社会价值的实现，提升家庭自身发展能力。我国现阶段也应该更加重视激发社会基层活力，实现家庭传统理念向现代化的转变，重视家庭教育等形式纳入重点考量范围，更好地确立以家庭为中心的政策导向方针，将家庭视为社会基层的基本单元，多领域体现家庭融合支持生育的价值。

5.4.2.3 社会层面

第一，将祖辈托育服务支持纳入公共服务政策考量范围。祖辈父母提供的代际支持在婴幼儿照料体系中的地位不容忽视。祖辈托育服务一方面能够缓解年轻一代父母育儿压力，减轻家庭育儿负担，提升家庭整体幸福指数，另一方面也在促进经济社会良续运行中凸显其社会价值。因此，为了加强婴幼儿照料的品质保证，促进生育率水平的提升，祖辈代际支持有必要得到制度层面的保障。

老年人群体与其子女之间所存在的这种双向的资本或者时间层面的要素转

移，在增加情感交流的同时能够密切家庭成员关系，实现生育观念的转变，进而使得生育期望向实际生育行为转化效果显著。此外，向下的代际传递能够充分发挥老年人优势，老年人力资本得到开发利用，老年人力资源红利得到释放，既是对积极应对老龄化政策的响应，也是兼顾家庭物质与精神福祉的重要举措。可见，祖辈代际支持在婴幼儿照料体系中逐步凸显其主导地位。从祖辈为其子女提供照料支持这一视角来看，能够鼓励产后妇女回归职场，释放女性劳动力，因此老年父母在照顾孙辈的同时也在间接为经济社会发展创造社会价值，理应得到政策性支持。首先，为祖辈提供医疗保健、心理疏导等服务性支持，关注老年群体身体心理健康的同时，也能降低祖辈提供代际支持对其自身带来的负面影响。其次，为祖辈提供照顾津贴、税收优惠等资金性支持，一方面减轻祖辈生活压力，提升照顾质量；另一方面降低家庭生育成本，促进生育动力转化。最后，加大对祖辈托育行为的指导。老年父母虽在育儿方面比年轻子女有经验，但相较于专业的托育服务机构来说还存在不足，因此有必要进行科学引导，增强祖辈照顾孙辈的能力。

第二，完善社会生育福利制度。提供代际支持的主体对支持对象的支持意愿受到社会各界广泛关注，祖辈父母主动且自愿式的代际支持服务对优化子女生育行为存在极为关键的影响要素，包括祖辈自身的婚姻状况、健康水平以及工作性质等因素。因此，从影响因素出发，首先，重点关注代际支持主体的个体特征因素，以社区人性化关怀活动为切入点，保障代际支持主体的专业度提升。老年群体年迈体弱且专业化照顾程度不足，应优化其照料行为，从而释放子女生育动力。其次，保障代际支持的福利给予。祖辈提供代际经济支持势必会增加老年父母的生活成本，一旦失去经济来源则会加重子女的养老负担，使得生育需求进一步缩减。因此，有必要发挥社会生育福利制度的优势，紧握祖辈代际支持占据托育服务主导地位的有利形势。

第三，优化女性生育与就业保障机制。生育因其独特的社会属性，在促进整体人口增长及社会发展中起到决定性作用。因此，提升整体生育率水平不仅关乎家庭繁衍子嗣等传统理念的传承，更是为推动人口数量增长、人口结构优化以及人类社会稳定运行发展作出更大贡献。纵观整个生育过程，从生育到抚养，女性群体承受着主要压力，既要平衡事业与生活的矛盾，又要兼顾养育孩子，身体和心理承受双重压力。针对女性所面临的这一困境，应当完善女性生育和就业保障机制，建立充足的保障体系，让女性群体得到更多的生育支持，从而提高生育期望向生育行为的实际转化概率。此外，与生育和就业配套的政策支撑是完善机制的基础前提。在保证原有生育补贴和优惠基础上，协调家庭、企业与政府三方承担的主要责任，确保女性群体做出生育行为决策时没有后顾之忧。

除了考虑来自隔代父母的代际支持，配偶承担照料责任至关重要。目前，给予生育主体配偶的带薪育儿假等福利制度已经得到社会普遍认可。国家层面应当明确男性陪产假的政策规定，让男性承担起家庭育儿的社会责任，既能减轻祖辈父母提供代际支持的压力，提升老年人幸福感，又能承担起家庭中部分育儿责任，使得更多的女性劳动力得到释放，平衡劳动力市场中男女劳动年龄人口比例，也为解决当前劳动力市场就业性别歧视等问题提供新证据。

6 儿童照料方式对流动人口
生育行为影响的比较研究

6.1 引言

6.1.1 研究背景

党的二十大报告明确提出要建立生育支持政策体系，降低生育成本、养育成本及教育成本。从优化人口发展战略高度，做出"建立生育支持政策体系"顶层设计，为做好新时代人口工作指明了方向。因此，要想解决低生育率的问题，除了放开生育政策外，还需要更多的激励支持手段。现阶段，我国家庭规模逐渐趋于小型化，家庭结构的核心化特征越发显著，家庭对早期教育的重视程度也在持续加深。在这样的社会环境下，老年人提供的祖辈照料以及社会机构提供的正式照料逐渐成为儿童照料中不可或缺的两种关键形式。照料压力、育儿成本等对女性的生育意愿和生育行为产生了约束，这种约束一方面来源于育儿成本在家庭平均收入中占比的不断攀升，另一方面在于托幼服务的供给数量未能满足需求。《国家人口发展规划（2016—2030 年）》指出，要健全生育政策调控机制，合理配置公共服务资源，完善家庭发展支持体系，推动实现适度生育水平。因此，应合理规划并配置儿童照料相关资源，以推动生育水平的稳步提高。

改革开放以来，经济社会的持续发展带动了人口的迁移和流动。2020 年第七次全国人口普查数据显示，我国流动人口规模达到了 3.76 亿，相较于 2010 年的第六次人口普查数据和国家统计局发布的 2019 年流动人口总数，均显著增长，分别增长了 69.73% 和 59.32%。在流动人口群体中，由农村向城市的劳动力转移占据了绝大部分比例，其中处于育龄和生育高峰期的新生代人口占比持续提高，其生育意愿和行为无疑会对全国层面的生育水平产生重要影响（杨菊华，2018），一方面，倘若子女随迁，则会在一定程度上加重流动女性的照料负担，使直接成本上升；另一方面，流动妇女还会因就业—生育冲突而面临更高的间接成本，上述成本压力可能使得流动人口放弃生育。因此，聚焦流动人口群体，同样应该重点关注儿童照料资源这一问题。在促使老年人流动的因素中，照顾晚辈、养老及就业是三大主要原因，其中，以照顾晚辈为动机的老年人的比例最高，占43%，从侧面反映出流动人口对祖辈照料的现实需要。同时，儿童的养育属性决定了儿童养育成本不能完全由家庭负担，应该由家庭和社会共同负担。儿童养育成本社会化是人口均衡发展的现实需要，去家庭化的社会结构呼唤更正式的社会化儿童照料，以进一步解决"照料赤字"问题。因此，妥善解决流动女性的儿童照料问题，是促进流动人口提高其生育率进而促进全国生育水平提高的重要途径，对于缓解当前低生育率现状，进而缓解人口老龄化、少子化带来的劳动人口比重下降等问题具有重要意义。

因此，在当前人口迁移流动日益频繁、儿童照料需求日益增加的双重背景下，本章基于现有研究成果，进一步深入研究儿童照料支持如何影响流动育龄女性的生育行为，重点关注以下三个方面的问题：①祖辈照料和正式照料是否会对流动育龄女性的生育行为产生影响？若存在影响，哪种照料支持产生的影响更大？②产生此影响的作用机理及在不同特征的流动人口群体间是否存在影响的异质性。③在此基础上，可以做哪些政策改进以提高流动育龄女性对祖辈照料和正式照料的可及性，进而提高其生育水平。

6.1.2　研究意义

6.1.2.1　理论意义

近年来，随着中国生育政策的逐步调整及生育重要性日益凸显，国内外关于生育意愿及生育行为影响因素的研究日趋深入，相关研究多从人口学因素、家庭因素、政策因素等维度切入，较少将视野转向儿童照料资源这一因素上。此外，相关研究多集中于全国、地区、城乡等层面，较少着重关注某一群体的生育情况。在当前流动人口总量不断增长的背景之下，其生育水平会对全国层面的生育现状产生影响。因此，本章在前人研究的基础上，将研究视域集中于流动育龄女性群体，将老年人、青年人和婴幼儿三种不同年龄段的服务对象整合在家庭之中，结合我国当前流动人口生育及儿童照料支持现状，讨论学龄前儿童照料支持与其生育行为间的关系，旨在从微观层面为提升流动育龄女性生育行为发生的概率提供实证支持。

6.1.2.2 现实意义

儿童照料问题不仅涉及个人和家庭的私密领域，还牵动着整个社会和国家的未来发展。鉴于我国当前低生育率的实际情况和"三孩政策"的实施背景，有效解决儿童照料问题显得尤为关键。这不仅有助于激发儿童消费市场的潜力，保障和改善民生，更能推动生育率的提升。同时，这也是鼓励家庭积极承担育儿责任、推动社会公共托幼体系建设的重要动力。既能服务于我国提出的各类生育政策，提高人口数量，又能响应"幼有所育"的民生关切，提高人口质量，进一步释放人口红利。

6.1.3 研究方法和研究框架

6.1.3.1 研究方法

（1）文献研究法。本章通过查阅国内外相关文献及著作，了解儿童非正式照料支持及正式照料支持的主要内容及其所产生的影响、流动人口生育水平及其影响因素等。通过系统地搜集、整理和分析相关文献，旨在发现现有研究的局限与不足，进而提出补充性的观点和见解，以期丰富和完善我国儿童照料支持体系。

（2）定量研究法。本章运用 2016 年全国流动人口动态监测调查数据（CMDS），深入剖析学龄前儿童照料支持如何影响流动育龄女性的生育行为。首先，通过构建多元有序 Logistic 回归模型，将流动育龄女性的生育行为作为研究的主要目标，同时，将祖辈照料和正式照料作为关键解释变量。其次，纳入社会人口学特征、家庭特征和流动特征三类控制变量，以全面评估两种照料方式对流动育龄女性生育行为的具体影响，并进行相应的内生性检验，在此基础上分析其内在的影响机制及对不同特征群体影响的异质性。最后，运用改变样本容量及倾向得分匹配模型（PSM）两种方法对估计结果进行稳健性检验。

6.1.3.2 研究框架

本章研究的是学龄前儿童照料支持对流动育龄女性生育行为的影响。具体安排如下：

第一部分，引言。主要包括研究背景、研究意义、研究方法、概念界定及创新之处，并在此基础上绘制技术路线图。

第二部分，文献综述。在对国内外关于儿童照料支持、流动人口生育意愿和生育行为及两者关系的相关研究进行梳理和总结的基础上，引出本章将要探讨的核心问题。

第三部分，儿童照料支持现状分析。本章通过运用多种数据，对当前学龄前儿童照料支持现状进行分析。

第四部分，理论基础。通过构建理论模型并进行数学推导，提出研究假说。

第五部分，实证分析。阐述了本章所使用的数据及样本筛选过程，然后对选取的相关变量进行界定，并对样本进行描述性统计分析。在此基础上，首先，构建多元有序 Logistic 回归模型，旨在深入剖析学龄前儿童照料支持如何影响流动育龄女性的生育行为，选取合适的工具变量进行内生性检验。其次，从两个角度出发进行机制检验，依据儿童年龄组属性、收入段属性、城乡属性分组，进行异质性分析。最后，为确保结果的可靠性，运用两种方法对估计结果进行稳健性检验。

第六部分，研究结论与对策建议。在剖析描述性统计分析结果及实证研究结果的基础上，得出了全面而系统的研究结论，并根据研究结论进一步提出针对性的对策建议，旨在为相关政策的制定与实施提供科学依据。

本章的技术路线图如图 6-1 所示：

6.1.4 概念界定

6.1.4.1 儿童照料

儿童照料是指国家、市场和家庭为儿童提供的有偿或无偿的照料。一般而言，儿童照料包括母亲照料、正式照料、父母共同照料、祖辈照料和委托照料五种方式。本章重点研究祖辈照料和正式照料。祖辈照料从属于非正式照料，当社会托幼服务供不应求或家庭为了节省开支时，祖辈照料可以作为社会托幼服务的有效补充，以满足家庭对儿童照料的迫切需求。一般而言，祖辈照料是指（外）祖父母为孙辈提供的儿童照料支持，包括身体、心理和经济等多个层面的单向帮助。然而，在当前老年人人均预期寿命日益延长的背景下，曾祖辈也可能具备提供照料的能力。综合而言，祖辈照料涵盖了三代以内的长辈向晚辈提供的照料服务，这是一种长辈对晚辈的"逆反哺"行为，体现了家庭成员间的相互扶持与关爱。正式照料由市场提供儿童照料资源，是国家通过制度安排、财政出资等方式来满足被照料者需求的一种照料方式，是市场上专业机构提供的儿童照料。对 0~3 岁的幼儿来说，正式照料是指托育机构或幼儿园对儿童提供的照料，对 4~6 岁的孩童来说，正式照料是指幼儿园、学前班或其他社会机构对儿童提供的照料。通过这些专业机构的服务，孩子们可以得到全面、专业的照料和教育，促进他们的健康成长和发展。

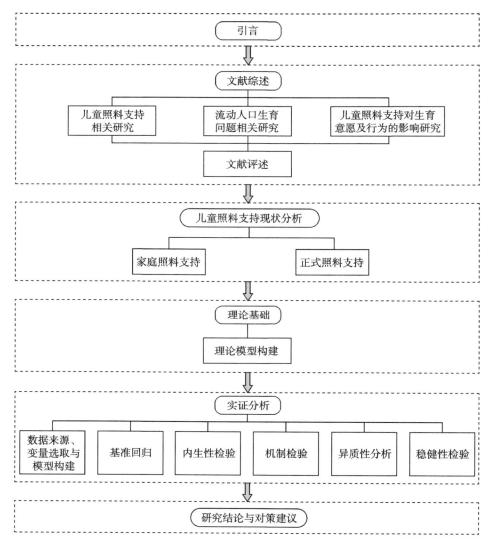

图 6-1　第 6 章技术路线

6.1.4.2　生育行为

生育行为可以从不同角度进行分类，包括狭义和广义两种。狭义生育行为主要聚焦于妇女的孕育与分娩过程，这不仅是新生儿生命的起点，更是生育者作为人口活动的一部分，更多体现其自然属性。广义生育行为涵盖了妇女或夫妇在特定观念和外部制度影响下的生育决策，包括选择生育的年龄、子女的数量以及性别，这些决策具有时间、数量和性别三大特征，更多地凸显其社会属性。生育的整个过程实际上是每个家庭和个人经过深思熟虑后的理性抉择，包含具体的生育选择、决定以及最终的生育结果。

6.1.4.3 流动人口

由于研究视角和实际情形的不同，国内外对于流动人口的定义存在一定的差异。在国际上，重点关注人口流动中的人口迁移现象，人口迁移是以居住为目的的人口在空间分布位置上的变动。在国内，对于人口迁移这一概念的界定与国际上并无本质区别。然而，由于户籍制度的独特性，使得人口迁移与流动人口这两个概念具有一定的差异性。具体来说，人口迁移通常是指跨越不同行政区并伴随户籍地变更的人口移动，而流动人口则是指那些发生人口移动但未涉及户籍地变更的情况。根据国家统计局的定义，流动人口是人户分离人口中不包括市辖区内人户分离的人口。中国流动人口动态监测调查数据将流动人口定义为在流入地居住时间超过一个月，且持有非本区（县、市）户籍的15周岁及以上的个体。

6.1.5 研究贡献

本章的研究贡献主要是丰富了现有对儿童照料支持和生育意愿及行为间关系的理论研究。在影响因素分析中，现有研究多关注性别、年龄、受教育程度、家庭收入等因素，较少将视野转向生育支持因素。即使对生育支持有所提及，多为单一分析正式照料或非正式照料产生的影响，较少将两者置于同一框架之中进行对比分析。在研究范围上，现有研究多停留于地域层面，较少从群体角度进行分类，即使将流动人口群体与儿童照料支持同时纳入分析框架，多数研究也更加关注该群体的照料支持对就业的影响，较少分析其因面临就业—生育冲突而对生育产生的影响。因此，本章缩小了研究视域，系统分析0~6岁儿童照料支持对流动育龄女性生育行为的影响，进而对现有文献提供一定程度的补充。

6.2 文献综述

6.2.1 儿童照料支持

照护行为不仅是家庭发展、经济兴盛、社会进步的基石，更是推动社会再生产、家庭延续以及人类自身再生产的关键环节（刘二鹏等，2019）。一般而言，学龄前儿童在很大程度上依赖于他人的精心照料和呵护，Heckman（1974）对儿童照料方式进行了分类，主要划分为非正式照料和正式照料两大类。其中，家庭照料被归类为非正式照料，而社会照料则归属于正式照料。据此，本节分别从家庭照料视角和社会照料视角出发，对儿童照料支持相关研究进行梳理。

6.2.1.1　儿童照料的家庭视角

作为一种非正式的照料方式，儿童家庭照料的内涵丰富多元，涵盖了从家庭成员为儿童提供日常生活照料、个人卫生护理，到户外活动游戏、语言情感交流、思想文化教育等多方面的关怀与支持（和建花，2007；和建花和蒋永萍，2008；Daly and Lewis，2000）。当前，关于儿童的家庭照料的相关研究主要集中在家庭照料特征分析、祖辈照料影响分析两个方面。

（1）家庭照料特征分析。部分学者对儿童家庭照料的配置状况及其主要特点进行了深入探讨。吴帆和王琳（2017）选取的四项调查数据共同揭示了当前中国0~5岁学龄前儿童家庭所面临的一系列问题，包括家庭照料需求远超供给、母亲承担过重的照料责任、父母双方在育儿中角色失衡等。一项基于上海市某区儿童家庭养育的调查分析结果显示，几乎所有拥有0~3岁儿童的受访家庭都选择家庭照料，这一现状凸显了家庭在早期儿童成长过程中扮演着至关重要的角色，成为无可替代的养育主体，同时也反映出家庭在养育儿童方面承受着较重的压力（徐浙宁，2015）。李向梅和万国威（2019）指出，当谈及照顾责任的承担意愿时，无论是城市还是乡村，家庭育儿方式依旧是大多数家庭的首选，且男性和女性在照料分工上并未形成平等地位，女性所承担的责任更大。陈秀红（2017）将家庭中的儿童照料视为一种具有性别特征的实践活动，其中母亲扮演着核心角色。然而，在职业压力的推动下，部分女性选择将照料孩子的责任转交给上一辈。因此，祖辈在很大程度上成为了家庭照料责任的"替代者"。王琳（2023）依据中国营养与健康调查（CHNS）1991~2015年的数据，深入剖析了我国家庭中夫妻双方在儿童照料时间投入上存在的性别差异，研究结果表明，父亲照料时长约为母亲照料时长的25%。李桂燕（2018）指出，目前家庭照料领域仍深受"男主外、女主内"的传统分工模式影响，当前社会正积极倡导男性更多地参与家庭照料工作，以鼓励双亲共同育儿，从而推动家庭照料合作新模式的构建。

（2）祖辈照料影响分析。代际互助是中国家庭的传统，在中国传统文化的影响下，祖辈照料成为一种广泛存在的现象（李芬和风笑天，2016）。当家庭中相邻的两代人有经济或情感需求时，往往倾向于在家庭内部寻求解决方案。因此,一旦儿童的照料需求无法得到充分满足,祖辈往往成为非正式照料资源的理想提供者。对于祖辈照料所带来的影响,可以根据主体分为以下三种:

一是祖辈照料对照料者本身产生的影响。一方面,祖辈照料会对照料者的劳动参与产生影响。彭争呈等(2019)基于CHNS 1991~2006年的六期数据,深入探究照料0~6岁儿童对中老年人劳动参与情况的影响,研究发现,祖辈参与儿童照料会使其劳动参与率显著下降约20%,同时退休的可能性上升约6%。邹红等(2019)指出,祖辈参与儿童照料会显著提高其提前退休的可能性。另一方面,祖辈照料还会对照料者的身心健康和生活质量产生影响,但目前该研究结论存在分歧。有研究表明,参与照料活动会对参与者产生负向影响。Cong 和 Silverstein(2012)认为,提供祖辈照料可能会妨碍老年人参与社会活动,进而引发经济上的损失和家庭关系的紧张,最终使老年人承受物质和精神上的双重压力。肖雅勤(2017)的研究发现,为孙辈提供照料活动会对老年人的日常生活自理能力、个人健康感知以及心理健康状态产生不利影响。岳经纶和范昕(2018)指出,本应安享晚年安逸生活的老年人为了减轻子女负担,不得不成为“老漂”,承担起照顾流动儿童的责任,这一行为对老年一代的生活质量产生了负向影响。还有部分学者持相反观点。Chen 等(2015)发现,提供祖辈照料对老年人社会交往和锻炼有积极影响,有利于其生理健康的维护或改善。靳小怡和刘妍珺(2017)认为,在照顾孙子女的过程中,老年人的家庭价值和社会价值得以凸显,这一过程也为他们提供了丰富的社交活动,有助于提升其生活满意度。

二是祖辈照料对被照料者产生的影响。儿童是祖辈照料行为的直接作用对象,已有研究主要对祖辈照料下儿童的身心健康状况、学业成就等进行了重点分析,但对于照料行为所产生的影响,学界并未得出统一结论。一方面,祖辈照料在多方面具有显著优势,如照料过程更为细心、照料方式更有保障,并且他们拥有更加丰富的实践经验(吴旭辉,2007)。另一方面,祖辈作为关键的社会支持力量,能够有效缓解父母在工作与家庭之间产生的冲突,进而减轻对孙辈情绪及心理健康产生的消极影响(Mustillo et al.,2021)。但更多学者认为该影响是负面的。周皓(2016)指出,祖辈照料会对隔代家庭中留守儿童的心理健康产生不利影响。姚植夫和刘奥龙(2019)从学业成绩角度入手,分析祖辈抚养对儿童产生的影响,结果表明不论是从绝对成绩指标来看还是从学生成绩排名来看,祖辈照料均对儿童产生了明显的消极影响。Hayslip 和 Kaminski(2005)的研究同样发现,相较于由父母抚养的儿童,由祖辈抚养的儿童在学业的表现上呈现出较低的水平。郭筱琳(2014)发现在祖辈单独抚养孙辈时,会对儿童的心理发展水平产生消极影响。Edwards 和 Daire（2006）指出，教师普遍评价由祖辈抚养的儿童会表现出更多的情绪和行为问题。

三是祖辈照料对家庭内部其他成员产生的影响。随着社会现代化和家庭结构的变迁，除了继续履行生育和母亲的角色外，越来越多的女性选择进入职场，对增加家庭收入起到了重要的作用。角色的转变会使女性面临工作—家庭冲突，倘若祖辈可以提供隔代照料，则能够在一定程度上缓解该冲突（Dimova and Wolff，2011；Compton and Pollak，2014）。宋健和周宇香（2015）利用 2010 年第三期中国妇女社会地位调查数据，得出祖辈帮忙照料孙辈能降低年轻母亲母职惩罚的结论。王晶和杨小科（2017）认为，祖辈照料实际上是一种家庭策略性选择，旨在节约抚育成本。祖父母在儿童照料方面的积极参与和支持，有助于子女在工作与家庭之间实现更高效的时间分配。Maurer-Fazio 等（2011）认为，家中有学龄前儿童对女性的劳动参与率有负向影响，而与祖父母同住会缓解这种负向影响。杜凤莲等（2018）的研究表明祖父母特别是祖母在儿童照料方面的参与对于女性参与社会劳动起到了重要的支撑作用。Gary（2005）认为，祖辈照料作为一种时间上的代际传递方式，有助于女性更加灵活地平衡工作与家庭的时间分配，使她们能够更加自如地处理两者之间的关系。王建英等（2024）通过实证研究，深入探讨了祖辈照料与农村育龄女性非农就业之间的因果效应，研究结果显示，提供祖辈照料有助于提升农村育龄女性的非农劳动参与率，并延长她们每周的非农劳动时间。

6.2.1.2 儿童照料的社会视角

除了家庭内部的非正式照料，儿童照料支持还涵盖了社会照料这一重要形式。作为家庭成员照料的替代形式，社会照料主要由与家庭无直接亲缘关系的专业人士或组织负责提供，他们具备专业的知识和技能，能够满足儿童在成长过程中的各种需求（刘中一，2018）。当前，关于儿童社会照料的研究可以根据支持方式可以分为以下三类：

一是时间支持。时间支持作为儿童社会照料政策的关键手段，包含带薪或无薪的产假、多元化的育儿假、亲职假以及灵活的工作时间安排等措施。这些安排不仅使工作的父母能够在孩子出生的初期暂时退出劳动力市场，专心在家照料孩子，同时也为他们日后重返职场保留了机会和可能性（杨琳琳，2021）。Daly 和 Lewis（2000）指出，育儿假的设定使男性能参与到儿童照料中，分担女性的照料负担。申小菊和茅倬彦（2018）在梳理 OECD 国家针对 3 岁以下儿童照料支持的模式时发现，在比利时、奥地利等历来依赖男性劳动力的国家，政府尤为重视家庭劳动的价值，为鼓励母亲在家中照料孩子，这些国家提供了较长的产假。

二是服务支持。服务支持在儿童福利政策中占据重要地位，其核心在于提供便捷可及的托幼服务，以促进幼儿的健康成长。通过这一方式，幼儿父母能够从繁重的家庭照料中解脱出来，从而减轻家庭的育儿负担，降低育儿成本。儿童照料的服务支持涵盖了0~3岁儿童的托育服务和3~6岁儿童的学前教育两大关键领域。早在1960~1969年，北欧国家率先将公共日托服务作为推动女性劳动参与的重要策略，特别是丹麦和瑞典等国，更是开始提供以政府为主导的覆盖范围较广的公共日托服务，为广大家庭带来了显著的便利（Mahon，2002；Kremer，2007）。当前研究多从托育服务支持与女性劳动供给角度出发，分析两者间的关系。熊瑞祥和李辉文（2017）指出，在村庄内设立儿童照护公共机构对于减轻农村已婚女性的非农就业压力具有积极作用，这些服务为农村家庭提供了便利，有助于已婚女性更好地平衡家庭与工作的关系。丁宁和蒋媛媛（2018）研究发现，当儿童接受正规机构照料时，其母亲的劳动参与率将得到显著提升。Du和Dong（2013）发现，社区内的幼儿园供给数与城镇女性参与社会劳动间存在正相关关系，使其可以更好地平衡家庭与工作间的需求。Bauernschuster和Schlotter（2015）通过实验研究发现，德国地区的公共托育服务能有效提高儿童在幼儿园的出勤率，这一改善对母亲的就业参与产生了积极的推动作用。

三是经济支持。儿童照料补贴和税收减免是经济支持的两种重要形式（刘中一，2018），也是减轻家庭育儿负担最有效、最直接的手段。Waldfogel（2001）强调，儿童保育费用应当由政府通过公共项目来承担，并扩大覆盖范围，让更多普通家庭受益，为实现这一目标，政府需通过财政支出的方式给予必要支持。日本政府在21世纪初实施了育儿减税政策，目的是减轻家庭育儿的经济负担。按照该政策，拥有幼儿的家庭可以申请减轻税务负担。此外，政府还通过修订相关法律的方式，为中低收入家庭及多子女家庭提供额外的育儿补助，以进一步支持生育（施锦芳，2010）。美国、英国和加拿大等国家受到市场机制的深刻影响，导致正式照料的费用相对较高，并且主要由市场中的各类主体来提供。鉴于此，这些国家的政府会为单身母亲和低收入家庭提供补贴，以降低他们承担的照料费用（Vuri，2016）。Gelbach（2002）的研究揭示出，提供充足的补贴能有效增加拥有幼儿的家庭中女性的劳动参与率，特别是对于生活在贫困线以下的家庭，为婴幼儿提供的育儿补贴项目更有可能促使他们选择社会照料服务（Slicker and Hustedt，2022）。Givord和Marbot（2015）指出，儿童保育津贴的增加显著促进了母亲的劳动力供给，这一发现为政策制定者通过津贴改革提升女性就业率提供了重要启示。鉴于提供经济支持所带来的积极效果，多国政府正计划扩大育儿补贴的覆盖范围，旨在提高有幼儿的父母购买社会照料服务的比例，并鼓励父母（特别是母亲）更多地参与到劳动力市场中，这一举措有望为家庭创造更好的经济环境，同时促进女性就业率的提升（Brewer et al.，2022）。

6.2.2　流动人口生育水平及影响因素

6.2.2.1　流动人口生育水平及相关解释

随着处于育龄期的流动人口队伍的不断壮大，他们倾向于自主选择推迟结婚并追求高质量生活，这些因素导致该群体的生育率相对较低，可能在一定程度上影响全国的生育水平（郭志刚，2008）。国内外多项研究均表明，地域流动是影响妇女生育意愿和生育行为的关键因素之一。陈卫和吴丽丽（2006）认为，人口的流动与迁移对生育率具有显著影响，相较于本地人口，城市外来人口的生育率水平明显偏低。郭志刚（2010）通过计算和比较流动人口与非流动人口在生育率水平与户籍性质方面的差别，认为人口流动是降低全国和不同户籍流动人口生育率的重要催化剂。梁同贵（2016）通过测算不同时期孩次递进生育率，深入分析了由乡到城的流动对生育率水平的影响，研究结论显示：相较于农村本地人口，由乡到城的流动会在一定程度上导致生育率水平的降低。周皓（2015）在剔除选择性后，依然发现人口迁移流动对流动人口的生育意愿产生了负向影响。朱宝树（2011）认为，我国由乡到城流动人口的生育率水平已经发生了变化，由原本介于城乡之间转变为低于城市。针对上述人口迁移流动与流动人口生育意愿及行为间的关系，现存四种假说予以解释：

一是中断假说。该假说主张迁移流动可能引发夫妻间的分离或在迁移过程中遭遇挑战，进而因迁移后所面临的种种压力而推迟生育计划（Carter，2000；Milewski，2009）。Potter 和 Kobrin（1982）指出，流动行为引发的夫妻分离现象会对生育行为产生明显的中断效应，且生育意愿的降低程度与分离时间的延长正相关。Massey 和 Mullan（1984）发现，由于迁移造成的夫妻分居现象会使墨西哥农村集镇的妇女降低生育的可能性。梁同贵（2016）在对上海市由乡到城流动人口生育间隔的一项研究中发现，中断效应在推迟生育年龄和拉长生育间隔的过程中扮演了重要角色。Clifford（2009）强调，如果流动人口未能实现配偶随迁，那么这种分居状态可能引发生育率的下降。

二是选择假说。该假说指出，迁移流动人口通常具备较高的受教育程度和更年轻的年龄特征，迁移流动行为对其生育观念和生育行为并不会产生显著影响，此类群体的低生育率现象是由其群体特征决定的。Lee 和 Farber（1984）发现，迁移者是一个经过筛选的群体，他们与整个农村群体在经济和人口特征上存在差异。因此，生育选择更多地是由这些特征决定的，由此导致的迁移选择效应在一定程度上减缓了城乡生育差距的缩小速度。郭志刚（2010）指出，流动人口主要由原本农村中年纪轻、有活力且素质较高的个体构成，他们流动的主要动力是追求更高的经济回报和改变生活方式，这些个体特征是影响其生育水平的决定性因素。邓金虎和原新（2017）运用 2015 年天津市流动人口动态监测数据，得出流动妇女低生育水平是其自主选择少生的结果。

三是适应融合假说。该假说包含两方面的内容。一方面，迁入地的社会、经济、文化等条件会影响流迁者的生育意愿及行为。适应是一个循序渐进的中长期过程，它涵盖了经济、社会和心理等多个维度的调适（梁土坤，2018）。在流动的过程中，流动人口深受流入地生活经历与生育观念的影响，导致他们原有的生育观念和生育行为发生持续变化，逐渐与全国的整体水平相吻合（李丁和郭志刚，2014）。Mayer 和 Riphahn（2000）的研究发现，德国移民进入迁入国时生育率较高，但在移民地度过的生育时间越长，其生育率下降得也越快。另一方面，迁移流动者为了适应城镇生活，需进行自身身份认定的转变，在角色转变的过程中，生育孩子的机会成本逐渐提高，且与其他方面的冲突也不断增强（薛君，2018）。莫玮俏等（2016）利用 2010 年中国综合社会调查（Chinese General Social Survey，CGSS）中的农村微观数据进行研究发现，由于我国农村人口主要涌向经济更发达的地区，从而会面临更高的生活成本，因此该群体倾向于减少生育意愿并推迟生育时间。

四是社会化假说。该假说认为人口迁移流动并不会对生育率产生影响。因为在个体的成长过程中，社会和家庭会对其生育观念起到共同塑造作用，使其形成一种相对稳定的看法。即使个体后来改变居住环境，早期形成的生育观念仍然会对其后续的生育行为产生决定性的影响。Bacal（1988）指出，流出地的文化环境已经完成了对迁移者生育观的塑造，因此迁移者还是和流出地的居民有着相似的生育观念。

6.2.2.2　流动人口生育意愿及行为影响因素

综合目前已有的研究来看，有关流动人口生育意愿及生育行为的影响因素，主要分为以下四类：

一是社会人口学因素。主要包括年龄、性别、受教育程度、婚姻状况等。侯慧丽（2017）指出，流动人口的个人特质在降低生育水平的过程中发挥着重要作用。唐雪等（2017）通过多因素 Logistic 回归分析，深入探讨了影响流动人口二孩生育意愿的诸多因素，研究结果表明，流动人口的年龄、性别、经济水平、是否为独生子女以及婚姻状况等均会对其生育意愿产生显著影响。朱健和陈湘满（2016）以"80后"流动人口为研究对象，发现诸多个体因素会对该群体的二孩生育意愿产生显著影响。廖庆忠等（2012）指出，流动人口的生育意愿会受到年龄、性别、婚姻状况、受教育程度、工作类型等的影响。

二是家庭因素。当前，家庭因素和情感因素成为流动人口产生二孩生育意愿的主要原因（陈素琼和李杨，2018）。其中，家庭因素主要包括家庭的住房情况、收入情况、一孩性别及年龄等。Zhou 和 Guo（2020）揭示出中国流动人口拥有住房与其二孩生育意愿之间存在复杂关系，实证结果显示，流动人口在拥有住房与生育二孩之间面临着竞争或替代的选择，拥有住房往往会降低他们生育二孩的意愿。侯俊军等（2023）指出，城市购房会对流动人口再生育意愿产生明显的抑制作用。陈秀红（2019）认为，流动人口的二孩生育意愿受到家庭发展能力的深刻影响，其中，是否在本地购房成为影响生育意愿的一个显著因素。李荣彬（2017）指出，流动人口再生育意愿会受家庭收入的限制。王晓宇等（2018）从家庭视角出发构建经济模型，认为生育率会随收入的提高而提高。Becker（1960）指出，随着家庭收入的增加，父母在权衡孩子数量与质量时，往往更倾向于提升孩子的质量。刘厚莲（2017）认为，流动人口家庭的再生育意愿会受到现有子女性别的显著影响，当家庭已经拥有男孩时，更可能倾向于不再生育或尚未明确是否要再生育。谭江蓉（2018）重点聚焦有 0~5 岁学龄前儿童的家庭，研究发现当孩子入园且年龄较大时，流动育龄女性明确打算生育二孩的概率更高。

三是流动因素。在流动因素中，流动时间和流动范围引起了较为广泛的关注。Lee 和 Farber（1984）通过追踪迁移后不同时期由乡到城移民和对照组农村滞留者之间生育率差异的变化，发现随着迁移时间的延长，流动人口生育率下降的趋势将持续下去。Ford（1990）对美国移民人口普查数据进行了深入分析，以探讨移民后生育率的变化趋势。研究结果显示，移民在抵达新国家后，为了弥补因移民而推迟的婚姻或生育，其生育率往往会呈现上升趋势。然而，随着时间的推移，移民在新国家中的同化程度逐渐提高，其生育率往往会逐渐下降，并逐渐接近流迁时间较长的移民群体的生育率水平。梁同贵（2021）运用单因素分析法及多元回归分析法得出，距离个体首次离开户籍地的时间越长，其全部孩次的生育概率越高的结论。李丁和郭志刚（2014）指出，流动妇女的生育事件与其流动时间存在高度相关性。刘厚莲（2017）认为，选择跨省流动的人口更易受流入地生育观念的影响而做出不再生育的决策。杨菊华（2018）指出，跨省流动人口更可能因为所面临的资源限制而不生育二孩。

四是社会保障因素。社会保障因素主要包括不同类型的保险及公共服务的供给两部分。谢永飞和刘衍军（2007）指出，在户籍制度、就业制度、社会保障制度等二元社会体制尚未破除的背景下，流动人口并未充分融入城市社会，他们仍然会受到传统生育观念的深刻影响。黄秀女和徐鹏（2019）认为，不同种类的基本医疗保险会对流动人口的二孩生育意愿产生异质性影响，新农合有正向促进作用，而城镇职工医疗保险会产生相反的效果。刘一伟（2017b）强调，住房公积金作为社会保障制度的重要组成部分，不仅直接作用于流动人口的生育意愿，还可能通过影响他们所在城市的定居情况而间接影响其生育意愿。王良健和蒋书云（2017）指出，为有效推进"全面二孩"政策的实施，应着重加强公共资源的供给力度，并努力推动流动人口基本公共服务的均等化。这些措施将有助于为流动人口创造更好的生育环境，从而进一步促进政策的落地生效。

6.2.3 儿童照料支持对生育意愿及生育行为的影响

6.2.3.1 儿童家庭照料对生育意愿及生育行为的影响

家庭照料作为一种高品质、低成本且灵活的托育方式，既可以弥补社会托育体系的不足，所产生的效果又可以对生育意愿和生育行为产生积极的影响（Murphy and Knudsen，2002）。计迎春和郑真真（2018）指出，生育—工作冲突使女性生育所面临的机会成本提高，在缺少照料帮手的前提下会降低其生育意愿，若祖辈可以提供隔代照料，则能够在一定程度上缓解该冲突。梁宏（2017）通过利用中山市二孩需求调查数据分析发现，家庭经济支持、照料支持和精神支持对职业女性二孩生育决策起到了积极的推动作用。王亚章（2016）提到，如果老年人能够承担更多的育儿责任，则有利于减少父母的家庭照料时间，进而促进生育率的提高。靳永爱等（2018）发现，父母可以通过照料支持影响女性的二孩生育计划，且隔代抚养程度越高，隔代抚养行为对生育率产生的影响越大（Fanti and Gori，2014；风笑天，2018）。Bühler 和 Philipov（2005）认为，祖辈提供的照料支持和经济支持有助于提升女性生育后的经济稳定性和内心安全感，进而增强女性的生育意愿，这种支持在一定程度上对其生育决策产生了积极影响。以北京市为例，2015 年一项针对北京市青年人口发展状况的调查数据显示，城市青年夫妇的二孩生育意愿会受到老年人提供的照料支持的影响（王晶和杨小科，2017）。

黄秀女和郭圣莉（2018）在研究中考虑了居住类型这一因素，发现当老人与流动人口子女共同居住时，这种家庭结构有助于提升流动人口的二孩生育意愿。田艳芳等（2020）指出，当育龄女性从家庭内部获得更多关于孩子照料的时间支持时，她们的二孩生育意愿会相应提升，并伴随更明确的二孩生育规划。于潇和韩帅（2022）认为，祖辈的照料支持在女性生育二孩的过程中起到了关键作用，这种支持不仅有助于降低女性生育二孩的直接和间接成本，还能缩短她们的二孩生育间隔，为女性创造更为有利的生育环境。聂焱和风笑天（2022）在南京和贵阳两地精心挑选了23个育龄家庭进行深入的半结构化访谈，访谈结果揭示了祖辈支持在育龄家庭生育决策中所扮演的重要角色。

6.2.3.2 儿童正式照料对生育意愿及生育行为的影响

党的十九大报告强调，要坚持在发展中保障和改善民生，在"幼有所育"上不断取得新进展。党的二十大报告指出，要建立生育支持政策体系，降低生育、养育、教育成本。在"幼有所育"这一议题中，除了家庭所承担的照料责任外，社会服务是其必要延伸（杨菊华，2019）。其中，"幼有所育"的对象是6岁及以下的非学龄儿童，具有保育和教育双重含义，这就涉及儿童照料的另一种方式：正式照料，即托育机构所提供的照料。在正式的儿童照料体系中，除了面临着供给量不足的挑战，还存在着托幼服务结构失衡、服务质量参差不齐以及社会效能不高等问题，这些问题共同制约了儿童照料服务的有效供给和质量的提升（杨菊华，2018）。可以说，儿童照料的责任已经超越了家庭单独应对的范畴，成为需要多方共同努力的社会议题。因此，在理论上重新划分和界定国家在儿童照料方面的责任显得尤为必要（刘中一，2018）。杨雪燕等（2021）强调，托育服务在育龄人群的政策需求中占据首要地位，其基础性和必备性地位在儿童照顾政策体系中不容忽视。因此，加大力度提升托育服务的有效供给，对于减轻育龄家庭在儿童照顾方面的压力具有重要意义。"三孩"政策实施之初，广东省进行了一项"万里挑一"生育调查与访谈，结果显示普惠托育政策对于激发女性的生育意愿起到了积极作用（侯佳伟等，2022）。欧洲国家和一些福利国家从完善生育支持组织机构、增加儿童家庭公共支出、完善儿童照顾项目等角度出发，在提高生育水平方面收效较好，对于我国儿童照料政策的建设与完善具有借鉴意义（杨菊华和杜声红，2017；杨琳琳，2021）。朱芸和陆杰华（2021）的研究揭示了托幼服务对欧洲家庭生育决策的积极影响，这种影响在年纪较轻或收入较高的父母群体中表现得更为明显。在儿童照料方面，普惠可及的托育服务不仅有助于减轻孩子早期的教育负担，降低生育的直接成本，还能减少父母在育儿过程中的非市场活动时间，既提升了他们的工作收入，又降低了生育的间接成本。因此，在综合考虑成本与收益后，许多家庭可能会选择再次生育。

6.2.4　文献评述

国内外对儿童照料支持、流动人口的生育问题、儿童照料支持与生育意愿及行为间的关系进行了较多的研究，为本书的研究提供了一定的借鉴，但仍存在不足之处有待进一步深入探讨：①大多数现有文献主要聚焦于单一研究祖辈照料或正式照料对女性生育的影响，仅有少量文献综合考虑了这两种照料方式，并探讨它们与女性生育水平之间的复杂关系。②在流动人口生育水平的影响因素分析中，现有研究多聚焦于社会人口学特征、家庭特征、流动特征、社会保障特征等因素，从公共领域与私人领域相衔接的儿童照料视角出发，深入探讨其对生育水平影响的研究尚显不足。③既有研究即使将流动人口与儿童照料支持置于同一框架中，更多的是将儿童照料的可及性与女性就业联系起来，分析两者之间的关系，鲜有文献将儿童照料支持与流动育龄女性的生育水平相联系，并分析其间的因果关系。

在当前流动人口总量不断扩大、儿童照料需求激增的背景之下，倘若可以将儿童照料支持与流动人口的生育水平联系起来，或许可以在一定程度上提高我国的整体生育率。基于此，本章在前人研究的基础上进行拓展完善：一是以流动育龄女性为研究对象，拓宽了基于照料视角的女性生育研究；二是将祖辈照料、正式照料以及流动妇女生育三者置于同一分析框架之中，从"政府—家庭—社会"的多元视角出发，深入剖析儿童照料支持体系，旨在通过微观层面的实证研究，为提升流动妇女的生育意愿和改善其生育行为提供有力支持。

6.3　儿童照料支持现状分析

6.3.1　家庭照料支持

6.3.1.1　母亲照料负担重

通过对比 CFPS 项目在 2014 年、2016 年、2018 年和 2020 年的四轮调查数据，可以发现母亲在孩子成长过程中扮演着主要照料者的角色。从表 6-1 和表 6-2 中可以看出，在四轮数据中，0~6 岁的儿童群体中，母亲在白天承担照料职责的比例接近一半，是儿童白天的主要照料者，且晚上这一比例持续增长。2020年学龄前儿童晚上由母亲照料的比例上升至 69.78%。2018 年中国营养与健康调查 2018 年的数据显示，在回答"上周这个孩子被你家以外的人照料过吗？"这一问题时，68.97% 的受访者给出了否定的答案，其余 31.03% 的受访者回答"是"，这同样可以反映出"母亲照料负担过重"这一问题。与母亲在照料孩子方面承受过重的负担形成鲜明对比的是，父亲在照料孩子方面显得明显不足。以 2020 年为例，父亲在白天和晚上作为 0~6 岁儿童主要照料者的比例极低，分别为 2.18% 和 4.19%，凸显出父亲在照料责任中的缺位状态，说明在当前社会中，传统的母职与父职格局仍没有发生根本性的变化。究其原因，一方面，可能是由于女性在性别方面存在的"相对性别优势"，该群体被认为在操持家务、照顾祖辈与子女方面有着天然的优势。另一方面，可能是由于女性在劳动力市场的机会成本低于男性，因此承担的照料责任大于男性。

表 6-1　2014~2020 年 0~6 岁儿童白天主要照料者的占比　　单位:%

主要照料者	2014 年	2016 年	2018 年	2020 年
托儿所/幼儿园/学前班	15.34	17.21	14.79	13.58
祖辈（祖父母、外祖父母）	35.65	34.55	37.26	36.84
孩子的爸爸	1.87	1.96	1.42	2.18
孩子的妈妈	45.19	44.82	43.65	45.71
其他	1.95	1.46	2.88	1.69

资料来源：2014、2016、2018、2020 年中国家庭追踪调查（CFPS）数据库。

表 6-2　2014~2020 年 0~6 岁儿童晚上主要照料者的占比　　单位:%

主要照料者	2014 年	2016 年	2018 年	2020 年
托儿所/幼儿园/学前班	0.22	0.26	0.14	0.03
祖辈（祖父母、外祖父母）	29.82	28.67	29.66	25.09
孩子的爸爸	3.80	3.52	2.46	4.19
孩子的妈妈	65.44	67.00	66.89	69.78
其他	0.72	0.55	0.85	0.91

资料来源：2014、2016、2018、2020 年中国家庭追踪调查（CFPS）数据库。

6.3.1.2　祖辈照料支持占比大

从表 6-1 及表 6-2 可以看出，在白天，祖辈（祖父母、外祖父母）提供的儿童照管比例仅次于母亲，约占总体的 1/3。2018 年中国营养与健康调查 2018 年的数据也显示，当孩子在外被照料时，祖辈提供照料支持的比例更大。其中，当儿童"在自己家"被照料时，也会包含部分祖辈照料（见图 6-2）。这可以说明在当前女性劳动供给不断增加的背景之下，祖辈照料成为一种较为普遍的现象。将祖辈支持具体细分为时间支持和经济支持，可以发现，相较于提供经济支持，提供时间支持的祖辈所占的比例更大；相较于父亲提供时间支持，母亲提供时间支持的占比更大，为 45.67%。[①] 2017 年中国综合社会调查数据的结果也证明了这一点：很经常/经常/有时给予经济支持的祖辈占比约为 1/3，是很少或完全不提供经济支持的祖辈的比例的一半，这说明祖辈在经济方面给予的支持不足（见表 6-3）。将照料支持视为一种时间支持，帮子女料理家务[②]/照顾小孩或其他家人的频率较高的祖辈占总体的 43.07%，该比例高于祖辈提供经济支持的比例。关于祖辈提供时间支持和经济支持所起的作用，一方面，祖辈的参与为女性提供了宝贵的时间支持，有助于提升女性的劳动参与率，进而降低女性因生育而产生的机会成本，由此产生的替代效应会使再生育的可能性提高。另一方面，祖辈提供的经济支持可以在一定程度上缓解家庭所面临的经济压力，由此产生的收入效应可能引起再生育选择。因此，当女性可以获得更高的经济支持及时间支持时，可能拥有更高的生育意愿，提高生育行为发生的概率。

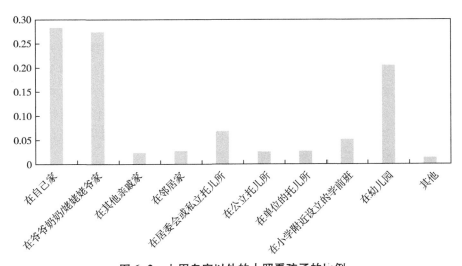

图 6-2　上周自家以外的人照看孩子的比例

---

① 资料来源：2020 年中国家庭追踪调查数据（CFPS）。
② 帮忙子女料理家务主要包括打扫、准备晚餐、买东西、代办杂事等。

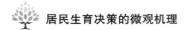

表 6-3　过去一年父母及配偶父母提供经济支持、照料支持的频数和占比

	给钱		帮忙料理家务/照顾小孩或其他家人	
	频数	占比（%）	频数	占比（%）
很经常/经常/有时	1232	32.20	1648	43.07
很少/完全没有	2545	66.52	2109	55.12
其他	49	1.28	69	1.81
总和	3826	100.00	3826	100.00

资料来源：2017 年中国综合社会调查数据（CGSS）。

6.3.2　正式照料支持

通过对比 CFPS 在 2014 年、2016 年、2018 年和 2020 年四轮数据可以发现，与母亲照料及祖辈照料相比，正式照料相对不足。以 2020 年为例，正式照料的比例仅占 13.58%，且自"全面二孩"政策实行起呈不断下降趋势（见表 6-1），这可能与当前的公共照料资源供给不足有关。

6.3.2.1　三岁以下正式照料供给短缺

在我国，幼儿园入学年龄一般为 3 周岁，因此正式照料服务主要针对的群体是 3 周岁以上的幼儿。2019 年在全体 0~2 岁幼儿群体中，仅有 1.69% 选择进入托幼机构，这一比例在 0~3 岁群体中达到了 21.38%，而在 4~6 岁群体中，这一比例攀升至 69.23%①。该结果的出现可能是因为我国对正式照料服务群体的年龄有所限制，针对 3 岁以下儿童的正式照料供给短缺，也可能是许多父母认为孩子 3 岁前应由家庭内部承担主要照料责任，因此将 3 岁以下幼儿送入托幼机构的家庭比例偏低。为改善这一状况，应鼓励和支持社会力量积极参与托幼服务供给，特别应着力满足 3 岁以下婴幼儿的入托需求，并逐步探讨将更低龄的婴幼儿纳入托幼服务范围，以满足现实需求。

6.3.2.2　公共资金投入有限

我国学龄前儿童照料不属于义务教育范畴，其资金来源较为多元，包括国家财政性教育经费的支持、民办学校举办者的投入、社会各界的捐赠、学校的事业收入以及其他形式的教育经费。从总量看，幼儿园教育经费投入呈逐年上升趋势，在过去十年间，教育经费收入总计翻了两番，且国家财政性教育经费在总量中的占比不断攀升（见表 6-4）。但和其他各级各类教育机构相比，仍较为有限。

---

① 资料来源：《中国统计年鉴》《中国教育统计年鉴》及《中国人口和就业统计年鉴》。

从图 6-3 中可以看出，2020 年幼儿园教育经费占总投入经费的 7.93%，远低于小学、中学的资金投入比例。

表 6-4　2011~2020 年幼儿园教育经费收入情况

年份	教育经费收入总计（万元）	国家财政性教育经费（万元）	国家财政性教育经费占比（%）
2011	10185760.6	4156986.1	40.81
2012	15039284.6	7476504.5	49.71
2013	17580537.0	8623715.6	49.05
2014	20487571.4	9340519.4	45.59
2015	24267444.2	11328685.2	46.68
2016	28035345.6	13260717.8	47.30
2017	32560543.1	15635710.1	48.02
2018	36724093.6	17739396.4	48.30
2019	41042461.1	20079481.3	48.92
2020	42046284.1	25336520.2	60.26
2021	49859716.1	27004506.9	54.16
2022	51382565.7	29821819.1	58.02

资料来源：《中国教育统计年鉴》。

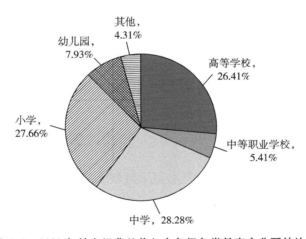

图 6-3　2020 年教育经费总收入在各级各类教育中分配的比例

6.4　理论基础

哈维·莱宾斯坦（Harvey Leibenstein）认为，父母对于孩子的需求数量取决于在孩子身上的货币成本与所获得的效益之间的权衡。当收益超过货币成本时，父母可能倾向于生育更多的孩子；反之，若效益小于货币成本时，他们可能选择不再生育。本章依据莱宾斯坦的成本效用理论，借鉴周鹏（2017）的"代际交叠"模型（OLG 模型），深入探究祖辈照料和正式照料对流动育龄女性生育行为的影响。在"代际交叠"模型中，将群体划分为年轻人和老年人两大类别，并考虑个体在其生命周期中经历的年轻期和老年期两个阶段，以此分析不同照料方式对流动育龄女性生育决策的影响。

6.4.1 模型的基本假定

在假定的无限延续且稳定的经济环境中，始终存在着大量具有相同属性和理性思维的两期人口：在 t 期的年轻人（$N_{1,t}$）和在 t 期的老年人（$N_{2,t}$），且在经过 1 个单位长度的时期后，年轻人（$N_{1,t}$）会变为老年人（$N_{2,t+1}$）。假设年轻人在生命的起始阶段无弹性供给 1 单位劳动，并且会收到一个预先确定的工资（W_t），其中的一部分会用于年轻期的消费（$c_{1,t}$），剩余部分储蓄（s_t）起来以便老年期进行消费（$c_{2,t+1}$）。消费所产生的收益为（U）。个人整个生命周期（即年轻期和老年期）的消费收益函数可以表达为：

$$U = \ln(c_{1,t}) + \beta\ln(c_{2,t+1}) \tag{6-1}$$

式中，β（$\beta > 0$）表示偏好的相对程度，它体现了两期消费的替代程度。从上述公式中可以观察到，个人的整体消费收益（U）直接受到其在两个生命阶段消费安排的影响，而这两期消费的分配取决于个人如何将所获得的工资收入进行储蓄。假设储蓄的回报率为 R，则收入、消费和储蓄的关系如下：

$$c_{1,t} + s_t = W_t \tag{6-2}$$

$$c_{2,t+1} = s_t + Rs_t = (1+R)s_t \tag{6-3}$$

式（6-2）和式（6-3）分别具有以下经济含义：式（6-2）表示个体年轻期的收入由两部分构成，分别为年轻期的消费和年轻期的储蓄；式（6-3）则表示个人在老年期的消费水平由其年轻期积累的储蓄及储蓄所带来的回报决定。上述两个式子共同构成了式（6-1）消费收益函数的约束条件，即个人在生命周期内的消费行为受到其收入、储蓄和回报等因素的限制。

6.4.2 模型的扩展

首先，为了更全面地反映个人的经济收益，需要在模型中引入养育孩子的收益。这意味着个人的收益不仅来源于年轻期和老年期的消费，还涵盖了生育和养育孩子所带来的收益。假设个人生育的孩子数量为 n_t，原有的收益函数表示如下：

$$U=\ln(c_{1,t})+\beta\ln(c_{2,t+1})+\gamma\ln(n_t) \tag{6-4}$$

式中，$\gamma(\gamma>0)$ 是一个反映个人对孩子数量偏好的参数。

其次，为了更贴近现实情况，在模型中加入死亡概率 $q(0<q<1)$。这一概率反映了从 t 期到 $t+1$ 期，由于死亡的客观事实，将使得部分年轻人不再属于生存队列之中。因此，可以得出在 $t+1$ 期，老年人口数量等于 t 期年轻人口数量减去因死亡而减少的人数，即 $N_{2,t+1}=(1-q)N_{1,t}$。此外，假设那些因死亡而离世的年轻人的储蓄及其回报将全部转移给仍然存活的老年人口用于消费。基于这一假设，将原有的（6-3）式约束方程改写如下：

$$c_{2,t+1}=\frac{1+R}{1-q}s_t \tag{6-5}$$

由于死亡会通过储蓄和老年期消费约束影响收益。因此，个人的最终收益函数以式（6-6）的方式呈现。

$$U=\ln(c_{1,t})+\beta(1-q)\ln(c_{2,t+1})+\gamma\ln(n_t) \tag{6-6}$$

式中，$\beta(1-q)$ 反映了个人对老年期消费的偏好程度如何随死亡概率的变动而调整。具体来说，当死亡概率保持在较低水平时，个人可能更倾向于在年轻时期积累更多的储蓄，以确保在年老时能有充足的消费能力。相反，若个人面临的存活概率降低，即对生命的不确定性增大时，他们对年老期的消费偏好也会随之减弱，不再强烈地追求未来的消费保障。因此，死亡概率 q 的变化会直接影响个人对老年期消费的偏好程度。

再次，在模型中加入养育孩子所需的时间照料因素。照料孩子涉及时间、精力、财力的投入，本章为简化分析，将这些成本统一简化为时间成本来考虑。假定抚养孩子的平均照料时间为 $g(0<g<1)$。通常情况下，年轻人在 t 期不仅要投入社会劳动，还需分出 $n_t g$ 的时间用于照料孩子。因此，年轻人在 t 期实际能够投入劳动并获得工资收入的时间 h_t 应进行相应调整，以反映这一照料孩子的时间成本。

$$h_t=1-n_t g \tag{6-7}$$

相应地，式（6-2）应改写为：

$$c_{1,t}+s_t=W_t h_t=W_t(1-n_t g) \tag{6-8}$$

最后，在模型中加入老年人可提供的对孩子的时间照料以及托幼机构可提供的对孩子的时间照料。在儿童照料的维度上，一方面，家庭内部的育儿支持扮演着重要的角色。老年人能够投入时间来协助照料孙辈，这有助于减轻父母在生育和抚养孩子过程中所需投入的非市场活动时间，进而提升父母的工作收入，并降低生育的间接成本。这种家庭支持的存在，使得父母在权衡成本与收益时，更有可能选择再次生育。另一方面，普惠性托育服务的出现也为家庭提供了宝贵的支持。这些服务能够减少孩子早期教育的费用支出，从而降低生育的直接成本，进一步激励个体做出再生育的决策。基于上述考虑，将老年人及托幼机构的时间支持变量加入模型具备合理性。假定老年人可以提供时间 z 参与孙辈照料，托幼机构可以提供的时间支持为 f，需要注意的是老年人和托幼机构提供的时间支持总和应不超过孩子所需的平均照料时间，即 $0<z+f \leq g$。基于上述新假设，式（6-7）应改写为：

$$h_t = 1-n_t[g-(1-q)z-f]$$ (6-9)

该式表明，由于祖辈和托幼机构可以协助照料孙辈，年轻人将有更多用以增加劳动供给的时间。

综上所述，式（6-5）、式（6-8）、式（6-9）最终构成了个人收益函数 U 的约束条件，方程组（6-10）表示如下：

$$U=\ln(c_{1,t})+\beta(1-q)\ln(c_{2,t+1})+\gamma\ln(n_t)$$

s. t.

$$c_{2,t+1}=\frac{1+R}{1-q}s_t$$ (6-10)

$$c_{1,t}+s_t=W_t h_t=W_t(1-n_t g)$$

$$h_t=1-n_t[g-(1-q)z-f]$$

其经济学含义是：为了最大化终生的经济收益，个人需要综合考虑最优的生育子女数量（n_t）以及如何在两个生命阶段（年轻期和老年期）之间合理分配消费（$c_{1,t}$，$c_{2,t+1}$）。通过这样的策略性选择，个人能够优化其生命周期内的经济福利。

6.4.3 模型的推导结果

上文给出的三个约束条件经变化可以得到如下同时包含两期消费和生育孩子数量的方程：

$$c_{1,t}+\frac{1-q}{1+R}c_{2,t+1}-W_t\{1-n_t[g-(1-q)z-f]\}$$ (6-11)

由拉格朗日乘数法，可解得使 U 取极大值时的 $c_{1,t}$、$c_{2,t+1}$ 和 n_t。其中 n_t 的值为：

$$n_t = \frac{\gamma}{[g-(1-q)z-f][1+\gamma+\beta(1-q)]} \qquad (6-12)$$

可以看出，生育子女数量 n_t 并非是一个孤立的变量，而是受到多种因素的共同影响。这些因素包括家庭对孩子数量的偏好（γ）、抚养孩子所需的时间与精力成本（g）、人口的死亡概率（q）、老年人愿意提供的隔代照料时长（z）、托育机构所能提供的正式照料时间（f）以及个人对老年期消费的偏好程度（β）。这些变量共同决定了家庭在生育决策中的权衡与选择。

命题1：生育孩子数量随老年人提供的隔代照料时间的延长而增加。

考察生育孩子数量随老年人提供的隔代照料时间的变化，可对生育孩子数量求取其关于隔代照料时间的偏导数，公式如下：

$$\frac{\partial n_t}{\partial z} = \frac{\gamma(1-q)}{[1+\gamma+\beta(1-q)][g-(1-q)z-f]^2} > 0 \qquad (6-13)$$

因为生育孩子数量关于隔代照料时间的偏导数大于零，命题1得证。

命题2：生育孩子数量随托幼机构提供的正式照料时间的延长而增加。

考察生育孩子数量随托幼机构提供的正式照料时间的变化，可对生育孩子数量求取其关于正式照料时间的偏导数，公式如下：

$$\frac{\partial n_t}{\partial f} = \frac{\gamma}{[1+\gamma+\beta(1-q)][g-(1-q)z-f]^2} > 0 \qquad (6-14)$$

因为生育孩子数量关于正式照料时间的偏导数大于零，命题2得证。

6.5　实证分析

6.5.1　数据来源、变量选取与模型构建

6.5.1.1　数据来源

当前我国托幼服务涵盖了两个方面：一是对3岁以下幼儿的照护；二是对3~6岁儿童的学前教育。本章运用2016年中国流动人口动态监测调查数据进行回归分析，在收集数据时，该调查采用了多样化的抽样技术，确保所选样本在市级、省级以及全国层面都具有广泛的代表性。其中，流动人口的定义为在流入地居住时间超过一个月，且持有非本区（县、市）户口的15周岁及以上的人口。这一定义提供了用以区分流动人口和常住人口的明确标准，对于研究人口流动现象具有重要意义。根据研究需要，本章选择15~49周岁处在育龄阶段、有0~6

岁子女的流动妇女为研究对象①，在剔除缺失关键变量或有奇异值的样本之后，最终将 19816 个样本纳入模型进行分析。

6.5.1.2　变量选取

（1）被解释变量。本章的被解释变量是流动育龄女性的生育行为，根据受访者对调查问卷中"您有几个亲生子女"的回答，将该变量设置为四分类变量，分别表示受访者有 1~4 个亲生子女。

（2）核心解释变量。本章重点探讨两种照料方式——祖辈照料和正式照料。对于祖辈照料的定义，需满足两个条件：首先，家庭中有 0~6 岁的学龄前儿童；其次，这些孩子的主要照料者是他们的祖辈。若这两个条件同时成立，那么就认定该学龄前儿童正在接受祖辈照料，赋值为 1；反之，则赋值为 0。而正式照料的定义则基于另外两个条件：一是家庭中存在 0~6 岁的学龄前儿童；二是这些孩子已经入托或入园。当这两个条件均被满足时，认为该学龄前儿童正在接受正式照料，赋值为 1；如果不满足，则赋值为 0。

（3）控制变量。本章控制其他相关影响因素以探讨祖辈照料和正式照料对流动育龄女性生育行为的独立作用。根据既有文献对流动人口生育行为影响因素的分析及本文的研究目的，所选取的控制变量分为三类：一是社会人口学特征，主要包括年龄、民族、户口性质及受教育年限。受访者的年龄是一个连续变量，通过 2016 年减去受访者的出生年份计算而得。为了深入探究年龄可能存在的非线性效应，在模型分析中同时引入年龄的一次项和二次项以便更全面地分析年龄因素的作用机制。民族为二分类变量，汉族赋值为 1，其他赋值为 0；在户口性质的分类中，将"农业"和"农业转居民"两种情况合并，统一划分为"农业户口"类别，并为这一类别赋值 1。同样地，"非农业"和"非农业转居民"这两种情况被统一归为"非农业户口"类别，并赋值为 0；受教育年限变量根据受访者的受教育程度对应我国现行教育学制来设定②。二是家庭特征，女性的生育情况与家庭经济状况紧密相连，考虑到这一点，本章将对数化后的家庭平均月收入纳入模型，以更准确地反映其对生育状况的影响。在家庭结构中，丈夫作为关键成员，对女性的生育决策具有显著的影响力，这种影响往往在很大程度上决定着女性的生育选择，若夫妻居住地分离，可能会通过中断效应对流动育龄女性的

---

①　《中华人民共和国义务教育法》规定，我国小学入学年龄为截至当年 8 月 31 日年满 6 周岁，鉴于文章所使用的数据是于 2016 年 5 月进行现场调查所得。因此，本章将 2009 年 9 月后出生的儿童划分为学龄前子女。

②　根据我国现行教育学制，将未上过学赋值为 0，小学赋值为 6，初中赋值为 9，高中、中专赋值为 12，大专赋值为 15，大学本科赋值为 16，研究生赋值为 19。

生育行为产生影响，故本章根据调查问卷"配偶是否一起流动"的问题设置，若被访者回答"是"则赋值为1，"否"则赋值为0。比外，女性的生育行为可能受到生育观念的影响，故本章将"家中是否有儿子"作为变量纳入模型，若家中有儿子，则赋值为1，反之赋值为0。三是流动特征，具体涵盖三个层面：流动时长、流动范围以及居住地的类型或层级。由于受到中断效应、社会融合效应等的影响，随着流动时间的延长，流动妇女的生育行为可能会出现不同于流入地居民和流出地居民的新特征，因此，本章将其纳入模型进行分析，将受访者的流动时间设置为连续变量，由2016年减去受访者本次流动年份而得；对于流动范围这一变量，若受访者选择跨省流动，则赋值为1，选择省内跨市流动或市内跨县流动的受访者统一赋值为0；由于不同流入地女性的生育状况也会存在一定的差异，故本章以中部地区作为基准，同时引入东部地区和西部地区作为虚拟变量，以便进行比较分析①。

表6-5为上述所选变量的描述性统计结果。在对"0~6岁子女的主要照料人"这一问题的回答结果中，父亲照料比例为1.69%，母亲照料比例为28.11%，父母双方照料比例为45.77%，祖辈照料比例为22.31%，老师托管比例为1.15%，其他（包括其他亲属、邻居朋友及无人照管）照料比例为0.95%。0~6岁子女接受正式照料的比例为47.77%。从生育行为变量看，正式照料样本的生育水平最高，祖辈照料样本的生育水平次之。上述统计数据初步显示，两种照料方式都会对流动育龄女性的生育行为产生积极的影响。这一发现为本文后续研究奠定了数据基础，但由于数据呈现形式相对简单，且尚未纳入其他潜在控制变量的影响，因此无法直接反映变量间的因果关系。为了深入探讨这一问题，下面将进行实证研究以进一步求证。

表6-5　变量的描述性统计

变量类型	变量名称	全样本		祖辈照料样本		正式照料样本	
		均值	标准差	均值	标准差	均值	标准差
被解释变量	生育行为	1.1799	0.4000	1.2060	0.4257	1.2782	0.4716

---

① 根据国家现行的地域划分标准，东部地区包括北京、天津、河北、辽宁、上海、江苏、浙江、福建、山东、广东和海南11个省（市）；中部地区包括山西、吉林、黑龙江、安徽、江西、河南、湖北、湖南8个省；西部地区包括四川、重庆、贵州、云南、西藏、陕西、甘肃、青海、宁夏、新疆、广西、内蒙古12个省（市、自治区）。

变量类型		变量名称	全样本		祖辈照料样本		正式照料样本	
			均值	标准差	均值	标准差	均值	标准差
核心解释变量	主要照料人	父亲	0.0169	0.1289				
		母亲	0.2811	0.4495				
		父母双方	0.4577	0.4982				
		祖辈照料	0.2231	0.4163				
		老师托管	0.0115	0.1066				
		其他	0.0095	0.0984				
		正式照料	0.4777	0.4995				
控制变量		年龄	27.5164	4.1335	27.0744	3.7192	28.6063	3.9552
		汉族	0.9117	0.2838	0.9236	0.2657	0.9287	0.2573
		非农业户口	0.1685	0.3743	0.1513	0.3584	0.1451	0.3522
		受教育年限	11.2486	2.9056	11.1918	2.8687	10.8168	2.6979
		家庭月收入对数	8.7687	0.5520	8.8446	0.5086	8.7941	0.5391
		丈夫随迁	0.6007	0.4898	0.5871	0.4924	0.6599	0.4738
		家庭中有儿子	0.5862	0.4925	0.5988	0.4902	0.6348	0.4815
		流动年限	3.8549	3.4277	3.3119	3.2133	4.3957	3.4959
		跨省流动	0.4752	0.4994	0.5699	0.4951	0.4666	0.4989
		居住在东部	0.4906	0.4999	0.6036	0.4892	0.4964	0.5000
		居住在中部	0.2032	0.4024	0.1725	0.3779	0.2300	0.4208
		居住在西部	0.3062	0.4609	0.2239	0.4169	0.2736	0.4458

6.5.1.3 模型构建

首先，本章单独探讨了祖辈照料和正式照料这两种方式各自对流动育龄妇女生育行为的影响。随后，为了更深入地探讨祖辈照料和正式照料在影响效应上的不同，将两种照料方式同时引入一个统一的模型中进行回归分析，以得出更全面的结论。具体的生育行为模型构建如下：

$$Child_i = \alpha_0 + \alpha_1 gran\_care_i + \alpha_2 X_i + \theta_i \tag{6-15}$$

$$Child_i = \beta_0 + \beta_1 sch\_care_i + \beta_2 X_i + \mu_i \tag{6-16}$$

$$Child_i = \delta_0 + \delta_1 gran\_care_i + \delta_2 sch\_care_i + \varepsilon_i \tag{6-17}$$

被解释变量 $Child_i$ 表示流动育龄女性 i 的子女数量，它受到多方面因素的影响。其中，$gran\_care_i$ 和 sch_care_i 是两个重要的解释变量，分别反映了流动育龄

女性 i 的学龄前子女是否接受祖辈照料和正式照料。除此之外，本章还选取了一系列控制变量 X_i，包括流动妇女的个人特征、家庭特征和流动特征等。θ_i、μ_i、ε_i 为随机误差项。

6.5.2　基准回归

本章选择多元有序 Logistic 回归模型进行分析，回归结果见表 6-6。列（1）和列（2）数据分别展现了祖辈照料和正式照料单独作用于流动育龄女性生育行为时的影响情况。在列（3）中，进一步将祖辈照料和正式照料同时引入模型，以观察它们在共同作用下的回归结果。

表 6-6　基准回归结果

变量名称	（1）	（2）	（3）
祖辈照料	0.176 *** (0.046)		0.152 *** (0.048)
正式照料		1.249 *** (0.047)	1.246 *** (0.047)
年龄	0.428 *** (0.047)	0.180 *** (0.046)	0.177 *** (0.046)
年龄平方	−0.007 *** (0.001)	−0.004 *** (0.001)	−0.003 *** (0.001)
汉族	−0.489 *** (0.065)	−0.620 *** (0.067)	−0.619 *** (0.067)
非农业户口	−0.302 *** (0.069)	−0.226 *** (0.070)	−0.222 *** (0.070)
受教育年限	−0.170 *** (0.008)	−0.136 *** (0.009)	−0.136 *** (0.009)
家庭平均月收入的对数	0.088 ** (0.041)	0.032 (0.042)	0.027 (0.042)
配偶随迁	0.451 *** (0.048)	0.283 *** (0.049)	0.290 *** (0.049)
家庭中有儿子	0.955 *** (0.044)	0.893 *** (0.045)	0.891 *** (0.045)
流动年限	0.048 *** (0.006)	0.020 *** (0.007)	0.022 *** (0.007)

变量名称	（1）	（2）	（3）
跨省流动	0.276 *** （0.043）	0.311 *** （0.044）	0.300 *** （0.044）
居住在东部	0.141 ** （0.059）	0.216 *** （0.059）	0.206 *** （0.059）
居住在西部	0.113 * （0.060）	0.237 *** （0.060）	0.241 *** （0.060）
样本数	19816	19816	19816
Pseudo R^2	0.0836	0.1234	0.1239

注：*、**、***分别代表在10%、5%、1%的水平下显著；括号内为标准误，余表同。

回归结果显示，在控制其他变量保持不变的前提下，祖辈照料和正式照料回归结果均在1%的统计水平上显著为正，即表示上述两种照料方式均会对流动育龄女性的生育行为产生正向促进作用。从列（3）的回归结果可以看出，当学龄前儿童获得祖辈照料时，流动育龄妇女生育行为发生的概率将提高16.42%。当学龄前儿童获得正式照料时，流动育龄妇女的生育水平是未获得正式照料的3.48倍。从上述回归结果还可以看出，正式照料带来的流动育龄女性生育概率的增长幅度大于祖辈照料。上述结果的出现可能是因为儿童照料需要投入大量的时间与劳动，但当前越来越多的女性选择进入劳动力市场，承担起增加家庭收入的责任。因此，会面临儿童照料时间与工作时间相冲突等问题，使其无法平衡家庭和工作间的关系，此类"家庭—工作"冲突会降低流动人口生育行为发生的概率。在这种双薪家庭模式下，若祖辈可以在照料方面提供相应的支持，则可以在一定程度上缓解母亲所面临的工作与育儿的压力，降低儿童照料而产生的机会成本，使女性更有可能做出生育决策。同时，随着经济社会的发展，中国家庭也正经历着"去家庭化"趋势，这种社会结构的出现使得家庭对正式的社会化儿童照料的需求更加强烈，儿童照顾不再是家庭必须独立面对和承担的问题，家庭之外的儿童照顾逐渐成为一种迫切需求。而流动人口相较于常住人口而言，更容易受到家庭照料资源的限制，因此，此部分群体会对儿童的正式照料产生更强的依赖。这种正式照料方式除了可以缓解流动育龄女性工作—家庭冲突，还可以确保学龄前儿童拥有良好的成长环境和系统的教育方式，从而提高女性做出生育决策的可能性。综上所述，上述回归结果均显示出祖辈照料和正式照料的获得对流动育龄女性生育行为的发生有积极影响。

从社会人口学特征看，年龄与流动妇女的生育水平间呈现倒"U"型关系，表明随着年龄的增长，流动妇女的生育水平呈现先增后减的趋势。由于女性在生育过程中直接承担着生育责任，从怀孕到生产的整个过程中都伴随着一定的风险，并且在生育之后还需要投入大量的时间和精力用于子女的养育和教育。因此，考虑到这些压力，并非年龄越大的女性选择生育的概率就越高。城乡间流动人口的生育水平存在差异，拥有非农业户口的流动人口较拥有农业户口的流动人口而言更可能不具备生育偏好，这可能与该部分群体从小接受的生育观念有关。受教育水平显著影响流动妇女的生育数量，与生育数量间呈负相关关系，即受教育水平越高，选择生育的概率越低。这可能是由于受过良好教育的流动妇女拥有更广阔的视野，更容易接受少生育的观念。同时，随着受访者受教育程度的提高，她们可能更容易获得更优越的工作机会，并承担更多的社会责任，这会导致其面临更高的生育成本。因此，这些妇女更倾向于选择不生育。从家庭特征看，收入水平对流动育龄女性生育水平的提高有积极影响，但该影响在统计学上并不显著。根据中断假说，流动行为所带来的诸如夫妻分离等干扰效应可能使流动妇女无愿或无力生育孩子，配偶随迁可以在一定程度上缓解中断效应带来的不利影响，使得流动育龄女性提高生育概率。家庭中有儿子并不会对受访者的生育水平产生负向影响，其中一个可能的原因是在当前生育偏好已经有所缓解，过去的男孩偏好已有所弱化，"儿女双全"的观念可能更会影响一个家庭的生育选择。

从流动特征看，流动时间与生育水平显著正相关，随着流迁者流动时间的延长，他们的生活逐渐安定，在流入地的归属感不断增强，在经济、生活、工作、人际等各方面的适应性不断增强的同时，其选择生育的概率也会不断提高。选择跨省流动或流入东部地区的受访者生育的概率更高。在抚养负担逐渐增强的当下，从理论上讲，流入东部地区的人口会面临更大的生活及工作压力，但同时也会拥有更高的收入水平。因此，此类流动者有更强的经济能力养育后代，故其生育水平更高，这表现出个体经济水平和地区发展状况均会对流动人口的生育行为产生积极的正向影响。

6.5.3　内生性检验

在基准回归结果中，祖辈照料和正式照料均对流动育龄女性的生育行为有正向促进作用。尽管儿童照料方式会显著影响流动育龄女性的生育行为，但也可能存在反向因果关系。也就是说，当母亲生育的子女数量较多时，她可能会因为家庭压力的增加而主动寻求祖辈的代际支持，或者选择将儿童送往托育机构，以此来缓解自身在育儿方面的压力。以上情形造成的内生性问题可能导致估计结果有偏，值得进一步深入研究和探讨。因此，本章采取工具变量法来克服内生性问题。在工具变量的选取过程中，选定"（外）祖父母是否在世"作为祖辈照料的工具变量。这一选择的逻辑在于，（外）祖父母是否健在直接影响着流动育龄女性是否能够获得来自祖辈的照料支持。然而，这一因素并不直接对流动育龄女性的生育行为产生作用，因此适合作为工具变量进行后续分析。若问卷中与受访者的关系为母亲/父亲/公公/婆婆，则定义为（外）祖父母在世，赋值为1，否则赋值为0。另外，由于托育服务在儿童照料体系中起到基础性作用，托育服务有效供给的增加可以缓解育龄家庭的儿童照料压力。因此，本章采用地级市人均幼儿园数作为衡量正式照料的工具变量。这一指标通过计算2014年《中国区域经济统计年鉴》中各地级市幼儿园数与对应常住人口数的比值来得出①。该变量可以反映该地区学前教育资源的可及度，与学龄前儿童获得正式照料的概率正相关，但并不会对流动育龄妇女的生育行为产生直接影响。因此，本章所选取的两个工具变量在理论层面上均满足相关性和外生性两个条件。

从表6-7中第一阶段的回归结果可以看出，（外）祖父母在世以及地级市人均幼儿园数的增加使得学龄前儿童获得祖辈照料和正式照料的概率提高，且第一阶段F统计量数值均大于10，说明并不存在弱工具变量的问题。Wald检验显示估计系数均通过检验，具有较好的拟合效果。从第二阶段的回归结果看，在运用工具变量解决内生性问题之后，祖辈照料和正式照料两种照料方式仍然会对流动育龄女性的生育行为起到显著促进作用。

表6-7　工具变量的估计结果

变量	第一阶段	第二阶段	第一阶段	第二阶段
	祖辈照料	生育行为	正式照料	生育行为
祖辈照料		0.146 ** (0.026)		
正式照料				0.371 *** (0.096)
（外）祖父母是否在世	0.028 *** (0.006)			

---

① 北京市、天津市、上海市、重庆市四个直辖市均用该直辖市总幼儿园数与总常住人口数的比值来表示，由于吉林省与宁夏回族自治区缺乏常住人口统计指标，故用年底总人口数近似代替总常住人口数进行计算。

变量	第一阶段	第二阶段	第一阶段	第二阶段
	祖辈照料	生育行为	正式照料	生育行为
地级市人均幼儿园数			0.173*** (0.007)	
其他控制变量	Yes	Yes	Yes	Yes
第一阶段 F 统计量	74.25		424.62	
Wald chi²		1536.52***		1532.81***
样本数（人）	19816	19816	19816	19816

6.5.4 机制检验

祖辈照料和正式照料主要通过以下两方面影响流动育龄女性的生育行为：一是当学龄前儿童可以获得更多的祖辈照料或正式照料时，母亲自身的照料时间减少，更可能选择进入劳动力市场，其所面临的工作—生育冲突得以缓解，有利于提高生育行为发生的概率。二是当学龄前儿童可以获得更多的祖辈照料或正式照料时，母亲能够自由利用的时间增多，这部分时间可以用于增加家庭收入，降低家庭的生养负担，进而提高生育行为发生的概率。据此，本章提出如下机制假设：祖辈照料和正式照料通过就业提升效应影响流动育龄女性的生育行为；祖辈照料和正式照料通过收入增加效应影响流动育龄女性的生育行为。

本章将通过两个阶段对影响机制假设进行实证检验。在第一阶段，将祖辈照料和正式照料作为解释变量，运用普通最小二乘法来检验它们对潜在影响机制的作用。在第二阶段，再次使用 OLS，分析这两种照料方式与影响机制的交互项如何影响受访者的生育行为。若两个阶段的影响均显著，则说明这两种照料方式不仅改变了上述机制，而且这些机制的变化进一步影响了照料方式对生育行为的作用。因此，可以认为祖辈照料和正式照料正是通过这些潜在的影响机制对流动育龄妇女的生育行为产生影响。

6.5.4.1 就业提升效应的影响机制检验

本章选择"母亲劳动参与状况"来衡量受访者是否就业，调查问卷中的两个问题"现在的主要职业""未工作的主要原因"的样本量之和恰为样本总量。因此，参照上述问题的设置，将母亲的劳动参与状况定义为二分类变量，若回答前一个问题则定义为工作，赋值为 1；若回答后一个问题则定义为不工作，赋值为 0。所选控制变量有年龄、民族、户口性质、受教育年限、收入、配偶是否随

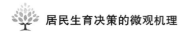

迁、是否有儿子、流动时间、流动范围、居住地类别。

从表 6-8 中可以看出。第一阶段的回归结果表明，两种照料方式均显著提高了母亲的劳动参与率。第二阶段的回归结果表明，祖辈照料与母亲劳动参与的交互项对流动育龄妇女的生育行为并未产生显著影响，而正式照料与母亲劳动参与的交互项会对流动育龄妇女的生育行为产生显著影响。因此可以说明，祖辈照料并未通过影响母亲劳动参与率进而影响受访者的生育行为，而正式照料可以通过提高母亲劳动参与率的方式影响流动育龄妇女的生育行为。

表 6-8 影响机制检验：母亲劳动参与

第一阶段因变量：母亲劳动参与	
祖辈照料	0.318*** （0.007）
正式照料	0.178*** （0.007）
第二阶段因变量：流动育龄妇女的生育行为	
祖辈照料×母亲劳动参与	0.003 （0.007）
正式照料×母亲劳动参与	0.056*** （0.007）

6.5.4.2 收入增加效应的影响机制检验

传统文化及社会刻板印象使得大众更容易将女性与家庭照料活动联系起来。对于流动人口而言，其生育行为可能受到流动行为的干扰，夫妻分离、生活不适应、学龄前子女缺乏照料资源等限制使得夫妻双方更可能面临家庭劳动时间和就业劳动时间的抉择，这会对其中的一方甚至是双方的就业收入产生负向影响。代际支持及相关机构的支持可能会在一定程度上缓解家庭成员所面临的困境，弥补家庭的儿童照料缺口，为女性"松绑"，减少其照料时间，增加自由支配时间，这部分时间可以用于增加家庭收入，而收入的增加可以缓解家庭生育孩子、养育孩子及教育孩子的压力，对于其生育概率的提高起到正向促进作用。对于家庭收入的衡量，本章选取家庭平均月收入这一指标，并对相关数据做对数化处理，检验结果如表 6-9 所示。第一阶段的回归结果表明，祖辈照料和正式照料均会显著增加家庭收入。第二阶段的回归结果表明，两个交互项均对流动育龄妇女的生育行为有显著的正向影响。因此可以认为，祖辈照料和正式照料可以通过收入增加效应进而影响流动育龄妇女的生育行为。

表 6-9　影响机制检验：家庭收入

第一阶段因变量：家庭收入	
祖辈照料	0.067 ***
	(0.008)
正式照料	0.057 ***
	(0.008)
第二阶段因变量：流动育龄妇女的生育行为	
祖辈照料×家庭平均月收入的对数	0.003 ***
	(0.001)
正式照料×家庭平均月收入的对数	0.019 ***
	(0.001)

6.5.5　异质性分析

中国区域经济社会发展的不平衡使得儿童照料资源也存在分布不均的问题，子女所处年龄段等的不同也可能对祖辈照料以及正式照料产生不同的需求。此外，在当前儿童生养成本逐渐提高的背景下，家庭收入可视作一种重要资源，收入的差异可能使家庭对于不同的照料资源产生不同的需求。因此，本章依据儿童年龄组属性、收入段属性、城乡属性进行分组，研究两种方式对不同子群体流动女性生育行为的影响差异，估计结果如表 6-10 至表 6-12 所示。

表 6-10　异质性分析① 1

变量名称	儿童年龄组差异	
	未满 3 周岁	满 3 周岁
祖辈照料	0.358 ***	0.040
	(0.109)	(0.094)
正式照料	0.704 ***	0.884 ***
	(0.209)	(0.106)
其他控制变量	Yes	Yes
样本数（人）	10440	7157

---

① 由于部分家庭的家庭成员中既包括未满 3 周岁的学龄前儿童，也包括 3 周岁以上的学龄前儿童。因此，为了排除干扰，本章"未满 3 周岁"指家庭仅包含 3 周岁以下的幼儿，"满 3 周岁"指家庭仅包含 3 周岁以上的幼儿，故样本数之和不等于总样本容量。

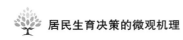

续表

变量名称	儿童年龄组差异	
	未满 3 周岁	满 3 周岁
Wald chi^2	221.37	421.88
Pseudo R^2	0.0685	0.0808

注：*、**和***分别表示在 10%、5%、和 1%的水平下显著，括号内数值为稳健标准误。

表 6-11　异质性分析① 2

变量名称	儿童年龄组差异	
	家庭平均月收入前 50%	家庭平均月收入后 50%
祖辈照料	0.197** (0.070)	0.151** (0.066)
正式照料	1.226*** (0.064)	1.319*** (0.071)
其他控制变量	Yes	Yes
样本数（人）	9908	9908
Wald chi^2	1032.24	970.26
Pseudo R^2	0.1289	0.1236

表 6-12　异质性分析 3

变量名称	城乡差异②	
	城市	农村
祖辈照料	0.085 (0.058)	0.332*** (0.080)
正式照料	1.281*** (0.057)	1.176*** (0.084)
其他控制变量	Yes	Yes
样本数（人）	14784	5032
Wald chi^2	1436.14	378.77
Pseudo R^2	0.1246	0.0771

① 家庭平均月收入前 50%和后 50%是根据受访者的收入水平从低到高进行排列，前 50%的收入水平较低，后 50%的收入水平较高。

② "城乡差异"依据受访者样本点类型进行分类，将"居委会"样本定义为"城市地区"样本，将"村委会"样本定义为"农村地区"样本。

表 6-10 至表 6-12 的结果显示：①在不同的儿童年龄组中，两种照料方式均对受访者生育行为的发生起正向促进作用，在方向上并无显著差异。但从作用效果上看，祖辈照料对 0~3 岁幼儿组的正向促进作用显著，而对 4~6 岁儿童组的促进作用在统计上不显著。这可能是因为当孩子满 3 周岁时将其送到正式的托育机构照料是大多数家庭的选择，故在此阶段上祖辈提供的非正式照料所产生的作用效果在统计学上并不显著。而对于 3 周岁以下的幼儿而言，在此阶段父母认为其更需要家庭照料，因此，在此阶段祖辈照料会对流动育龄女性的生育决策产生重要的影响。正式照料对受访者生育行为起到的积极影响在两个年龄组儿童间都显著，且对 3~6 周岁年龄组儿童产生的正向促进作用更大。这可能是因为当学龄前儿童处在该年龄组时，接受正式照料已成为一种必然趋势。因此，倘若在此阶段可以提高正式照料水平，则会促进生育概率的提高。此外，正式照料与 0~3 岁幼儿组家庭生育行为间的正相关关系也从侧面反映了当前的社会结构对更正式的社会化幼儿照料的需要。②对于不同收入水平的家庭而言，其生育行为对照料资源及照料方式的响应也存在差异。与收入处在前 50% 的家庭相比，收入处于后 50% 的家庭的生育行为更容易受到照料资源的影响。由于该群体具有收入水平更高、双薪家庭占比更高、女性工作晋升空间更大等特征，故其所面临的生育机会成本也更高，倘若可以获得更多的照料资源，则能够更好地缓解该群体所面临的家庭—工作冲突，提高其生育行为发生的概率。③在农村地区，流动妇女的生育行为与其所获得的祖辈照料和正式照料均呈显著正相关关系。在城市地区，受访者生育行为仅与托育服务显著正相关，这可能是因为相较于城市地区而言，农村地区的幼儿照护资源匮乏且托幼服务的质量和水平偏低，因此，隔代照料对于农村流动育龄妇女的影响大于其对城市流动育龄妇女的影响。而城市的正式照料水平较农村而言更高，故其产生的效应也更大。

6.5.6　稳健性检验

为了验证上述估计结果是否可靠，本章将从以下两个方面进行稳健性检验：第一，改变样本容量再检验；第二，更换计量模型再检验。

6.5.6.1　改变样本容量再检验

生育的研究对象通常以育龄女性为主，部分研究将处在 20~49 岁的女性视为育龄期女性。故本章使用改变样本容量的方法，剔除年龄为 15~19 岁的受访者，进行稳健性检验，回归结果见表 6-15。列（1）和列（2）是祖辈照料、正式照料单独对流动育龄女性生育行为的影响，列（3）显示了将祖辈照料、正照料同时纳入模型后的回归结果。从回归结果可以看出，祖辈照料和正式照料均会对流动育龄女性的生育行为产生积极影响，从边际效应来看，正式照料产生的影响更大。进一步证明了回归结果的稳健性。

表 6-13　改变样本容量稳健性检验

变量	（1）	（2）	（3）
祖辈照料	0.174 *** (0.047)		0.149 *** (0.048)
正式照料		1.252 *** (0.047)	1.249 *** (0.047)
年龄	0.405 *** (0.050)	0.146 *** (0.050)	0.143 *** (0.050)
年龄平方	−0.007 *** (0.001)	−0.003 *** (0.001)	−0.003 *** (0.001)
汉族	−0.509 *** (0.065)	−0.643 *** (0.066)	−0.642 *** (0.066)
非农业户口	−0.298 *** (0.069)	−0.221 *** (0.070)	−0.217 *** (0.070)
受教育年限	−0.169 *** (0.008)	−0.135 *** (0.009)	−0.135 *** (0.009)
家庭平均月收入的对数	0.086 ** (0.040)	0.031 (0.041)	0.026 (0.041)
配偶随迁	0.459 *** (0.047)	0.288 *** (0.048)	0.295 *** (0.048)
家庭中有儿子	0.956 *** (0.044)	0.895 *** (0.045)	0.894 *** (0.045)
流动时间	0.049 *** (0.006)	0.020 *** (0.007)	0.023 *** (0.007)
流动范围	0.275 *** (0.043)	0.309 *** (0.044)	0.299 *** (0.044)
居住在东部	0.139 ** (0.058)	0.215 *** (0.059)	0.205 *** (0.059)
居住在西部	0.113 * (0.060)	0.238 *** (0.061)	0.243 *** (0.061)
样本数（人）	19593	19593	19593
Pseudo R^2	0.0836	0.1238	0.1243

6.5.6.2 更换计量模型再检验

由于受访者自身、家庭等多方面因素与两种照料方式的获得密切相关，且这些因素并非随机选择，它们可能同时影响祖辈照料、正式照料的可及性以及女性的生育行为。这种样本自选择问题可能导致估计结果出现偏差。因此，本章使用倾向得分匹配模型（PSM）来解决样本自选择偏差问题，以进行稳健性检验。为确保估计结果的稳健性，采用近邻匹配、半径匹配及核匹配三种方法。对于每个样本，选择除祖辈照料和正式照料方式外，其他特征最为接近的样本进行匹配。最后，通过计算得出平均处理效应，具体计算方式如下所示：

$$ATT = E[Y_{1i} \mid D_i = 1] - E[Y_{0i} \mid D_i = 0] \tag{6-18}$$

其中，处理变量为 D_i，当其值为 1 时，表示被调查者 i 属于实验组；值为 0 时，则表示被调查者 i 属于控制组。Y_{1i} 代表流动育龄女性 i 有祖辈照料/正式照料时的生育行为，Y_{0i} 代表流动育龄女性 i 无祖辈照料/正式照料时的生育行为。两者的差值为 ATT，代表有祖辈照料/正式照料和无祖辈照料/正式照料时流动育龄女性生育行为的差距，即平均处理效应。

倾向得分匹配模型的估计结果如表 6-14 所示。总体来看，综合使用三种匹配方法得到的 ATT 值均保持一致，显示出结果较强的稳健性。具体来说，针对祖辈照料，经过匹配后的实验组（即学龄前儿童得到祖辈照料的流动育龄女性）的生育水平显著高于控制组（即学龄前儿童未得到祖辈照料的流动育龄女性），且这一差异在 1% 的水平上显著，表明祖辈照料有助于提升受访者生育行为发生的概率。同样地，在正式照料方面也呈现出相同的结果，且差异在 1% 的水平上显著，说明正式照料也有助于提高受访者的生育行为发生的概率。

表 6-14 PSM 估计结果

匹配方法	祖辈照料			正式照料		
	ATT	标准误	t 值	ATT	标准误	t 值
近邻匹配	1.206	0.010	4.28	1.278	0.008	19.91
半径匹配	1.206	0.007	4.89	1.278	0.005	37.07
核匹配	1.206	0.007	4.49	1.278	0.006	26.34

在获得儿童照料方式的倾向得分之后，需要进一步对样本进行平衡性检验，主要目的在于检验匹配后的样本是否满足条件独立分布假设，检验匹配后数据是否存在显著性差异。从表 6-15 可以看出，各变量标准偏误绝对值在倾向得分匹

居民生育决策的微观机理

配处理后大幅降低，改善效果较好。具体来说，计算后得到的标准误的绝对值都小于 10%，估计结果可靠，且在匹配后，绝大部分变量的 t 检验统计量不再显著，即不拒绝处理组和控制组无差异的原假设。此外，祖辈照料和正式照料的 Pseudo R^2 值也显著下降。综合上述分析，可以发现该倾向得分匹配的结果是可靠的，且此方法有效地减少了实验组和对照组样本之间的个体差异，使得匹配后的结果更加贴近实际情况，从而提高了研究的准确性和可信度。

表 6-15 平衡性检验结果

变量名称	匹配类型	祖辈照料			正式照料		
		偏差	标准化差异	t 检验（p 值）	偏差	标准化差异	t 检验（p 值）
年龄	匹配前	−14.2	93.4	−8.07（0.000）	52.2	97.0	36.68（0.000）
	匹配后	−0.9		−0.47（0.640）	−1.6		−1.08（0.281）
年龄平方	匹配前	−15.2	93.1	−8.53（0.000）	48.5	96.6	34.14（0.000）
	匹配后	−1.0		−0.53（0.594）	−1.7		−1.10（0.270）
民族	匹配前	5.5	94.7	3.17（0.002）	11.6	75.2	8.11（0.000）
	匹配后	−0.3		−0.14（0.886）	2.9		2.12（0.034）
户口性质	匹配前	−6.0	82.6	−3.47（0.001）	−12.0	99.5	−8.43（0.000）
	匹配后	−1.0		−0.50（0.614）	−0.1		−0.05（0.964）
受教育年限	匹配前	−2.6	42.8	−1.51（0.131）	−28.2	92.5	−20.22（0.000）
	匹配后	−1.5		−0.70（0.484）	2.2		1.50（0.135）
家庭平均月收入	匹配前	18.2	97.5	10.39（0.000）	8.8	63.0	6.20（0.000）
	匹配后	0.5		0.21（0.830）	3.3		2.21（0.027）
配偶是否随迁	匹配前	−3.6	99.2	−2.13（0.033）	23.3	87.4	16.40（0.000）
	匹配后	0.0		0.01（0.989）	2.9		2.06（0.039）
是否有儿子	匹配前	3.3	84.6	1.93（0.054）	19.0	85.8	13.35（0.000）
	匹配后	0.5		0.24（0.811）	2.7		1.89（0.059）
流动时间	匹配前	−20.9	88.6	−11.99（0.000）	30.5	95.0	21.46（0.000）
	匹配后	−2.4		−1.23（0.220）	1.5		0.92（0.358）
流动范围	匹配前	24.6	93.9	14.39（0.000）	−3.3	73.2	−2.32（0.020）
	匹配后	1.5		0.71（0.479）	−0.9		−0.61（0.543）
居住在东部	匹配前	29.4	94.3	17.17（0.000）	2.2	34.0	1.55（0.122）
	匹配后	1.7		0.79（0.427）	1.5		1.00（0.318）

变量名称	匹配类型	祖辈照料			正式照料		
		偏差	标准化差异	t 检验（p 值）	偏差	标准化差异	t 检验（p 值）
居住在西部	匹配前	−23.8	94.1	−13.51（0.000）	−13.5	81.6	−9.51（0.000）
	匹配后	−1.4		−0.70（0.484）	−2.5		−1.75（0.080）
Pseudo R²	匹配前	0.035			0.137		
	匹配后	0.000			0.001		

6.6 研究结论与对策建议

6.6.1 研究结论

本章在梳理国内外研究成果、明晰当前儿童照料支持现状的基础上构建理论模型，利用 2016 年中国流动人口动态监测调查数据，针对流动人口群体，聚焦学龄前儿童祖辈照料和正式照料这两种照料方式，深入探讨它们如何对流动育龄女性的生育行为产生作用，得到如下结论：

（1）祖辈照料和正式照料均会显著提升流动育龄妇女生育行为发生的概率，当学龄前儿童获得祖辈照料时，流动育龄妇女生育行为发生的概率将提高 16.42%；当学龄前儿童获得正式照料时，流动育龄妇女的生育水平是未获得正式照料的 3.48 倍。从上述结果还可以看出，正式照料带来的流动妇女生育的增长幅度大于祖辈照料，这一结论在后续的稳健性检验中依然成立。

（2）祖辈照料和正式照料会通过就业提升效应及收入增加效应两种途径影响流动育龄女性的生育行为。其中，祖辈照料并未通过影响母亲劳动参与率的方式进而影响受访者的生育行为，正式照料可以通过提高母亲的劳动参与率的方式进而影响流动育龄妇女的生育行为，而祖辈照料和正式照料均可以通过收入增加效应进而影响流动育龄妇女的生育行为。

（3）从异质性分析来看，本章依据儿童年龄组属性、收入段属性、城乡属性进行分组，研究祖辈照料和正式照料对不同子群体流动育龄女性生育行为的影响差异。结果显示，在不同儿童年龄组中，两种照料方式均对受访者生育行为的发生起正向促进作用，且在方向上并无显著差异。但从作用效果上看，祖辈照料对 0~3 岁幼儿组的正向促进作用显著，而对 4~6 岁儿童组的促进作用在统计上不显著。对于不同收入水平的家庭而言，其生育行为对照料资源及照料方式的响应也存在差异，与收入处在前50%的家庭相比，收入处在后50%的家庭的生育行为更容易受到照料资源的影响。在农村地区，流动妇女的生育行为与其获得的祖辈照料和正式照料均呈显著正相关关系；在城市地区，受访者生育行为仅与托育服务显著正相关。

6.6.2 对策建议

由上述结论可知，儿童的生养责任应该由家庭和社会共同负担，要想提高流动育龄女性生育行为发生的概率，需要完善的儿童照料支持体系作为支撑。基于此，本章提出如下对策建议：

（1）大力发展儿童普惠托育服务。普惠托育是国家用相关政策来鼓励发展托幼机构，能够在一定程度上缓解双职工家庭无法照顾儿童的情况。鉴于托幼服务的社会公益性质，政府应当不断深化对公共托幼服务的职责担当，确保托幼机构在数量上充足、质量上优良，同时控制成本，使之更加符合家庭的实际需求。政府应致力于让每一个家庭都能公平地享有公共托幼服务，从而减轻家庭生育和抚养孩子的负担，进而提升生育可能性。在具体的实施过程中，需聚焦三个目标：一是加大托育服务的供给力度，以缓解当前"入托难"的困境；二是降低托育服务的费用，切实减轻家庭"入托贵"的经济负担；三是提升托育服务的安全水平，以增强家长对"托得好"的信心。针对服务对象，应特别关注3岁以下幼儿的正式照料现状，并致力于增加针对这一群体的正式照料机构数量。目前，托幼机构主要满足4~6岁儿童的照料需求，但在0~3岁婴幼儿照料服务方面，资源仍显不足。在服务形式上，应提供半日托、计时托、临时托等多样化选择，确保家庭照料与托育机构照料之间的顺畅衔接与互补，以实现供需之间的更优匹配，减轻家庭压力，进而激发更大的生育潜力。

（2）将"非正式"的隔代照料纳入托育服务体系。可以通过为隔代照料家庭每月提供一定的现金补贴或增加其养老金等方式，尽可能减少家庭的经济压力。除了提升隔代照料可及性，还应注意该群体所提供的照料质量。鉴于祖辈"非正式"照料在专业性上的不足，既要肯定其积极作用，也应加强对这种照料方式的支持与指导。具体而言，可通过加强社区建设的方式，为祖辈提供丰富多样的活动场所，使他们能够带领孙辈进行娱乐和学习。同时，通过组织日常教育知识分享活动，从理念和行为层面提升祖辈育儿方法的"科学性"，使他们能够更好地承担起照料的责任。此外，鉴于隔代照料与祖辈健康状况之间的紧密联系，家庭应高度重视隔代照料对祖辈健康可能产生的影响。因此，完善老年人的养老服务体系显得尤为重要，旨在通过提供适当的支持和保障，有效提升他们的健康水平，从而确保隔代照料的顺利进行。

（3）将家庭作为整体纳入政策体系。对于女性而言，可以考虑通过增加产假时长、扩大生育保险覆盖面等措施，来提升她们的福利待遇，从而逐步减轻她们在家庭与工作、生育与工作之间的冲突，进而增强家庭的生养能力。对于男性而言，需要在法律层面做出相应规定，不仅要延长陪产假的时间，还需确保他们在陪产假期间能够享有正常的工资和奖金补贴，以确保他们的权益得到保障。通过此举，一方面，可以促进父亲在其配偶生育行为中承担起家庭照料和育儿的责任，另一方面，也可以缓解女性的生育和就业压力，构建起双方更加平等的社会地位。针对整个家庭的需求，可以设定一个固定的产假时间总量，并允许夫妻之间灵活分配这一时间。这种灵活的分配方式有助于缓解单独延长女性产假时间对其就业可能带来的负面影响，从而实现更为平衡的家庭与工作关系。

（4）加强公共服务力度。流动人口在城市的融入程度在很大程度上取决于其受到的社会保障，许多地区在制定相关福利政策时仅将拥有当地户籍的人口纳入考虑范畴，这使得流动人口无法享受相应的福利待遇。故应加强公共服务力度，在公共政策中对流动人口进行有选择性的干预，提升公共服务可及度。考虑到孩子照料资源短缺、职场歧视等因素对流动育龄女性生育造成的制约，有必要制定更加全面的服务政策，包括加强妇幼保健工作、完善产假制度以及改进女性晋升考核制度等，从而创造一个更为优越的生育环境，以满足流动育龄女性的生育需求。逐步建立完善的流动人口住房及医疗保障制度，提高其生活环境适应性，减轻生活压力，降低生活成本。同时，流动人口在适应城市生活的初期阶段，常会因环境变化而产生一定的心理压力，这种心理负担可能对其生育意愿产生抑制作用。因此，提供及时有效的心理咨询服务显得尤为重要，不仅有助于缓解流动初期产生的心理压力对生育意愿及生育行为产生的负面影响，而且可以在一定程度上改善流动人口生育偏好下降的情况。

7 居民生育的社会互动效应：意愿与行为

7.1 引言

7.1.1 研究背景

随着改革开放与城市化进程不断推进，中国的流动人口规模日益扩大。根据人口普查数据显示，1982~2020年中国城市人口数量从2.11亿人增长至9.02亿人，其中，流动人口数量从657万人增长至3.76亿人，约占全国总人口的1/4。相比其他国家，中国城市化的显著特征是增速快。2010~2020年，流动人口规模大幅增长69.7%，从2010年的2.21亿人增至2020年的3.76亿人①。在此背景下，本地人口与流动人口的互动程度不断加深。一部分学者认为，本地人口与流动人口在互动过程中，彼此交融记忆、情感与态度，最终汇集成一种文化共享的生活模式。另一部分学者则认为，流动人口融合并非线性、必然的结果，而是动态、多样化和非线性的复杂过程。结合中国独特的制度背景与不同的学术观点，本书认为，探讨由本地人口与流动人口互动引致的生育变化对构建生育支持政策体系具有重要意义。

7.1.2 研究意义

7.1.2.1 理论意义

（1）在传统生育研究基础上，进一步将非市场互动纳入生育决策的分析框架。家庭经济学的经典观点认为，生育行为是个人对生育成本与收益的理性核算，但是现实中人的非独立性导致社会互动会对生育产生影响。因此，本研究通过引入非市场互动，拓展了生育决策的分析框架。

---

① 资料来源：第七次全国人口普查公报。

（2）利用本地人口与流动人口互动的新视角，探究社会力量对生育的潜在影响。在探讨中国低生育率成因的研究中，有学者已经注意到现实中人的非独立性导致生育受内生因素与外部因素共同影响，却忽略了中国人口流动性不断增强，本地人口与流动人口互动程度不断加深的现实。因此，本研究致力于补充相关文献，通过理论探讨和实证分析，全面揭示本地人口与流动人口互动对生育的复杂作用机制。

（3）深化社会学、人口学及经济学等相关学科在生育理论方面的发展。本研究将社会学、人口学与经济学的相关理论和研究方法应用于社会互动与生育的研究，不仅有助于更深入地理解生育的复杂性和多元性，还能为政府制定和完善生育支持政策提供更为广阔的理论视野。

7.1.2.2 现实意义

（1）适应人口发展新形势，推动人口长期均衡发展。随着中国进入人口负增长阶段，以不同视角探究中国低生育率的形成机制，有利于平缓生育率下降的趋势，积极应对生育率持续走低带来的风险，推动生育水平适度提高，改善人口结构，化解人口负增长产生的长期风险。

（2）优化社会资源配置，满足居民生育需求。生育与社会资源保有量存在紧密关系，而流动人口无疑会占用一部分本地人口社会资源。因此，探究本地人口与流动人口互动影响居民生育的作用机制，可以更好地了解居民生育需求，从而优化教育、医疗、住房等社会资源的配置。

（3）为构建具有中国特色的生育支持政策体系提供新视角。国家生育政策的调整主要集中在生育数量放松，随着经济社会发展，我国人口出生率低的局面短期难以逆转，如何稳定出生率、寻找更有效的支持政策，是政府接下来相当一段时间内的重点方向。以本地人口与流动人口互动为视角的研究，给出了问题的一个可能答案。

7.1.3 研究方法与研究框架

7.1.3.1 研究方法

（1）文献研究法。文献研究法是一种科学、系统的研究方法，包括相关主题文献的深入搜索、细致评价、系统整理与精准甄别，从而对研究对象形成科学认知，并全面把握相关研究历史与现状。本章研究在确定选题前，深度阅读了人口与经济方面的文献，旨在明确研究范畴、界定相关概念。通过梳理国内外相关文献，从关注的问题范畴和理论解释出发，提出了独特的研究切入点和视角，为后续研究奠定了坚实基础。

（2）实证分析法。实证分析法是一种在社会科学中广泛应用的研究方法，强调对特定现象的客观了解。其主要特点是排除主观价值判断，只对经济现象、经济行为或经济活动及其发展趋势进行客观分析，着重于揭示经济事物间相互联系的规律，并根据这些规律来分析和预测经济行为的效果。

本章研究主要采用的实证分析模型是泊松回归分析（Poisson Regression Analysis）。泊松回归分析是一种统计方法，用于分析计数数据，如事件发生的次数。它的基本思想是通过建立一个数学模型，描述自变量与事件发生次数之间的关系。具体而言，泊松回归分析假设事件发生是一个稀有事件，符合泊松分布，即事件在时间或空间上的发生是随机且独立的。通过回归分析，找到自变量与事件发生次数之间的函数关系，进而推断出自变量对事件发生次数的影响。

7.1.3.2 研究框架与研究内容

（1）研究框架。首先，提出问题。通过梳理国内外相关文献，在厘清相关概念的基本内涵及其联系的基础上，揭示出现有理论的不足与潜在突破点，并据此确定研究切入点。其次，理论分析。通过梳理相关理论、构建数理模型，分析社会互动对居民生育的影响。再次，实证分析。通过实证分析探究社会互动对居民生育的影响，从而对理论模型进行检验。最后，归纳与总结。通过对实证研究结论进行归纳与总结，从本地人口与流动人口互动的视角对构建生育支持政策体系提出对策建议。详细框架如图7-1所示。

（2）研究内容。第一部分为引言，对我国当前生育政策调整、人口结构变化进行简要介绍，引出政策调整不及预期的问题，阐明研究目的、意义以及主要贡献。第二部分为文献综述，对国内外社会互动与生育的相关文献进行综述。具体而言，对该领域的研究现状进行系统梳理、归纳、分析与评价。第三部分为理论基础、理论模型与计量模型，对研究涉及的理论进行回顾，并在此基础上推导出理论模型，再根据理论模型设计计量模型。第四部分为数据来源、变量说明与样本描述，对本章研究所用数据与变量处理进行说明。第五部分为结果与分析，基于2018年中国劳动力动态调查（CLDS）数据，利用泊松回归分析检验社会互动对生育的影响效果，包括作用方向、影响程度与显著程度。第六部分为结论及政策建议，对本章研究的结论进行归纳总结，并结合结论为构建生育支持政策体系提供建议。

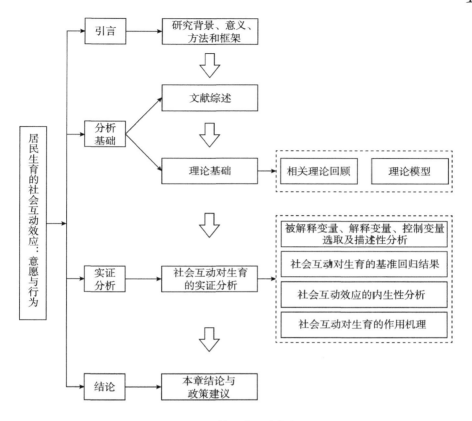

图 7-1 第 7 章研究框架

7.1.4 可能的创新之处

一是拓展了低生育率研究的视角。与传统基于理性选择理论对生育决策进行分析不同，本章研究将影响因素拓展至社会力量。即在传统研究的基础上，将非市场互动纳入思考范围，同时结合经济学与社会学理论对低生育率成因进行探究，拓宽了低生育率研究视角。

二是补充社会互动效应与生育的相关文献。一方面，鉴于国内有关社会互动效应与生育的研究相对匮乏，本章研究运用微观数据对居民生育的社会互动效应进行实证论证；另一方面，尽管国外在社会互动理论方面的研究颇为丰富，但缺乏在中国文化背景下探究社会互动效应与生育的研究，本章研究从本地人口与流动人口互动的独特视角出发，探究社会力量对生育的影响，为社会互动理论补充了中国证据。

三是拓展了构建生育支持政策体系的视角。本章研究以本地人口与流动人口互动为视角探究低生育率成因，为构建生育支持政策体系提供不同视角：社区内部存在生育、养育资源竞争现象，应该给予生育、养育一体化支持，缓解不动产价格与社区环境恶化对生育产生的不利影响。

7.2 文献综述

7.2.1 关于社会互动效应的研究

7.2.1.1 社会学习机制研究

社会学习机制认为，个人做出行为决策离不开行为信息的支持。个人通过与社会网络中其他成员互动，获取、交换、共享和评估行为信息，导致对既定行为的可行性与后果的看法发生改变，进而影响行为决策（Miller and Dollard，1941）。一般来说，不同群体中社会学习机制对个人行为的影响不同：个人观察网络中其他成员的行为，从他们的经历中获取行为信息，并对行为信息进行处理，最终选择采信行为信息、拒绝行为信息或者继续了解相关信息。这意味着信息传递的网络结构、信息的数量与质量以及接收者信息处理能力都会影响社会学习机制的效用。

基于社会学习理论的研究表明，社会学习机制的效用高度依赖社会网络结构（Bernardi and Klärner，2014），传统行为信息传递在同质的社会网络中更高效，新思想与新观念传递在异质的社会网络中更迅速。Bongaarts 和 Watkins（1996）发现，随着人们逐渐掌握生育信息，社会互动中传递与协商的信息含义、质量以及信息传递者的可靠性对社会学习机制的效用至关重要。Bernardi（2003）发现，观察性学习有助于个人评估新行为的含义，对生育行为而言，社会网络中其他成员成为父母后会提供有关为人父母和生活变化的信息，促使个人重新评估生育行为。Pink 等（2014）认为，社会学习是同事影响女性生育的主要机制，因为没有孩子的女性可以观察到同事怀孕和分娩对工作、家庭、生活的影响以及这位同事如何协调工作和家庭的矛盾。

7.2.1.2 社会支持机制研究

社会支持理论与社会资本理论类似，认为非正式的商品和服务交换为个人在行动时提供便利（Lin，1999），这种存在于社会网络之中的便利可以被视为促进行动的资产，个人在社会互动中获取这些资源（Coleman，1988）。家庭成员、朋友、同事、邻居以及同类参照组都可能是社会支持的来源。其中，支持又可以分为物质支持（金钱等）、工具支持（家务帮忙或育儿等）和情感支持（安慰、同情等）。每一种社会支持都在不同程度上对个人行为产生影响。

基于社会支持理论的研究表明，当一个社会不重视儿童价值，也不将照顾儿童视为一种共同责任时，那么愿意支持成为父母的人数就会减少。然而，当特定情况发生，成为父母的人较少时，人们会为这些父母提供更多支持，因为他们可能认为成为父母的群体为社会做出了"牺牲"（Bernardi and Klärner，2014）。Basten（2009）认为，越来越多的群体在脸书（Facebook）和其他社交媒体上推广或捍卫无子女的生活方式，这可能为选择无子女状态的群体提供了有利的社会支持，进而导致生育率下降。Balbo 和 Mills（2011）研究表明，社会支持有助于在人生早期或不确定的情况下决定是否生孩子，特别是仍在接受教育的夫妇如果能够获得父母的支持，他们更可能生孩子。Becker（2014）发现，为人父母很大程度上受社会支持的影响，具体而言，在无子女家庭占比更大的社区里，为人父母的机会成本会高于无子女家庭占比较小的社区，这主要因为生育行为的社会支持程度在不同的社会网络中存在差异。

7.2.1.3 社会规范机制研究

社会规范机制强调个人被动接受群体行为水平的影响，认为社会网络中的价值共识或共同认知会对个人行为施加群体性的影响与控制，进而迫使个人修改观念和行为模式，缩小与共同认知间的距离（Coleman，1988）。在高度同质的社会网络中，成员具有一致的行为规范，为了获得网络成员的身份认同及其带来的归属感，个体必须遵守群体行为水平。同时，个体偏离群体行为规范的机会成本很高，因为规范在同质的社会网络中是共享的，并且能有效制裁"异类"的行为。这些制裁与惩罚可以采取广泛的文化或制度规范形式，又或多或少地在家庭结构和社会组织中被明确表达。

基于社会规范理论的研究表明，相比于弱联系和异质的社会网络，强联系和同质的社会网络能更有效地施加社会压力，主要是因为强联系与同质的社会网络成员情感更亲密，导致制裁的有效性通过情感中介大幅增加（Marsden，1987）。欧洲有研究表明，支持父母身份的社会规范一直存在到 20 世纪 60 年代末，并且对育龄人群施加了强烈的社会压力，要求他们遵守这些规范。然而，20 世纪 60 年代末社会规范发生了改变，无子女思想迅速传播，并在社会中获得广泛认可，这反映出社会规范改变可能是导致欧洲生育率转变的原因之一（Ory，1978）。

Keim（2009）认为，社会网络不仅提供信息和资源，而且还是执行社会规范的媒介，由于网络成员在很大程度上具有同质性，导致社会网络中的成员对彼此拥有相当大的制裁权。Keim（2009）还认为，个性化思潮导致以个人为中心的社会网络越来越普遍，而传统以家庭和血缘为中心的社会网络逐渐边缘化，行为偏好参考个人利益而非共同利益，导致社会规范对个体行为的约束力减弱。Balbo 和 Barban（2014）通过调查数据探究朋友生育水平是否会影响个人生育行为，发现个体会调整自己的生育行为去匹配与他们有共同特征的参照组。

7.2.2 关于生育的社会互动效应研究

理性选择理论认为，行为决策是个人对行为成本与收益的理性核算，这种均衡随着个人效用发生变化。然而，大量研究却证实了个人行为决策不仅受到个人效用与预算约束的影响，还会受群体社会互动的影响。那么生育作为一种复杂的社会行为理应存在社会互动效应。

随着人口转变理论无法解释 20 世纪中期以来欧洲生育率的转变，人口经济学家不可避免地需要寻找新视角解释生育行为。20 世纪 80 年代，将个人生育行为嵌入特定结构的社会网络中进行分析的方法开始流行。起初，有学者试图开辟新视角解释欧洲各国生育率的转变，发现自 19 世纪起，欧洲的生育率下降不仅与经济环境变迁有关，而且与跨国交流导致生育环境改变有关（Coale，1986）。随后，基于东亚国家生育率数据的实证研究表明，个人生育行为部分取决于社区网络中其他成员的生育行为（Montgomery and Casterline，1993）。在 Coale（1986）的工作与相关实证研究的基础上，越来越多的人口经济学家开始关注社会互动效应与个人生育行为的关系。Bongaarts 和 Watkins（1996）提出了社会互动假说，并利用社会互动解释生育转型，认为人与人交往会产生社会影响进而改变个人生育决策，具体表现包括信息与思想的交换、评价。在 Bongaarts 和 Watkins（1996）开创性工作的基础上，社会互动效应与生育行为的研究框架逐渐明晰，相关研究也逐渐从宏观经济层面转至微观经济层面。从微观经济层面看，早期学者通过定性分析探究生育行为的社会互动效应（Bernardi，2003）。Hayford 和 Agadjanian（2012）通过定性分析发现，非正式的社会互动通过补充正式渠道传播的生育信息与协调夫妻生育期望来影响育龄群体的生育决策。伴随社会互动效应与生育行为的研究逐渐深入，定量分析开始占据主导地位，这也符合主流分析方法的路径转变。Pink 等（2014）利用德国雇主—雇员数据研究同事生育是否会影响女性生育行为，发现在同事生育行为发生后的一年，女性首次怀孕的概率将翻一倍，这种影响会随时间推移而减弱，并在两年后消失。Ciliberto 等（2016）研究了工作场所中生育行为的同伴效应，研究发现，在教育程度较高的群体中积极效应占主导地位，而在教育程度较低的群体中消极效应占主导地位。Mishra（2017）利用印度数据研究社会互动与个人生育偏好的关系，发现邻居生育率提高 1 单位，个人想要一个或两个孩子的概率分别下降 1% 和 6%，但是想要三个或四个孩子的概率分别提高 1.2% 和 3.8%。Buyukkececi 等（2020）利用兄弟姐妹的同事与同事的兄弟姐妹两个工具变量研究社会互动对个体生育行为的影响，发现同事的积极效应在时间上遵循倒 U 模式，兄弟姐妹的积极效应在时间上呈现出递减规律，研究证实了生育水平可以从家庭层面溢出至公司层面。Buyuk-kececi 和 Leopold（2021）考察了家庭内部生育环境变化对个人生育行为的影响，研究发现，在兄弟姐妹有了孩子后，夫妻短期内成为父母的概率会提高。Nie（2021）利用中国调查数据研究同伴效应与个体生育意愿，发现邻居的生育率提高 1 单位，个人只想要一个孩子的偏好就会降低 14.3%，而想要三个孩子的概率会提高 9.3%。相比于国外研究，国内研究社会互动效应与生育行为的文献则相对匮乏。许璟莹（2010）利用社会网络理论研究中国城市适育年龄居民的生育意愿，发现社交网络中强关系是影响城市适育年龄居民生育意愿的主要因素，而弱关系的影响则不明显。姚丹（2017）通过问卷调查数据，分析社会网络关系强度与成都市已婚群体的生育意愿，结果发现"80 后""90 后"样体均受到社会网络中强关系和弱关系的影响。高韶峰（2022）基于 2018 年中国家庭追踪调查数据，利用空间计量模型分析了社会互动与生育意愿的关系，发现育龄妇女不再从众，她们在考虑生几个孩子最佳时主要依据自身实际情况。

7.2.3　文献评述

上述文献为研究社会互动效应与生育提供了重要的经验证据。然而，仍存在以下四个方面不足：

（1）国内外学界关于生育意愿与生育行为的测量指标在一定程度上缺乏可靠性与有效性。当前，国内外在测量生育意愿时，主要使用理想子女数这一指标；在测量生育行为时，主要使用已生育孩子数这一指标。但两者的测量效度并不理想：前者仅反映了人们对生育的主观态度，未能充分考虑现实条件对生育的制约；后者则过度强调生育现实，忽略了主观生育渴望（随着辅助生殖技术发展，原来拥有生育意愿却没有生育能力的群体重新进入生育队列）。

（2）国外学者在研究社会互动效应与生育时，忽略了西方文化背景与中国传统文化的差异。西方文化在探寻人与社会关系的进程中，逐渐将个体与社会相分离，确立了个人价值的核心地位。公元前 5 世纪古希腊智者普罗泰戈拉就提出"人是万物的尺度"。然而，中华民族则是一个趋同的民族，民族文化不断强化着集体主义意识。荀子讲"民齐者强"，孙武说"上下同欲者胜"。不同的文化背景导致社会规范的约束力在两个不同的社会里存在差异。虽然国外有关社会互动理论的研究丰富，但是缺乏针对中国文化和制度背景的研究。

（3）国内缺乏利用群体社会互动视角探究低生育率成因的相关研究。现有文献也并没有达成一致结论，需要对研究方法的适用性以及研究结论的准确性作进一步讨论。虽然 Nie（2021）利用中国劳动力动态调查数据对同伴效应与个人生育偏好进行了研究，但是却忽略了中国独特的制度背景——人口流动，即本地人口与流动人口互动程度不断加深。其他有关社会互动的研究则集中于校园内的同伴效应、金融行为选择和老年人消费等（董彩婷等，2021；李丁等，2019；何圆等，2021）。因此，有必要丰富相关选题的研究。

（4）目前，缺少利用中国数据对居民生育的社会互动效应进行微观数据论证的研究。社会互动效应的识别可能是阻碍相关研究发展的主要原因，但是随着计量方法被充分讨论，识别社会互动效应成为可能（Manski，1993；陈云松等，2010；Kaldager，2019）。

7.3 理论基础、理论模型与计量模型

7.3.1 理论基础

7.3.1.1 社会身份认同理论

Talfel（1979）基于最小群体实验提出了社会身份认同概念，指个体对自己在社会群体中的位置和角色的认知和评价。这种认同涉及个体对自己所属的群体（如家庭、民族、文化、职业等）的归属感和认同感。社会身份认同理论三个基本假设有：①自我归类（Self-categorization）：人们会自动将自己归类到不同的群体中，并认为这些群体是造成个体差异的主要原因。同时，个体通过将自己归入特定的群体，来理解和解释自己的行为和心理状态。②认同合成（Identification Synthesis）：个体不仅会将自我归类到不同的群体中，还会将群体的特征整合到自我概念中。也就是说，个体的自我概念不仅包括个人的特质和属性，也包括所

属群体的特质和属性。③认同比较（Identification Comparison）：个体在比较自己与他人时，会根据不同的社会群体来进行比较。人们不仅会将自己的群体与其他群体进行比较，还会将自我与他人进行比较，这种比较既涉及个体间的差异，也涉及群体间的差异。基于以上基本假设，该理论指出，个体会基于既有认知对自我与他人进行社会分类，即将群体划分为"内群"与"外群"，并阐述了三个核心命题：第一，个体倾向于维持或追求正面的社会认同；第二，社会认同主要源自"内群"与"外群"间的对比；第三，当个体对当前社会身份不满时，会选择离开当前群体并加入更理想的群体，或致力于改善"内群"状况。

7.3.1.2　自我分类理论

约翰·C. 图纳（John C. Turner）在社会身份认同理论的基础之上，提出了自我分类理论，进一步阐述了社会分类的复杂内涵。该理论主要聚焦于社会身份识别过程，强调个体在完成群体内自我分类后，往往会对其所属群体给予更高评价。社会身份认同理论主张，个体的社会身份认同深受认知与动机因素影响。为维护自尊，个体通常会致力于保持积极社会认同。当群体间展现出积极差异时，该群体将享有较高威望，从而增强个体社会认同感；反之，当群体间呈现消极差异时，群体威望将降低，导致个体社会认同感减弱。个体为摆脱具有消极特征的群体，常采用社会流动、社会创新或社会竞争三种方式，以融入具备积极特征的群体。社会流动是指个体离开认同感较低的群体，转而融入认同感较高的群体，这一过程并不改变原有群体结构，而是个体本身主动融入具有更高社会评价及地位的群体，而社会创造、社会竞争倾向于从多维度与其他群体进行对比。尽管过程不会直接提升原有群体的社会认同感，但通过调整比较维度，有助于个体所在群体获得更高社会认同。

7.3.2　理论模型

基于前文的文献回顾与 Leibenstein（1974）的生育"成本—效用"理论，本章研究建立了一个将生育内生化的行为决策模型。其中，代表性个体的生命周期分为青年期和成年期两期，为简化起见，本章研究不考虑养老问题。代表性个体在青年时期可以选择工作或念书，此时不做消费决策（代表性个体在青年时期获得父辈的转移支付）；代表性个体在成年期通过工作获得劳动收入 w_{t+1}，并将全部收入用于消费 C_{t+1}，生育孩子数量 n_{t+1}，抚育每个子女的花费占收入的比例为 δ（$0<\delta<1$），这意味着代表性个体成年期抚育的总费用为 $\delta n_{t+1} w_{t+1}$，支付给子代的转移支付 B_{t+1}。

根据以上设定，模型中的效用函数与预算约束为：

$$U=\alpha\ln C_{t+1}+\beta\ln n_{t+1}+\gamma\ln B_{t+1} \tag{7-1}$$

$$C_{t+1}+\delta n_{t+1}w_{t+1}+B_{t+1}=I_{t+1} \tag{7-2}$$

其中，α 为主观贴现因子，β 为个体对生育孩子数量的偏好程度，γ 为转移支付的边际效用，$\alpha>0$，$\beta>0$，$\gamma>0$，$\alpha+\beta+\gamma=1$，I_{t+1} 表示代表性个体一生的总收入。

代表性个体通过选择消费 C_{t+1}、生育孩子数量 n_{t+1} 和转移支付 B_{t+1} 来最大化自己的效用，将式（7-2）代入式（7-1）可以解得最优化问题式（7-3）：

$$\phi=\alpha\ln C_{t+1}+\beta\ln n_{t+1}+\gamma\ln B_{t+1}+\lambda\left(I_{t+1}-C_{t+1}-\delta n_{t+1}w_{t+1}-B_{t+1}\right) \tag{7-3}$$

求解式（7-3）中的最优化问题，可以得到一阶最优条件：

$$\frac{\partial\phi}{\partial C_{t+1}}=\frac{\alpha}{C_{t+1}}-\lambda=0 \tag{7-4}$$

$$\frac{\partial\phi}{\partial n_{t+1}}=\frac{\beta}{n_{t+1}}-\lambda\delta w_{t+1}=0 \tag{7-5}$$

$$\frac{\partial\phi}{\partial B_{t+1}}=\frac{\gamma}{B_{t+1}}-\lambda=0 \tag{7-6}$$

将式（7-4）、式（7-5）、式（7-6）代入式（7-2）中，可得：

$$I_{t+1}=\frac{1}{\lambda} \tag{7-7}$$

整理式（7-4）、式（7-5）、式（7-6）、式（7-7），可将代表性个体的效用函数写作：

$$U=\alpha\ln(\alpha I_{t+1})+\beta\ln\left(\frac{\beta I_{t+1}}{\delta w_{t+1}}\right)+\gamma\ln\gamma I_{t+1} \tag{7-8}$$

将式（7-8）进行变化，可以得到：

$$U=\ln(I_{t+1})+\varepsilon_{t+1} \tag{7-9}$$

$$\varepsilon_{t+1}=\alpha\ln\alpha+\beta\ln\beta+\gamma\ln\gamma-\beta\ln(\delta w_{t+1}) \tag{7-10}$$

由式（7-9）与式（7-10）可以得出：代表性个体的效用与其一生收入 I_{t+1} 和抚育孩子的成本 δw_{t+1} 直接相关。

进一步考虑，抚育孩子的成本是一个关于本地人口与流动人口互动 e 的函数：

$$g=\delta w_{t+1}=g(e) \tag{7-11}$$

在短期不动产供给不变的条件下，流动人口涌入城市社区使得住房需求增加，进而导致住房资源竞争加剧。随着社区内本地人口与流动人口的生育水平提高、家庭规模扩大，势必会导致居民对住房的需求增加，进而增加居民生育成本。同理，流动人口涌入城市社区使得抚养、教育与医疗资源竞争加剧。父母为了子女能够积累更多人力资本（健康与教育）以获得成功人生，通常会在抚养、教育以及医疗上花费更多金钱（Francesconi and Heckman，2016）。江涛（2021）利用中国家庭收入调查数据研究发现，学前教育供给增加，有助于增加儿童保育服务，缓解工作—养育冲突，从而降低养育成本，释放生育需求。汤兆云（2022）利用中国流动人口动态监测调查数据，研究发现，公共医疗资源的可及性直接影响流动人口的生育意愿。综上所述，本地人口与流动人口的生育水平提高将导致抚养、教育以及医疗资源紧张，从而影响居民生育。

基于上述讨论，本研究进一步设定：

抚育孩子的成本 $g = \delta w_{t+1}$ 是关于社会互动 e 的增函数，即 $\frac{\partial g}{\partial e} > 0$。

结合式（7-9）至式（7-11）不难发现，社会互动通过加剧资源竞争来增加代表性个体的生育负担，进而降低居民生育。

7.3.3 计量模型

Manski（1993）作为社会互动效应实证研究的先驱，最早提出将社会互动效应划分为内生效应、外生效应以及关联效应。内生效应指群体行为水平会对个体行为决策产生影响。外生效应指群体的外生特征会对个体行为决策产生影响。关联效应指个人行为选择随着其所属的相似群体或相似环境同步变化。关联效应又可以进一步划分为两类：一是相关群体效应，如具有相似特征的样本会选择同一个社区生活，也就是现有研究中的"居住区分割"；二是实证研究中的样本自选择问题。相比于后两种效应，内生效应具有其独特性，即随时间推移而产生乘数效应，进而放大群体行为水平和政策影响的效果。基于上述讨论，本章研究模型设定侧重研究内生效应。

基于调查数据对社会互动效应进行定量分析时常常会受到内生性问题的干扰（陈云松等，2010），其主要的来源为模型设置错误。一般而言，内生性问题来源于遗漏偏误、自选择偏误、样本选择偏误与联立性偏误四个方面。就本章研究而言，识别社会互动效应的挑战有六方面：第一，当研究群体生育水平对个体生育行为的影响时，需要注意反射问题（Manski，1993）。反射问题是指个人生育行为与社会网络中其他成员的生育行为同时发生，导致无法区别相互影响。具体而言，个体生育行为受到群体生育水平的影响，同时个体也会反过来影响群体，两者相互影响导致很难分离出单独影响。第二，很难排除关联效应对内生效应与外生效应的影响。即个人生育行为与群体生育水平相关联是因为两者所处的环境相同，而不是社会互动决定的。第三，群体的外生特征与个人的行为选择间存在完全共线性，导致线性期望模型无法从外生效应中有效识别内生效应。第四，个人与群体所处的社会环境在一定程度上由样本自选择决定。第五，即使控制了个人特征与群体外生特征，也会存在遗漏变量问题，如个人的性格特征。第六，群体外生特征与其行为选择间存在共线性，导致模型无法有效识别社会互动效应。

结合上述分析，本章研究将逐一讨论、解决识别偏误的方法。首先，个体行为选择与群体行为水平相互影响。已有研究主要用以下方法解决这个问题，一是运用中位数而非平均数作为群体行为水平的衡量指标（Manski，2000）；二是计算群体行为水平时将个体排除以避免个体与群体相互影响（陈媛媛等，2021；史耀疆等，2022）；三是利用主观数据作为被解释变量以避免相互影响；四是利用非线性计量模型避免反射问题（薛继亮和涂坤鹏，2023）。本章研究主要参考第二、第三与第四种方案共同解决反射问题。其次，关联效应会对内生效应与外生效应产生影响。针对此问题，现有文献主要利用以下方法解决，一是利用随机实验或准自然实验排除相关群体因素导致的相关效应（Zimmerman，2003）；二是假设不存在相关效应，报告一个"复合"估计量；三是使用固定效应消除共同环境因素导致的相关效应（Feng and Li，2016）；四是利用聚类的稳健标准误减少共同环境对识别的影响。本章研究参考上述文献思路，主要通过添加社区虚拟变量来控制每个社区间的差异，并使用社区层面的聚类标准误来尽可能减少关联效应对识别社会互动效应的影响。综上所述，本章研究基准回归模型设置如下：

$$Y_{ic,\,s}^m = \gamma^m \times \frac{1}{C_m - 1} \sum_{j=1}^{C_m - 1} Y_{jms} + \gamma^n \frac{1}{C_n} \sum_{p=1}^{C_n} Y_{pns} + \beta X_{ic,\,s} + \delta R_c + \alpha_s + \varepsilon_{ic,\,s} \quad (7-12)$$

$$Y_{ic,\,s}^n = \gamma^n \times \frac{1}{C_n - 1} \sum_{j=1}^{C_n - 1} Y_{jns} + \gamma^m \frac{1}{C_m} \sum_{p=1}^{C_m} Y_{pms} + \beta X_{ic,\,s} + \delta R_c + \alpha_s + \varepsilon_{ic,\,s} \quad (7-13)$$

其中，模型（7-12）研究的情况是：居民为流动人口。$Y_{ic,s}^m$ 表示来自 s 社区 c 家庭的流动人口 i 的再生育意愿；$Y_{ic,s}^n$ 表示来自 s 社区 c 家庭的本地人口 i 的再生育意愿。在模型（7-12）中，$\frac{1}{C_m - 1} \sum_{j=1}^{C_m - 1} Y_{jms}$ 表示社区内除流动人口 i 外其他流动人口的生育水平，$\frac{1}{C_n} \sum_{p=1}^{C_n} Y_{pns}$ 表示社区内本地人口的生育水平。回归系数 γ^m、γ^n 分别表示社区内其他流动人口、本地人口生育水平改变所产生的影响，即社会互动效应。首先，由于再生育意愿不仅受社会互动影响，还与个人特征、家庭特征与社会特征有关，因此回归模型中控制了个人特征 $X_{ic,s}$、家庭特征 R_c。其次，为了尽可能避免关联效应中共同环境因素的影响，模型进一步控制了社区固定效应 α_s。再次，考虑到社区内部再生育意愿的相关性，本章研究使用社区层面的聚类标准差。最后，$\varepsilon_{ic,s}$ 为误差项。模型（7-13）研究的情况是：居民为本地人口，其模型设定与模型（7-12）类似。

针对本章研究基准回归方程中仍可能存在的内生性问题，如遗漏变量、样本自选择等问题，将在内生性与稳健性部分进一步讨论。

7.4 数据来源、变量说明与样本描述

7.4.1 数据来源与变量说明

本章研究采用中国劳动力动态追踪调查数据，该数据是由中山大学社会科学调查中心自 2011 年发起的一项大规模、跨学科的大型追踪调查，为保证样本的全国代表性，CLDS 样本覆盖中国 29 个省份（除港澳台、西藏、海南外），调查对象为样本家庭户中全部劳动力（年龄 15~64 岁的家庭成员）。在抽样方法上，采用多阶段、多层次与劳动力规模成比例的概率抽样方法。首先，结合现有文献（於嘉等，2021；陈卫民等，2022）与生育行为的合理性，将人口限制在合理生育年龄之间（男性合理生育年龄为 22~60 岁，女性合理生育年龄为 20~45 岁），并排除数据缺失的样本。其次，根据 CLDS 数据库中关于农村与城市地区的定义，将农村地区样本剔除。这是因为不同区域人口流动性差异较大，城市地区作为人口主要流入地，本地人口与流动人口互动更充分，这与本章研究主题：本地人口与流动人口互动如何影响居民的再生育意愿密切相关。最后，本章研究将没有流动人口的社区样本排除。

（1）被解释变量为居民的再生育意愿。具体而言，利用理想孩子数量与已经生育孩子数量的差值对其进行衡量。传统衡量生育意愿的指标包括理想子女数、期望子女数和生育计划等（Karabchuk et al.，2021）。然而，受多种因素的影响，生育意愿与生育行为之间往往存在不小差距（Bongaarts，2001；宋健和陈芳，2010），这导致仅使用生育意愿作为研究指标可能无法全面反映实际的生育情况。因此，本章研究使用生育意愿与生育行为作差所得的复合指标对生育进行衡量可能更贴近实际生育情况：综合考虑了生育意愿和生育行为两方面信息，能够更全面地反映个体的生育决策过程。具体而言，当理想孩子数量小于或等于已

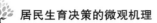

生育孩子数量时，认为个体已经达到理想生育状态，未来不再有生育意愿，此时赋值为0；当理想孩子数量大于已生育孩子数量时，认为个体未来仍具备生育意愿，分别设置虚拟变量表示再生育意愿，即数值越大，未来生育可能性越大。

（2）核心解释变量为本地人口生育水平与流动人口生育水平。将同一个社区的样本定义为一个特定的社会群体，社会群体内的样本互为参照，通过计算群体中本地人口与流动人口（除本样本外）当年发生生育行为的比例对核心解释变量进行衡量。这样设置主要是基于：第一，个人的直接社会环境即地理位置相近。相较于其他数据库以行政单位（市、区）定义参照群体，此种划分方法能从距离上更好地识别社会互动。第二，邻里作为城市基本空间单元，对居民施加着潜移默化的影响。同时，邻里（如社区）也是流动人口适应城市生活的重要平台，即本地人口与流动人口互动的主要场所。

（3）控制变量为可能影响居民再生育意愿的变量，其中包括个人特征、家庭特征和社区特征。具体而言，个人特征包括年龄、年龄的平方、性别、户口状况、婚姻状况、健康状况与受教育程度；家庭特征包括家庭经济、家庭环境、家庭关系与已生育孩子数量；社区特征主要包括生育文化。

7.4.2 样本描述

7.4.2.1 被解释变量与核心解释变量描述性统计

表7-1体现了居民再生育意愿与群体生育水平状况。表7-1的第1~3行为全样本数据，统计结果显示，居民的再生育意愿介于0~9，平均值为0.645。这意味着目前居民的理想生育状态仍未达到，多数人有再生育意愿。表7-1的第4~7行分别为本地人口生育水平高于中位数的样本数据、本地人口生育水平低于中位数的样本数据、流动人口生育水平高于中位数的样本数据、流动人口生育水平低于中位数的样本数据。统计结果显示，相比于低生育水平，本地人口高生育水平使得居民的再生育意愿降低0.167（t=3.98），流动人口高生育水平使得居民的再生育意愿降低0.078（t=1.84）。

表7-1　居民再生育意愿与群体生育水平

序号	变量名称	观测值	均值	标准差	最小值	最大值
1	再生育意愿	1248	0.645	0.747	0	9
2	本地人口生育水平	1248	1.297	0.374	0	2.417

续表

序号	变量名称	观测值	均值	标准差	最小值	最大值
3	流动人口生育水平	1248	1.481	0.540	0	3.250
4	本地人口高生育水平	622	0.561	0.739	0	9
5	本地人口低生育水平	626	0.728	0.746	0	9
6	流动人口高生育水平	577	0.603	0.825	0	9
7	流动人口低生育水平	671	0.681	0.671	0	5

7.4.2.2 其他解释变量描述性统计

表7-2汇报了居民其他特征的平均状况。从个人特征看，全样本中人口平均年龄大约为29岁，这表明样本多值壮年时期；男女人数大致一样，但女性人数占比略高，为55.2%；样本中非农业户口人数较多，其人数占比为65.8%；有91.7%的样本处于初婚、再婚和同居的状态，这表明绝大多数样本拥有固定伴侣；健康状况的平均值为2.1，即样本多处于健康状态；受教育水平的平均值为3.96，可以看出多数样本未接受过本科教育。从家庭特征看，家庭收入、家庭环境和家庭关系的平均值分别为6.1、6.3和7.4。从社区特征看，平均理想孩子数接近2个，这与现有文献结论一致（靳永爱等，2016）。

表7-2 其他解释变量描述性统计表

变量名称	变量定义	观测值	均值	最小值	最大值
个人特征					
年龄	等于调查年份减去出生年份	1248	39.113	20	51
年龄平方	等于年龄乘以年龄	1248	1584.403	400	2601
性别	男性赋值为1，否则等于0	1248	0.448	0	1
户口性质	非农业户口赋值为1，否则为0	1248	0.658	0	1
婚姻状况	初婚、再婚与同居赋值为1，否则等于0	1248	0.917	0	1
健康状况	非常健康、健康、一般、比较不健康和非常不健康依次为1、2、3、4、5	1248	2.101	1	5
受教育程度	未上过小学、小学、初中（职业高中、技校、中专）、普通高中、大专、本科、硕士、博士依次为1、2、3、4、5、6、7、8	1248	3.961	1	8

续表

变量名称	变量定义	观测值	均值	最小值	最大值
	家庭特征				
家庭经济	很穷至很富依次设置虚拟变量1-10	1248	6.107	1	10
家庭环境	很拥挤至很宽敞依次设置虚拟变量1-10	1248	6.279	1	10
家庭关系	冷漠至很亲密依次设置虚拟变量1-10	1248	7.438	1	10
已生育孩子数	等于家庭已生育孩子数量	1248	1.379	0	7
	社区特征				
生育文化	等于社区平均理想孩子数	1248	1.972	0.917	2.643

7.5 结果与分析

7.5.1 基准回归结果

表7-3汇报了本地人口生育水平与流动人口生育水平对居民再生育意愿的泊松回归结果。表7-3的列（1）~列（4）均控制了个人特征、家庭特征和社区特征，其中，列（1）没有添加流动人口生育水平，仅观察本地人口生育水平对居民再生育意愿的回归结果，结果表明，本地人口生育水平对居民再生育意愿产生负向影响，且在10%的水平上显著。类似地，列（2）结果表明，流动人口生育水平对居民再生育意愿产生消极影响，且在5%的水平上显著。列（3）是加入了本地人口生育水平与流动人口生育水平却没有控制社区虚拟变量的估计结果。列（4）是既加入本地人口生育水平、流动人口生育水平，也加入社区虚拟变量的估计结果，结果表明，本地人口生育水平与流动人口生育水平均对居民再生育意愿产生显著的负向影响，并且该回归结果受到社区因素的影响。

表7-3 基准回归结果

变量	（1）	（2）	（3）	（4）
本地人口生育水平	-0.678^* (0.378)		-0.119^* (0.070)	-0.867^{**} (0.403)
流动人口生育水平		-0.367^{**} (0.177)	0.038 (0.038)	-0.452^{**} (0.185)

续表

变量	（1）	（2）	（3）	（4）
个人特征				
年龄	0.024 （0.034）	0.020 （0.034）	0.017 （0.0311）	0.030 （0.034）
年龄平方	−0.000 （0.000）	−0.000 （0.000）	−0.000 （0.000）	−0.000 （0.000）
性别	0.090** （0.039）	0.096** （0.038）	0.071** （0.036）	0.096** （0.039）
户口性质	0.006 （0.082）	−0.024 （0.076）	0.045 （0.063）	−0.009 （0.082）
婚姻状况	0.287*** （0.102）	0.331*** （0.105）	0.333*** （0.093）	0.289*** （0.102）
健康状况	0.096* （0.049）	0.093* （0.048）	0.072* （0.038）	0.096** （0.049）
受教育程度	−0.017 （0.029）	−0.014 （0.029）	−0.013 （0.021）	−0.017 （0.029）
家庭特征				
家庭经济	0.025 （0.028）	0.027 （0.028）	0.025 （0.020）	0.026 （0.028）
家庭环境	−0.014 （0.017）	−0.014 （0.017）	−0.010 （0.015）	−0.015 （0.017）
家庭关系	0.040* （0.022）	0.038* （0.022）	0.035* （0.018）	0.042* （0.022）
已生育孩子数	−1.518*** （0.107）	−1.507*** （0.109）	−1.455*** （0.092）	−1.558*** （0.112）
社区环境				
生育文化	1.212*** （0.097）	1.189*** （0.078）	1.307*** （0.117）	1.368*** （0.117）
常数项	−1.905*** （0.582）	−2.154*** （0.648）	−2.636*** （0.605）	−1.541*** （0.556）
社区固定效应	Yes	Yes	No	Yes
样本量	1248	1248	1248	1248

　　表7-3的列（4）同时报告了居民其他特征变量的回归结具：①再生育意愿在不同"性别"间会产生显著差异，即男性的再生育意愿大于女性。这主要是因为传统的性别角色分工在一定程度上影响了男性和女性的再生育意愿。在传统

观念中，男性往往被视为家庭的经济支柱，而女性则更多地承担起家庭和子女的照顾责任。这使得男性在面临再生育决策时，可能更少受到经济压力的制约。相比之下，女性可能更多地考虑再生育对职业和经济稳定性的影响，因此可能倾向于减少生育数量。②"婚姻状况"对居民再生育意愿的影响在1%的水平上显著为正。这是因为婚姻作为传统家庭结构的核心，在中国社会中承载着繁衍后代的重要功能。结婚意味着两人愿意共同承担起家庭责任，包括生育和抚养子女。因此，只有在婚姻关系中，夫妻双方往往才会考虑生育问题。同时，中国传统文化难以接受未婚先孕。③再生育意愿在不同"健康状况"的样本间也存在差异。这是因为从生理角度来看，个体的健康状况直接决定了其生育能力（陈士岭等，2011）。良好的健康状况意味着身体机能正常，从而提高了再生育的成功率。相反，健康状况较差的人可能面临生育能力下降、生育风险增加等问题。④"家庭关系"对居民再生育意愿的影响在10%的显著性水平上为正。这是因为家庭是人们情感交流和生活互动的重要场所，家庭关系和谐的夫妻之间更愿意共同承担家庭责任，特别是抚养子女，进而降低单个个体的抚育成本。相反，如果家庭关系紧张或存在冲突，可能使个体抚育成本增加，从而降低再生育意愿。⑤"已生育孩子数量"会显著降低居民的再生育意愿。从经济成本看，抚养和教育孩子需要投入大量的金钱，尤其是在现代社会中，孩子的教育、医疗和日常生活等方面的开销日益增加。从时间成本看，随着孩子数量增加，父母需要投入更多的时间和精力来照顾和陪伴孩子。这可能使父母感到疲惫和压力过大，特别是在工作和家庭之间需要做出平衡时。综上所述，为了避免过多的压力和负担，一些家庭可能选择不再生育更多孩子。⑥"生育文化"对再生育意愿的影响在1%的水平上显著为正，这是因为儒家思想作为中国的主流文化，在处理人与人、人与社会的关系时，强调集体主义，个人偏好会有从众倾向，进而使得个人再生育意愿收敛于全社区平均生育水平。

7.5.2　社会互动效应的内生性问题

Manski（1993）率先提出识别社会互动效应时会出现内生性问题，并通过定义内生效应、外生效应与关联效应解释有偏估计的成因：①难以排除关联效应对内生效应与外生效应的影响。具体而言，一是相关群体因素影响：具有相似特征的样本会选择同一个社区生活；二是共同环境因素：居民再生育意愿与群体生育水平相关联是因为两者所处的环境相同。②群体的外生特征与个人行为选择间存在完全共线性，导致线性期望模型无法从外生效应中有效识别内生效应。

本节旨在进一步检验，剔除相关群体因素、外生效应以及共同环境等潜在影响因素后，基准回归结果是否稳健。

7.5.2.1 相关群体因素

为进一步控制关联效应中相关群体因素的影响，本章进一步选择样本的"兄弟姐妹数量"作为预处理变量加入计量模型（7-12）与模型（7-13），进而排除居民在进入社区之前的生育意愿差异。选择"兄弟姐妹数量"作为预处理变量的原因有：第一，兄弟姐妹数量往往反映了个体在成长过程中所处的家庭环境和家庭结构。一个拥有较多兄弟姐妹的个体，可能在一个较为热闹、竞争与合作并存的环境中长大，这种环境可能对其生育观念产生影响。相反，兄弟姐妹较少的个体可能在一个相对安静、私密的环境中成长，他们的生育观念可能因此而有所不同。第二，兄弟姐妹数量可能与家庭文化密切相关。在一些家庭中，多子女可能被视为家庭繁荣和幸福的象征，这种观念可能通过父母的教育和日常互动传递给子女，进而影响他们的再生育意愿。表7-4的列（1）把居民的兄弟姐妹数量作为居民再生育意愿的预处理变量加入模型，这有利于控制居民在进入社区之前的生育意愿差异，社会互动效应的系数更多地表示为进入社区后再生育意愿的附加值，即受参照群体影响的程度。回归结果如列（1）所示，在控制居民兄弟姐妹数量后，居民再生育意愿受本地人口生育水平与流动人口生育水平的影响，仍与基准回归结果接近。

表7-4　控制相关群体效应和外生效应的回归结果

变量	（1）	（2）	（3）
本地人口生育水平	-0.844** (0.409)	-0.824** (0.401)	-0.884** (0.380)
流动人口生育水平	-0.457** (0.186)	-0.445** (0.186)	-0.469** (0.185)
兄弟姐妹数量	0.043* (0.024)		0.083 (0.068)
个人特征			
年龄	0.038 (0.032)	0.036 (0.034)	0.037 (0.033)
年龄平方	-0.000 (0.000)	-0.000 (0.000)	-0.000 (0.000)
性别	0.109*** (0.400)	0.102*** (0.039)	0.109*** (0.040)

变量	（1）	（2）	（3）
户口性质	0.003 （0.080）	-0.003 （0.082）	0.005 （0.077）
婚姻状况	0.284*** （0.101）	0.288*** （0.101）	0.284*** （0.102）
健康状况	0.099** （0.047）	0.099** （0.048）	0.095* （0.049）
受教育程度	-0.010 （0.028）	-0.014 （0.029）	-0.010 （0.028）
家庭特征			
家庭经济	0.027 （0.029）	0.027 （0.029）	0.049 （0.063）
家庭环境	-0.015 （0.017）	-0.014 （0.017）	-0.014 （0.017）
家庭关系	0.043** （0.022）	0.042* （0.022）	0.058 （0.047）
已生育孩子数	-1.569*** （0.112）	-1.563*** （0.113）	-1.571*** （0.111）
社区环境			
生育文化	1.418*** （0.113）	0.962*** （0.286）	1.864*** （0.679）
常数项	-1.908*** （0.517）	0.155 （1.200）	-8.755 （6.947）
同伴兄弟姐妹平均水平	No	Yes	Yes
同伴家庭平均经济、关系水平	No	No	Yes
社区固定效应	Yes	Yes	Yes
样本量	1248	1248	1248

7.5.2.2 外生效应

为进一步控制外生效应，本章研究进行了如下处理：

第一，控制生育外生特征。社区中其他居民在进入社区之前拥有兄弟姐妹数量的平均水平属于影响居民再生育意愿的外生效应：如果一个社区的居民在进入社区之前普遍拥有较多的兄弟姐妹，那么在此社区中这种家庭结构可能会被视为一种"正常"或"理想"的模式，从而对社区居民的再生育意愿产生积极影响。

相反，如果一个社区的居民在进入社区之前普遍兄弟姐妹数量较少，可能使得此社区中的居民认为较小的家庭规模更"正常"或"理想"，进而影响到居民的再生育意愿。表7-4的列（2）控制社区内其他本地人口与流动人口的兄弟姐妹平均数量，结果表明，本地人口生育水平与流动人口生育水平对居民再生育意愿的负向影响变小。

第二，控制家庭外生特征。社区中其他居民的平均家庭特征对居民再生育意愿的影响也属于外生效应：如果社区内其他家庭普遍呈现出生活优渥、居住环境良好和家庭氛围和谐等积极特征，这些都将对居民再生育意愿产生正面外生效应，从而增强再生育意愿。相反，如果社区内其他家庭普遍呈现生活拮据、居住环境恶劣和家庭氛围紧张等负面特征，这些则可能产生负面的外生效应，抑制居民再生育意愿。表7-4的列（3）加入社区内其他本地人口与流动人口的平均家庭特征，回归结果仍与基准回归结果一致。

7.5.2.3 共同环境因素

为排除共同环境因素对社会互动效应识别的影响，本章研究主要采用如下两种方案：

第一，扩大互动范围。将参照群体的划分标准由同一个社区变为同一个省份，如果社会互动效应是省内共同环境导致的，那么参照群体的划分标准改变并不会导致回归结果发生变化。表7-5的列（1）和列（2）回归结果显示，当参照群体的划分标准发生改变时，本地人口生育水平与流动人口生育水平的系数变得不再显著，这表明社会互动效应并不是由省内共同环境导致的。

第二，伪回归。本节通过伪回归方法，旨在检验基准回归中的社会互动效应是否由共同环境因素导致。具体操作如下：①随机地将来自同一省份不同社区的居民分配给另一个社区的居民作参照，以此构建伪社区样本。②利用这些伪社区样本数据进行回归分析，并重复这一随机试验过程1000次。如果社会互动效应是省内共同环境导致的，那么本地人口生育水平与流动人口生育水平对居民再生育意愿的影响方向与显著性将不会发生改变。表7-5的列（3）所示的伪回归结果排除了这种可能性，伪回归估计的社会互动效应系数变得不再显著。图7-2绘制了1000次伪回归检验的系数值，本地人口生育水平对居民再生育意愿的回归系数均值为-0.085（p=0.276），在1000个系数中并没有出现10%水平以上显著的样本；流动人口生育水平对居民再生育意愿的回归系数均值为-0.059（p=0.209），在1000个系数中10%水平以上显著的样本仅有1个。通过比较伪回归结果与基准回归结果可以发现，参照群体的生育水平对居民再生育意愿的影响系数明显降低，并且结果不再显著，这意味着基准回归结果的社会互动效应并不是由共同环境因素导致的。

表7-5　控制关联效应中共同环境影响的回归结果

变量	（1）	（2）	（3）
本地人口生育水平	-0.007 (3.688)	-1.961 (3.893)	-0.085 (0.078)
流动人口生育水平	-0.303 (0.588)	-0.462 (0.572)	-0.059 (0.047)
个人、家庭、社区特征	Yes	Yes	Yes
社区固定效应	No	Yes	No
省份固定效应	Yes	Yes	Yes
样本量	1248	1248	1248

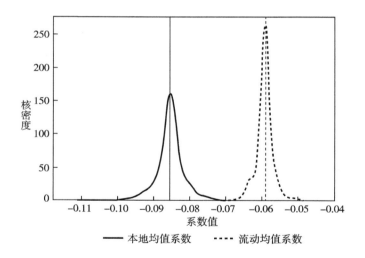

图7-2　1000次伪回归结果的系数分布

7.5.3　稳健性分析

在基准回归分析中，我们注意到一个现象：某些社区的流动人口占比异常低，流动人口占社区总人口最低的社区样本为2.33%。这些社区中流动人口数量相对较少，导致本地人口与流动人口之间的互动机会和频率相当有限。这种互动不足的情况，可能导致社区内部的社会结构和互动模式呈现出某种程度的单一性和固化性，从而影响研究回归结果的准确性。

为了更加精确地研究社区内本地人口与流动人口互动对居民再生育意愿的影响，避免由比例极端社区样本所带来的干扰与偏误，本章研究采取如下两种处理方法：首先，研究删除了流动人口占比最低的社区样本，这样做可以消除极端值对回归结果的潜在影响，确保分析结果的准确性和可靠性。其次，为了进一步净化样本，还删除了流动人口比例低于 5% 的社区样本，进一步缩小了样本范围，使得剩余的社区样本在流动人口比例上更接近现实，从而提高回归分析的有效性和一致性。回归结果如表 7-6 所示，结果与基准回归结果基本保持一致：本地人口生育水平与流动人口生育水平均对居民再生育意愿产生显著的负向影响。

表 7-6　稳健性检验

变量	（1）	（2）
	删除占比最低的社区	删除比例低于 5% 的社区
本地人口生育水平	−0.845 ** （0.392）	−0.888 ** （0.407）
流动人口生育水平	−0.470 ** （0.188）	−0.542 *** （0.195）
个人、家庭、社区特征	Yes	Yes
社区固定效应	Yes	Yes
样本量	1205	1064

7.5.4　拓展分析

7.5.4.1　作用机制分析

根据理论模型推导，本章研究认为，不动产价格与公共服务竞争为社会互动影响居民再生育意愿的机制变量。具体而言，本章研究使用"住房保障"作为机制变量之一。选用"不动产价格"作为机制变量，同时，进一步使用"房租"作为社区不动产价格的代理指标进行回归。使用"公共服务竞争"作为另一机制变量，其中包括正式照料资源、教育资源与医疗资源。具体而言，利用问题"社区内是否有幼儿园"衡量正式照料资源；利用问题"社区内是否有小学和初中"衡量教育资源；利用问题"社区内是否有私人诊所/医院"衡量医疗资源。

（1）住房保障机制。本研究将样本按不动产价格的中位数分为两组，结果显示，不动产价格高于中位数的子样本中，本地人口生育水平与流动人口生育水平的系数分别在5%和1%的水平上显著为负，即在不动产价格较高的地区，本地人口或流动人口生育水平提高会进一步增加居民的购房压力，从而降低再生育意愿。然而，不动产价格低于中位数的子样本中，本地人口生育水平与流动人口生育水平的系数不显著，即对于不动产价格较低的地区而言，本地人口或流动人口生育水平提高并不会挤占居民的房产资源，从而不会对居民的再生育意愿产生影响。

使用不动产价格回归可能存在一定的噪声，因此研究又使用房租作为社区不动产价格的代理指标：房租越高，表示不动产价格越高；反之则表示不动产价格越低。将样本按房租的中位数分为两组，房租小于中位数的子样本中，本地人口生育水平与流动人口生育水平的系数分别在5%和1%的水平上显著为负，房租大于中位数的子样本中，本地人口生育水平与流动人口生育水平的系数不显著，也证明本地人口生育水平与流动人口生育水平提高显著地增加了居民的购房压力，进而抑制居民的再生育意愿。综上所述，本地人口生育水平与流动人口生育水平通过不动产价格机制影响居民的再生育意愿。

（2）公共服务竞争机制。为了进一步考察公共服务竞争在居民生育的社会互动效应中的作用，本章将中心化处理后的自变量和机制变量生成交互项纳入回归方程。其中，机制变量包括正式照料资源、教育资源与医疗资源。①正式照料资源的调节效应方面，结果表明，流动人口生育水平与正式照料资源的交互项系数显著为正，这意味着正式照料资源弱化了流动人口生育水平对居民再生育意愿的负向影响。相比于没有幼儿园的社区，在有幼儿园的社区内，居民再生育意愿受流动人口生育水平的抑制效应更小。由此可见，仅通过宽松型的生育政策很难使居民的再生育意愿提高，还需为居民提供相应的正式照料资源以缓解本地人口与流动人口间的资源竞争。②教育资源的调节效应方面，结果表明，流动人口生育水平与教育资源的交互项系数显著为正，且在5%的水平上显著，即教育资源弱化了流动人口生育水平对居民再生育意愿的负向影响。这表明教育资源越充沛，流动人口生育水平对居民再生育意愿的冲击越小。上述回归结果表明，养育成本仍是当前限制居民生育水平回升的主要原因。③医疗资源的调节效应方面，结果表明，流动人口生育水平与医疗资源的交互项系数显著为正，这表明医疗资源越充沛，流动人口生育水平对居民再生育意愿的冲击越小。不难发现，本地人口生育水平并不会通过公共服务竞争途径影响居民再生育意愿，而流动人口生育水平则会通过公共服务竞争途径显著影响居民再生育意愿。

7.5.4.2 异质性分析

为进一步分析本地人口生育水平与流动人口生育水平对居民中不同群体再生育意愿的影响方向以及程度，本章研究将城市居民分为本地人口与流动人口，并分别探究本地人口、流动人口生育水平对本地人口、流动人口再生育意愿的影响。如此细分的主要原因是：第一，本地人口和流动人口在文化背景、经济状况、社会网络等方面存在差异，这些因素都可能影响其再生育意愿。通过将两者分开研究，可以更清晰地揭示这些差异。第二，这样研究有助于政策制定者更加精准地制定生育支持政策。通过对本地人口和流动人口再生育意愿的深入研究，政策制定者可以更加清楚地了解不同群体的生育需求和挑战，从而制定出更具针对性和有效性的政策。表7-9反映出本地人口生育的社会互动效应显著，而流动人口生育的社会互动效应并不显著。这可能是由以下原因导致的：第一，本地人口通常对所在社区的环境和居民有更为深入的了解和认知。他们可能对社区的历史、文化、社会规范等有更清晰的认识，因此更容易受到社区氛围和邻里关系的影响。而流动人口由于刚到新环境，还在努力适应和融入，对社区的认知可能较为有限，因此邻里效应对他们的影响相对较小。第二，本地人口在社区中可能存在着更为紧密的社会联系和支持网络。在面临生育决策等生活问题时，他们可能更容易依赖社区内参照群体的影响和建议。而流动人口由于社会网络的不稳定性和不确定性，可能较少依赖社区内参照群体的建议和影响，更多地依赖自身的判断和决策。

表7-7 异质性分析

变量	（1）	（2）
	本地人口	流动人口
本地人口生育水平	-2.298*** （0.828）	0.028 （0.668）
流动人口生育水平	-0.408*** （0.143）	0.098 （0.805）
个人特征		
年龄	0.037 （0.035）	-0.148 （0.144）

居民生育决策的微观机理

续表

变量	（1）	（2）
	本地人口	流动人口
年龄平方	−0.000 （0.001）	0.002 （0.002）
性别	0.042 （0.045）	0.403 *** （0.091）
户口性质	0.033 （0.091）	−0.074 （0.254）
婚姻状况	0.264 * （0.139）	0.708 *** （0.214）
健康状况	0.125 ** （0.051）	−0.011 （0.091）
受教育程度	−0.009 （0.029）	−0.130 （0.093）
家庭特征		
家庭经济	0.022 （0.028）	0.165 ** （0.068）
家庭环境	−0.023 （0.019）	−0.042 （0.031）
家庭关系	0.043 * （0.024）	0.024 （0.046）
已生育孩子数	−1.722 *** （0.140）	−1.604 *** （0.242）
社区环境		
生育文化	1.993 *** （0.238）	−1.191 *** （0.432）
常数项	−1.124 （0.871）	4.766 * （2.460）
社区固定效应	Yes	Yes
样本量	984	264

7.6　结论及政策建议

7.6.1　研究结论

人口作为经济社会运行的核心要素，其高质量发展对经济社会高质量发展起着支撑性作用。在新时代背景下，推动人口高质量发展以支持中国式现代化已成为人口发展的核心议题。无论是从人口规模维度，还是从人口结构维度看，我国都迫切需要走上人口高质量发展道路，以适应经济社会发展需求。党的二十大报告明确提出，"建立生育支持政策体系"，这体现出我国对生育支持的重视程度进一步提升。但是，当前构建生育支持政策体系仍处于起步阶段，任重而道远，迫切需要相关研究为其提供理论支撑。

本章研究使用中国劳动力动态调查数据中城市地区样本，以社区为标准定义社会互动范围，系统研究居民再生育意愿的社会互动效应。首先，本章研究使用泊松回归分析方法探究了本地人口与流动人口生育水平对居民再生育意愿的影响，发现在不同控制变量情况下，本地人口生育水平与流动人口生育水平均会对居民再生育意愿产生显著的负向影响。其次，为进一步验证社会互动效应识别的无偏性，进行了如下处理：第一，将样本的"兄弟姐妹数量"作为预处理变量添加至基准回归模型，以排除相关群体因素对模型识别的影响；第二，将社区中其他居民兄弟姐妹数量的平均值添加至基准回归模型，以排除外生效应对模型识别的影响；第三，将互动范围扩大并进行伪回归，以排除共同环境对模型识别的影响。结果发现，上述影响因素并不会显著影响社会互动效应识别。最后，本章研究探究了居民再生育意愿的社会互动效应背后的作用机理，发现社会互动效应通过不动产价格机制对居民再生育意愿产生抑制作用。进一步研究发现，社区拥有幼儿园、小学、初中和医院会正向调节流动人口生育水平对居民再生育意愿的抑制效应。

7.6.2　政策建议

释放育龄人群再生育意愿与构建生育支持政策体系密切相关，本章研究为提高居民再生育意愿、构建生育支持政策体系提供参考：

（1）短期来看，要继续落实"双减"政策并完善配套措施，确保义务教育阶段学生过重作业负担和校外培训负担得到有效减轻，降低家庭教育支出中用于孩子学习的部分，从而直接减轻育龄人群的养育成本。长远来看，面对人口负增长的现实挑战，应坚定不移地推进义务教育均衡发展，普及高中教育或延迟中考分流，保障每一个渴望接受高中和大学教育的学生都能获得优质的教育资源，进而从根本上减轻家庭的教育成本负担。

（2）加快完善住房保障体系，促使住房保障政策与生育支持政策接轨形成政策合力。加快发展保障性租赁住房，解决新市民、青年人等群体住房困难。例如，对于符合条件的家庭，在申请保障性租赁住房时给予一定的优惠或优先权；对于生育多孩的家庭，可以适当提高住房保障水平，减轻他们的住房负担。同时，加快发展长租房市场，多渠道增加长租房供应，推进租购权利均等。

（3）完善托育服务体系，增加普惠托育服务供给，减轻育龄人群的生育负担。首先，应加大对托育服务的投入力度，提高托育服务的普惠性和可及性。通过设立专项资金、提供财政补贴等方式，鼓励和支持社会力量兴办托育服务机构，扩大托育服务供给规模，满足广大育龄人群对托育服务的需求。其次，推动托育服务与学前教育、家庭教育等融合发展。建立托育服务与其他教育阶段的衔接机制，促进婴幼儿早期教育与学前教育的有效衔接。同时，加强家庭教育指导，提高家长科学育儿的能力和水平，形成家庭、学校、社会共同育人的良好氛围。

（4）建立健全优生优育服务体系，提升生育服务水平。完善从婚前检查到孕期保健、分娩服务、婴幼儿照护等全链条的优生优育服务，确保每个家庭都能享受到高质量的服务。同时，加强基层医疗卫生机构建设，全面落实生育基本公共服务，提升基层优生优育服务能力，让优质服务更加贴近群众。

7.6.3 未来展望

随着二十届中央财经委员会第一次会议提出"以人口高质量发展支撑中国式现代化"，将人口高质量发展归纳为"加快塑造素质优良、总量充裕、结构优化、分布合理的现代化人力资源"，这为全面推动人口高质量发展提供了基本遵循和钥匙。而适度生育率作为保持人口总量充裕、结构优化的前提条件，日益受到学者的关注。本章研究已经证实，生育决策具有显著的外部效应，这一结论为我们理解低生育率现象与人口动态特征提供了新的视角。然而，对于生育决策外部效应的数量关系及其内在机制，仍有许多未知领域需要探索。

（1）门槛规律的探究。为了更精确地揭示社区平均生育水平对个人生育决策的影响，可以利用门槛回归模型进行深入研究。门槛回归模型能够识别不同社区平均生育水平下，个人生育决策是否存在的变化点或门槛值。即是否存在某个特定的社区平均生育水平，使得个人生育决策发生显著变化。这不仅有助于理解生育决策的微观机制，还能为政策制定提供更为精准的参考。

（2）非线性关系的探索。除了门槛规律，还应关注社区平均生育水平与个人生育决策之间可能存在的非线性关系。通过在回归模型中添加社区平均生育水平的平方项，可以探究是否存在曲线的变化趋势，或者生育的社会互动效应是否存在拐点。这种非线性关系认识将有助于更全面地理解生育决策外部性的复杂性，以及不同生育水平下个人生育决策的差异。

参考文献

［1］阿尔伯特·班杜拉．社会学习理论［M］．陈欣银，李伯秉，译．北京：中国人民大学出版社，2015.

［2］阿申费尔特．劳动经济学手册（第一卷）［M］．曹阳，陈银娥，等译．北京：经济科学出版社，2009.

［3］鲍莹莹．隔代照料对祖辈代际赡养预期的影响——基于 CHARLS（2015）数据的实证分析［J］．中国农村观察，2019（4）：82-93.

［4］边恕，纪晓晨．社会资本对生育意愿的影响研究［J］．财经问题研究，2023，470（1）：120-129.

［5］边恕，熊禹淇．内卷背景下教育期望对生育行为的影响和机制分析［J］．人口与发展，2023，29（5）：2-11.

［6］蔡昉，杨涛．城乡收入差距的政治经济学［J］．中国社会科学，2000（4）：11-22+204.

［7］蔡昉．人口转变、人口红利与刘易斯转折点［J］．经济研究，2010，45（4）：4-13.

［8］曹信邦，童星．儿童养育成本社会化的理论逻辑与实现路径［J］．南京社会科学，2021（10）：75-82+135.

［9］曹艳春．全面二孩政策背景下从生育意愿到生育行为：基于 SSM 的影响因素及激励机制分析［J］．兰州学刊，2017（2）：166-177.

［10］陈斌开，张鹏飞，杨汝岱．政府教育投入、人力资本投资与中国城乡收入梯度［J］．管理世界，2010（1）：36-43.

［11］陈彩霞，张纯元．当代农村女性生育行为和生育意愿的实证研究［J］．人口与经济，2003（5）：76-80.

［12］陈功，郭志刚．老年人家庭代际经济流动类型的分析［J］．南京人口管理干部学院学报，1998（1）：30-35.

［13］陈海龙，马长发．跨区域人口城镇化迁移与城乡居民收入差距——理

论模型与模拟分析［J］. 人口与经济，2020（5）：118-136.

［14］陈海龙，马长发. 中国"二孩"政策效果及区域异质性研究［J］. 人口与发展，2019，25（3）：66-75.

［15］陈华帅，刘亮，许明. 体制内就业者的收入太少了么——基于CFPS面板数据的实证分析［J］. 统计学报，2020，1（1）：43-54.

［16］陈欢，张跃华. 养老保险对生育意愿的影响研究——基于中国综合社会调查数据（CGSS）的实证分析［J］. 保险研究，2019（11）：88-99.

［17］陈辉. 老漂：城市化背景下农村代际支持的新方式［J］. 中国青年研究，2018（2）：24-29.

［18］陈建平，樊华，刘小芹，等. 上海市户籍已婚育龄人群生育意愿与生育状况调查［J］. 中国计划生育学杂志，2014，22（8）：519-525.

［19］陈静. 生育政策、职业性别歧视与生育抑制［D］. 南京大学硕士学位论文，2017.

［20］陈榴，简伟研. 代际支持与老年人自评健康的相关性研究［J］. 中国社会医学杂志，2022，39（3）：333-337.

［21］陈士岭，罗燕群，夏容，等. 女性年龄与不孕及生育力减退［J］. 国际生殖健康/计划生育杂志，2011（4）：265-271.

［22］陈素琼，李杨. "全面二孩"政策下农业流动人口二孩生育意愿研究——基于沈阳市的调查分析［J］. 农林经济管理学报，2018，17（4）：486-494.

［23］陈万思，陈昕. 生育对已婚妇女人才工作与家庭的影响——来自上海的质化与量化综合研究［J］. 妇女研究论丛，2011，104（2）：40-49.

［24］陈卫，靳永爱. 中国妇女生育意愿与生育行为的差异及其影响因素［J］. 人口学刊，2011（2）：3-13.

［25］陈卫，吴丽丽. 中国人口迁移与生育率关系研究［J］. 人口研究，2006，30（1）：13-20.

［26］陈卫. 基于广义稳定人口模型的中国生育率估计［J］. 人口研究，2015，39（6）：35-43.

［27］陈卫. 性别偏好与中国妇女生育行为［J］. 人口研究，2002（2）：14-22.

［28］陈卫. 中国近年来的生育水平估计［J］. 学海，2016，（1）：67-75.

［29］陈卫民，万佳乐，李超伟. 上网为什么会影响个人生育意愿？［J］. 人

口研究，2022（3）：16-29.

　　［30］陈翔．生育压力对知识型女性员工职业发展的影响与对策——以广东4家会计师事务所为例［J］．科技资讯，2021，19（25）：95-97+193.

　　［31］陈秀红．流动人口家庭发展能力对二孩生育意愿的影响——基于2016年流动人口动态监测数据的实证分析［J］．行政管理改革，2019（4）：60-68.

　　［32］陈秀红．影响城市女性二孩生育意愿的社会福利因素之考察［J］．妇女研究论丛，2017（1）：30-39.

　　［33］陈学招，张雯佳．金融知识、收入风险与家庭金融市场参与行为［J］．浙江金融，2018（10）：41-49.

　　［34］陈英姿，孙伟．照料史、隔代照料对我国中老年人健康的影响——基于 Harmonized CHARLS 的研究［J］．人口学刊，2019（5）：45-56.

　　［35］陈媛媛，董彩婷，朱彬妍．流动儿童和本地儿童之间的同伴效应：孰轻孰重？［J］．经济学（季刊），2021，21（2）：511-532.

　　［36］陈云松，范晓光．社会学定量分析中的内生性问题测估社会互动的因果效应研究综述［J］．社会，2010（4）：91-117.

　　［37］陈钟翰，吴瑞君．城市较高收入群体生育意愿偏高的现象及其理论解释——基于上海的调查［J］．西北人口，2009，30（6）：54-57+61.

　　［38］陈仲常，张建升．中国工业布局变迁与收入梯度相关性分析［J］．财经研究，2005（7）：83-90.

　　［39］程诚，王奕轩，边燕杰．中国劳动力市场中的性别收入梯度：一个社会资本的解释［J］．人口研究，2015，39（2）：3-16.

　　［40］程星，刘玉佳，李欣，等．鼓励"全面二孩"：中国中长期人口发展的战略选择——基于"全面二孩"政策的人口学后果分析［J］．江汉大学学报（社会科学版），2017，34（2）：18-23+123.

　　［41］大渊宽，森冈仁，张真宁．生育率经济学（一）——贝克尔的创见及其先驱者［J］．人口与经济，1988（2）：16-18+40.

　　［42］戴谢尔，陈俊，代明．养育经济学研究进展［J］．经济学动态，2023（2）：126-142.

　　［43］邓金虎，原新．流动妇女生育量及其影响因素研究——基于天津市流动人口监测数据［J］．人口与发展，2017，23（5）：49-55.

　　［44］邓浏睿，周子旋．基于"全面二孩"政策下的不动产价格波动、收入水平对生育行为的影响研究［J］．湖南大学学报（社会科学版），2019，33（6）：

71-77.

[45] 邓翔，万春林，路征．生一孩，还是生二孩——基于家庭行为决策的 OLG 模型分析 [J]．财经科学，2018（10）：96-108．

[46] 丁宁，蒋媛媛．学龄前儿童照料方式对中国城镇女性劳动参与的影响 [J]．现代经济信息，2018（21）：12-13+16．

[47] 丁仁船，黄院玲，蔡弘．夫妻年龄差对女性生育意愿的影响研究 [J]．安徽理工大学学报（社会科学版），2022，24（6）：57-64．

[48] 董彩婷，陈媛媛．青少年使用电子媒介的同伴效应——基于班级社交网络的视角 [J]．财经研究，2021（10）：125-139．

[49] 董美君，杨浩，胡莹．代际支持对老年人抑郁的影响研究——基于 CLHLS 2018 年数据的实证分析 [J]．成都医学院学报，2023，18（1）：97-101．

[50] 杜本峰．家庭生育选择行为影响因素测度及经济分析——基于离散选择经济计量模型分析视角 [J]．经济经纬，2011（3）：1-5．

[51] 杜凤莲，张胤钰，董晓媛．儿童照料方式对中国城镇女性劳动参与率的影响 [J]．世界经济文汇，2018（3）：1-19．

[52] 杜康，黄珏瑢，关宏宇，等．西部农村学校同伴效应对青少年近视的影响 [J]．西北农林科技大学学报（社会科学版），2022（1）：77-87．

[53] 杜磊．身高歧视对工资收入梯度的影响 [J]．合作经济与科技，2021，659（12）：100-103．

[54] 杜晓静，王振杰，郑翩翩．现代化视域下经济发展、教育资源对职业女性生育意愿的影响 [J]．人口与发展，2023，29（3）：23-33．

[55] 段文杰，苏志翔．不同生育政策背景下子女成年期生命质量的影响因素及其机制——基于 2008 年中国综合社会调查资料的回溯研究 [J]．人口与发展，2020，26（5）：2-21．

[56] 段志民．子女数量对家庭收入的影响 [J]．统计研究，2016，33（10）：83-92．

[57] 樊潇彦，袁志刚，万广华．收入风险对居民耐用品消费的影响 [J]．经济研究，2007（4）：124-136．

[58] 方长春．家庭背景与教育分流教育分流过程中的非学业性因素分析 [J]．社会，2005（4）：105-118．

[59] 方慧芬，陈江龙，袁丰，等．中国城市不动产价格对生育率的影响——基于长三角地区 41 个城市的计量分析 [J]．地理研究，2021，40（9）：

2426-2441.

[60] 房佳斐. 生育代价、劳动力市场隔离与性别收入梯度 [D]. 华东师范大学硕士学位论文, 2016.

[61] 费孝通. 乡土中国·生育制度·乡土重建 [M]. 北京: 商务印书馆, 2011.

[62] 风笑天, 张青松. 二十年城乡居民生育意愿变迁研究 [J]. 市场与人口分析, 2002 (5): 21-31.

[63] 风笑天. 当代中国人的生育意愿: 我们实际上知道多少? [J]. 社会科学, 2017 (8): 59-71.

[64] 风笑天. 青年个体特征与生育意愿——全国 12 城市 1786 名在职青年的调查分析 [J]. 江苏行政学院学报, 2009 (4): 62-68.

[65] 风笑天. 三孩生育意愿预测须防范二孩研究偏差 [J]. 探索与争鸣, 2021, 385 (11): 80-89+178.

[66] 风笑天. 影响育龄人群二孩生育意愿的真相究竟是什么 [J]. 探索与争鸣, 2018 (10): 54-61+142.

[67] 冯永琦, 于欣晔. 家庭投资风险偏好对生育行为的影响研究——基于 CGSS 2017 数据的分析 [J]. 经济问题, 2022 (7): 54-62.

[68] 甘春华, 陆健武. "全面二孩" 政策下农村女青年的生育意愿及流动模式——以粤西地区为例 [J]. 青年探索, 2016, (5): 60-70.

[69] 高韶峰. 第二次人口转变视域下生育意愿的同侪效应——社会互动对生育意愿的影响 [J]. 河南社会科学, 2022 (6): 110-117.

[70] 龚德华, 甘霖, 刘惠芳, 等. 生育意愿影响因素分析 [J]. 湖南医科大学学报 (社会科版), 2009, 11 (1): 92-94.

[71] 辜子寅. 我国总和生育率重估计及其影响分析 [J]. 统计与决策, 2015 (23): 7-12.

[72] 谷晶双. 女性生育二孩的影响因素及其劳动供给效应 [J]. 经济与管理研究, 2021, 42 (3): 83-96.

[73] 顾宝昌, 马小红, 茅倬彦. 二孩, 你会生吗? [M]. 北京: 社会科学文献出版社, 2014.

[74] 顾宝昌, 彭希哲. 伴随生育率下降的人口态势 [J]. 人口学刊, 1993 (1): 9-15.

[75] 顾宝昌. 论生育和生育转变: 数量、时间和性别 [J]. 人口研究,

1992（6）：1-7.

[76] 顾宝昌．生育意愿、生育行为和生育水平 [J]．人口研究，2011，35（2）：43-59.

[77] 顾和军，吕林杰．中国农村女性劳动参与对生育行为的影响 [J]．人口与发展，2015，21（5）：66-72.

[78] 顾和军，张永梅，卞凤芹．退而不休、隔代照料与中国育龄女性生育行为 [J]．浙江社会科学，2022（6）：83-90+18+157-158.

[79] 郭剑雄．人力资本、生育率与城乡收入梯度的收敛 [J]．中国社会科学，2005（3）：27-37+205.

[80] 郭凯明，龚六堂．社会保障、家庭养老与经济增长 [J]．金融研究，2012（1）：78-90.

[81] 郭玲，李钰琴，徐慧，等．外国直接投资对我国行业间收入分配差异影响的实证研究 [J]．现代商业，2022（13）：61-63.

[82] 郭筱琳．隔代抚养对儿童言语能力、执行功能、心理理论发展的影响：一年追踪研究 [J]．中国临床心理学杂志，2014，22（6）：1072-1076+1081.

[83] 郭志刚，李睿．从人口普查数据看族际通婚夫妇的婚龄、生育数及其子女的民族选择 [J]．社会学研究，2008（5）：98-116-244.

[84] 郭志刚．流动人口对当前生育水平的影响 [J]．人口研究，2010，34（1）：19-29.

[85] 郭志刚．中国的低生育水平及其影响因素 [J]．人口研究，2008（4）：1-12.

[86] 韩常森．脑力劳动与体力劳动收入倒挂，有碍人口文化科学素质的提高 [J]．人口研究，1989（4）：27-30.

[87] 韩雷，陈华帅，刘长庚．"铁饭碗"可以代代相传吗？——中国体制内单位就业代际传递的实证研究 [J]．经济学动态，2016（8）：61-70.

[88] 郝克明，丁小浩，窦现金．建立和完善我国个体学习培训的体制与机制——我国企业员工和农村个体学习培训现状调查 [J]．教育研究，2005（2）：20-25.

[89] 何林，袁建华．从世界范围看经济发展与生育率的关系 [J]．人口与经济，1989（4）：59-63+54.

[90] 何勤英，李琴，李任玉．代际收入流动性与子辈和父辈间收入地位差异——基于收入梯度的视角 [J]．公共管理学报，2017，14（2）：122-131+158.

［91］何亚丽，林燕，．教育及社保投入对生育率和教育水平的影响［J］．南开经济研究，2016（3）：133-153.

［92］何圆，佘超，王伊攀．社会互动对老年人消费升级的影响研究——兼论广场舞的经济带动效应［J］．财经研究，2021（6）：124-138.

［93］和建花，蒋永萍．从支持妇女平衡家庭工作视角看中国托幼政策及现状［J］．学前教育研究，2008（8）：3-6+29.

［94］和建花．部分发达国家幼儿照看和教育体制及其新政策概述［J］．学前教育研究，2007（Z1）：111-115.

［95］贺丹，张许颖，庄亚儿，等．2006~2016年中国生育状况报告——基于2017年全国生育状况抽样调查数据分析［J］．人口研究，2018，42（6）：35-45.

［96］侯风云，付洁，张凤兵．城乡收入不平等及其动态演化模型构建——中国城乡收入梯度变化的理论机制［J］．财经研究，2009，35（1）：4-15+48.

［97］侯慧丽．城市化进程中流入地城市规模对流动人口生育意愿的影响［J］．人口与发展，2017，23（5）：42-48+112.

［98］侯佳伟，黄四林，辛自强，等．中国人口生育意愿变迁：1980-2011［J］．中国社会科学，2014（4）：78-97+206.

［99］侯佳伟，周博，梁宏．三孩政策实施初期广东女性的生育意愿与托育服务、育儿假［J］．南方人口，2022，37（3）：39-52.

［100］侯俊军，岳诺亚，张莉．不动产价格与流动人口再生育意愿：一个社会融入的视角［J］．湖南大学学报（社会科学版），2023，37（5）：54-63.

［101］胡静．收入、相对地位与女性的生育意愿［J］．南方人口，2010，25（4）：3-9.

［102］黄斌，高蒙蒙，查晨婷．中国农村地区教育收益与收入梯度［J］．中国农村经济，2014，359（11）：28-38.

［103］黄国桂，杜鹏，陈功．隔代照料对于中国老年人健康的影响探析［J］．人口与发展，2016，22（6）：93-100+109.

［104］黄静，李春丽．住房对家庭多孩生育的影响研究［J］．公共行政评论，2022，15（4）：37-54+196.

［105］黄庆波，杜鹏，陈功．老年父母与成年子女间的代际支持及其影响因素［J］．人口与发展，2018，24（6）：20-28+128.

［106］黄庆波，胡玉坤，陈功．代际支持对老年人健康的影响——基于社会

交换理论的视角〔J〕. 人口与发展，2017，23（1）：43-54.

〔107〕黄晓芳.“全面二孩”政策下育龄女性二孩生育意愿与激励对策——基于茂名市的调查研究〔D〕. 南昌大学硕士学位论文，2020.

〔108〕黄秀女，郭圣莉. 城乡差异视角下医疗保险的隐性福利估值及机制研究——基于 CGSS 主观幸福感数据的实证分析〔J〕. 华中农业大学学报（社会科学版），2018（6）：93-103+156.

〔109〕黄秀女，徐鹏. 社会保障与流动人口二孩生育意愿——来自基本医疗保险的经验证据〔J〕. 中央财经大学学报，2019（4）：104-117.

〔110〕计迎春，郑真真. 社会性别和发展视角下的中国低生育率〔J〕. 中国社会科学，2018（8）：143-161+207-208.

〔111〕贾男，甘犁，张劼. 工资率、“生育陷阱”与不可观测类型〔J〕. 经济研究，2013，48（5）：61-72

〔112〕贾志科，罗志华，风笑天. 城市青年夫妇生育意愿与行为的差异及影响因素——基于南京、保定调查的实证分析〔J〕. 西北人口，2019，40（5）：69-79.

〔113〕贾志科，罗志华，张欣杰. 我国家庭养育成本的研究述评与前景展望〔J〕. 西北人口，2021，42（5）：115-126.

〔114〕贾志科. 20 世纪 50 年代后我国居民生育意愿的变化〔J〕. 人口与经济，2009（4）：24-28+33.

〔115〕贾志科. 影响生育意愿的多种因素分析〔J〕. 南京人口管理干部学院学报，2009，25（4）：27-30+44.

〔116〕江涛. 幼儿园供给扩张能提高生育吗？——来自社会力量兴办幼儿园准自然实验的证据〔J〕. 财经研究，2021，47（8）：94-108.

〔117〕江怡彬，程彩凤，刘心语. 职业女性二孩生育意愿及其影响因素研究〔J〕. 市场周刊，2021，34（12）：29-33.

〔118〕姜天英，夏利宇. 中国妇女生育意愿及影响因素研究——基于 CHNS 数据的计数膨胀模型分析〔J〕. 调研世界，2019（1）：11-16+41.

〔119〕金盛华. 社会心理学（第二版）〔M〕. 北京：高等教育出版社，2005.

〔120〕靳卫东，宫杰婧，毛中根.“二孩”生育政策“遇冷”：理论分析及经验证据〔J〕. 财贸经济，2018（4）：130-145.

〔121〕靳小怡，刘妍珺. 照料孙子女对老年人生活满意度的影响——基于流动老人和非流动老人的研究〔J〕. 东南大学学报（哲学社会科学版），2017，19

（2）：119-129+148.

[122] 靳永爱，宋健，陈卫．全面二孩政策背景下中国城市女性的生育偏好与生育计划 [J]．人口研究，2016，40（6）：22-37.

[123] 靳永爱，赵梦晗，宋健．父母如何影响女性的二孩生育计划——来自中国城市的证据 [J]．人口研究，2018（5）：17-29.

[124] 景天魁．传统孝文化的古今贯通 [J]．学习与探索，2018（3）：40-46.

[125] 康传坤，孙根紧．基本养老保险制度对生育意愿的影响 [J]．财经科学，2018（3）：67-79.

[126] 兰永海，杨华磊，胡浩钰．社会养老保险挤占家庭生育？——理论阐述与实证分析 [J]．西北人口，2018，39（5）：57-65.

[127] 李春玲．风险与竞争加剧环境下大学生就业选择变化研究 [J]．中国青年社会科学，2023，42（5）：19-29.

[128] 李丁，丁俊菘，马双．社会互动对家庭商业保险参与的影响——来自中国家庭金融调查（CHFS）数据的实证分析 [J]．金融研究，2019（7）：96-114.

[129] 李丁，郭志刚．中国流动人口的生育水平——基于全国流动人口动态监测调查数据的分析 [J]．中国人口科学，2014（3）：17-29+126.

[130] 李冬领．基于数据挖掘的二孩生育意愿影响因素研究 [D]．南京邮电大学硕士学位论文，2018.

[131] 李芬，风笑天．照料"第二个"孙子女？——城市老人的照顾意愿及其影响因素研究 [J]．人口与发展，2016，22（4）：87-96.

[132] 李桂燕．全面二孩政策下男性参与家庭照料的困境与路径 [J]．深圳大学学报（人文社会科学版），2018，35（3）：114-122.

[133] 李建新，骆为祥．生育意愿的代际差异分析——以江苏省为例 [J]．中国农业大学学报（社会科学版），2009，26（3）：21-30.

[134] 李建新，苏文勇，张月云．中国当代育龄妇女生育意愿分析——以江苏6县市调查为例 [J]．南京人口管理干部学院学报，2011，27（2）：21-26.

[135] 李静，谢雯．增能视角下残障老人居家养老的现实困境与纾困之道——基于S市若干残障老人的研究 [J]．西北大学学报（哲学社会科学版），2021，51（5）：98-108.

[136] 李骏．中国高学历个体的教育匹配与收入回报 [J]．社会，2016，36

（3）：64-85.

　　［137］李荣彬．子女性别结构、家庭经济约束与流动人口生育意愿研究——兼论代际和社会阶层的影响［J］.青年研究，2017（4）：23-33+94-95.

　　［138］李实，朱梦冰．推进收入分配制度改革促进共同富裕实现［J］.管理世界，2022，38（1）：52-62+76.

　　［139］李婉鑫，杨小军，杨雪燕．儿童照料支持与二孩生育意愿——基于2017年全国生育状况抽样调查数据的实证分析［J］.人口研究，2021，45（5）：64-78.

　　［140］李向梅，万国威．育儿责任、性别角色与福利提供：中国儿童照顾政策的展望［J］.中国行政管理，2019（4）：138-144.

　　［141］李学峰，王军．基于广义有序逻辑回归的沥青路面使用性能评价［J］.厦门理工学院学报，2018，26（5）：63-67.

　　［142］李烟然，倪洁，力晓蓉，等．成都市育龄人群生育意愿及影响因素调查［J］.中国计划生育学杂志，2020，28（3）：315-319.

　　［143］李银河．生育与村落文化：一爷之孙［M］.文化艺术出版社，2003：3.

　　［144］李勇辉，沈波澜，李小琴．儿童照料方式对已婚流动女性就业的影响［J］.人口与经济，2020（5）：44-59.

　　［145］李玉柱．低生育水平地区生育观念和生育行为分析［D］.中国社会科学院研究生院，2011.

　　［146］李月，成前，闫晓．女性劳动参与降低了生育意愿吗？——基于子女照护需要视角的研究［J］.人口与社会，2020，36（2）：90-99.

　　［147］李智，张山山，倪俊学，等．1982-2010年中国出生率与总和生育率变化趋势和地理分布［J］.中国卫生统计，2015，32（6）：1053-1055.

　　［148］李中建，袁璐璐．体制内就业的职业代际流动：家庭背景与学历［J］.南方经济，2019（9）：69-83.

　　［149］李壮．青年农民生育意愿的特征及其对策研究——基于对全国2313个青年农户的调查［J］.青年探索，2016（6）：70-77.

　　［150］李孜，谭江蓉，黄匡时．重庆市生育水平、生育意愿及生育成本［J］.人口研究，2019，43（3）：45-56.

　　［151］李子联．收入与生育：中国生育率变动的解释［J］.经济学动态，2016（5）：37-48.

［152］梁斌，冀慧．失业保险如何影响求职努力？——来自"中国时间利用调查"的证据［J］．经济研究，2020，55（3）：179-197．

［153］梁超．实际二元生育政策下的城镇化和城乡收入梯度［J］．山东社会科学，2017（8）：138-144．

［154］梁宏．家庭支持对职业女性二孩生育决策的影响——基于中山市二孩生育需求调查的实证研究［J］．南方人口，2017，32（6）：14-24．

［155］梁同贵．流动人口生育水平研究中的两个盲点与生育水平再分析［J］．人口与经济，2021（5）：95-110．

［156］梁同贵．乡城流动人口的生育间隔及其影响因素——以上海市为例［J］．人口与经济，2016（5）：12-22．

［157］梁土坤．城市适应：流动人口生育意愿的影响因素及其政策涵义［J］．大连理工大学学报（社会科学版），2018，39（6）：82-90．

［158］廖娟．收入风险与个人职业选择——基于风险态度的研究［J］．北京行政学院学报，2011（3）：73-77．

［159］廖庆忠，曹广忠，陶然．流动人口生育意愿、性别偏好及其决定因素——来自全国四个主要城市化地区12城市大样本调查的证据［J］．人口与发展，2012，18（1）：2-12．

［160］林光华．农户收入风险与预防性储蓄——基于江苏农户调查数据的分析［J］．中国农村经济，2013（1）：55-66．

［161］林卡，李骅．隔代照顾研究述评及其政策讨论［J］．浙江大学学报（人文社会科学版），2018（7）：5-13．

［162］林毅夫，刘培林．中国的经济发展战略与地区收入差距［J］．经济研究，2003（3）：19-25+89．

［163］刘冰，徐碧姣．基本养老保险制度有利于居民生育意愿的提升吗［J］．财会月刊，2021（8）：154-160．

［164］刘传辉，何兴邦．体制内身份、生育选择和全面二孩政策优化——来自中国的证据［J］．四川师范大学学报（社会科学版），2016，43（6）：98-105．

［165］刘二鹏，张奇林，韩天阔．照料经济学研究进展［J］．经济学动态，2019（8）：99-115．

［166］刘厚莲．配偶随迁降低了流动人口生育意愿吗？［J］．人口学刊，2017，39（4）：40-49．

［167］刘金菊．中国城镇女性的生育代价有多大？［J］．人口研究，2020，

44（2）：33-43.

［168］刘倩，田蕴祥.体制内就业青年的生育意愿影响因素研究［J］.青年发展论坛，2023，33（6）：42-56.

［169］刘帅.产业结构变迁与收入梯度［J］.青海金融，2022，380（4）：31-36.

［170］刘西国.基于 Heckman-HLM 模型的代际经济支持影响因素分析［J］.统计与决策，2016（11）：95-99.

［171］刘一伟.社会养老保险、养老期望与生育意愿［J］.人口与发展，2017a，23（4）：30-40.

［172］刘一伟.住房公积金、城市定居与生育意愿——基于流动人口的调查分析［J］.华东理工大学学报（社会科学版），2017b，32（3）：90-101.

［173］刘志国，James Ma.劳动力市场的部门分割与体制内就业优势研究［J］.中国人口科学，2016（4）：85-95+128.

［174］刘中一.国家责任与政府角色——儿童照顾的变迁与政策调整［J］.学术论坛，2018，41（5）：111-116.

［175］陆铭，陈钊.城市化、城市倾向的经济政策与城乡收入梯度［J］.经济研究，2004（6）：50-58.

［176］陆万军，邹伟，张彬斌.生育政策、子女数量与中国的性别教育平等［J］.南方经济，2019（9）：97-112.

［177］吕碧君.祖父母支持对城镇妇女二孩生育意愿的影响［J］.城市问题，2018（2）：50-57.

［178］吕昭河，余泳，陈瑛.我国少数民族村寨生育行为与理性选择的分析［J］.民族研究，2005（1）：26-35+108.

［179］罗凯，周黎安.子女出生顺序和性别差异对教育人力资本的影响——一个基于家庭经济学视角的分析［J］.经济科学，2010（3）：107-119.

［180］罗志华，吴瑞君，贾志科.家庭养育成本对已育一孩夫妇生育意愿的影响——基于 2019 年西安市五城区调查数据的分析［J］.人口与经济，2022（3）：97-112.

［181］马春华，石金群，李银河，等.中国城市家庭变迁的趋势和最新发现［J］.社会学研究，2011，25（2）：182-216+246.

［182］马小勇.中国农户收入风险应对机制与消费波动的关系研究［D］.西北大学博士学位论文，2008.

［183］马志越，王金营．生与不生的抉择：从生育意愿到生育行为——来自2017年全国生育状况抽样调查北方七省市数据的证明［J］．兰州学刊，2020（1）：144-156．

［184］茅倬彦，罗昊．符合二孩政策妇女的生育意愿和生育行为差异——基于计划行为理论的实证研究［J］．人口研究，2013（1）：84-93．

［185］茅倬彦．生育意愿与生育行为差异的实证分析［J］．人口与经济，2009（2）：16-22．

［186］莫玮俏，张伟明，朱中仕．人口流动的经济效应对生育率的影响——基于CGSS农村微观数据的研究［J］．浙江社会科学，2016，233（1）：90-98+159．

［187］穆光宗，林进龙．论生育友好型社会——内生性低生育阶段的风险与治理［J］．探索与争鸣，2021（7）：56-69+178．

［188］聂琦，张捷．家庭代际支持的溢出效应——积极情感的中介作用与感恩特质的调节作用［J］．软科学，2019，33（10）：70-75．

［189］聂焱，风笑天．祖辈的儿童照料能提升生育意愿吗？——基于23个城市家庭的质性研究［J］．江淮论坛，2022（6）：128-134+142．

［190］潘丹，宁满秀．收入水平、收入结构与中国农村妇女生育意愿——基于CHNS数据的实证分析［J］．南方人口，2010，25（3）：45-50．

［191］潘静，杨扬．城市家庭住房不平等：户籍、禀赋还是城市特征？——基于广义有序模型与Oaxaca-Blinder分解［J］．贵州财经大学学报，2020（6）：64-74．

［192］彭现美，颜悦．职业和单位性质对农村转移劳动力城市居留意愿影响［J］．河北农业大学学报（社会科学版），2023，25（2）：95-105．

［193］彭玉生．当正式制度与非正式规范发生冲突：计划生育与宗族网络［J］．社会，2009，1：37-65．

［194］彭争呈，邹红，何庆红．社会托幼资源、隔代照料与中老年人劳动参与［J］．财经科学，2019（12）：53-66．

［195］齐亚强，梁童心．地区差异还是行业差异？——双重劳动力市场分割与收入不平等［J］．社会学研究，2016，31（1）：168-190+245-246．

［196］卿石松．生育意愿的代际传递：父母观念和行为的影响［J］．中国人口科学，2022（5）：48-63+127．

［197］邱蕾，钟洁，孔偲伶，等．海南省已育二孩职业女性三孩生育意愿现

状及影响因素［J］. 现代预防医学，2022，49（13）：2366-2370+2392.

［198］饶健. 中国生育政策对居民生育意愿与生育行为背离的影响研究［D］. 首都经济贸易大学硕士学位论文，2019.

［199］任麒升. 农村女性非农就业对生育意愿的影响［J］. 农村经济与科技，2022，33（17）：264-267.

［200］任玉霜，刘宁. 不动产价格对已婚女性生育行为的影响研究——基于2018 CFPS 数据的实证分析［J］. 统计与管理，2021，36（8）：84-90.

［201］任忠敏，李青，张欣，等. 全面二孩政策下承德市二孩生育意愿调查［J］. 山西财经大学学报，2018，40（S1）：39-41.

［202］阮荣平，焦万慧，郑风田. 社会养老保障能削弱传统生育偏好吗？［J］. 社会，2021，41（4）：216-240.

［203］申超. 扩大的不平等：母职惩罚的演变（1989-2015）［J］. 社会，2020，40（6）：186-218.

［204］申小菊，茅倬彦. OECD 国家 3 岁以下儿童照料支持体系对我国的启示［J］. 人口与计划生育，2018（2）：43-47.

［205］沈笛. 生育意愿与生育行为的影响因素研究［D］. 吉林大学博士学位论文，2019.

［206］施锦芳. 对日本少子化问题的新思考［J］. 日本问题研究，2010，24（3）：41-45.

［207］石人炳，熊波. 迁移流动人口生育特点及相关理论——中外研究述评［J］. 人口与发展，2011，17（3）：73-79.

［208］石人炳. 包容性生育政策：开启中国生育政策的新篇章［J］. 华中科技大学学报（社会科学版），2021，35（3）：92-98.

［209］石智雷，邵玺，王璋，等. 三孩政策下城乡居民生育意愿［J］. 人口学刊，2022，44（3）：1-18.

［210］石智雷. 计划生育政策对家庭发展能力的影响及其政策含义［J］. 公共管理学报，2014，11（4）：83-94+115+142-143.

［211］宋德勇，刘章生，弓媛媛. 不动产价格上涨对城镇居民二孩生育意愿的影响［J］. 城市问题，2017（3）：67-72.

［212］宋健，阿里米热·阿里木. 育龄女性生育意愿与行为的偏离及家庭生育支持的作用［J］. 人口研究，2021，45（4）：18-35.

［213］宋健，陈芳. 城市青年生育意愿与行为的背离及其影响因素——来自

4 个城市的调查 [J]. 中国人口科学, 2010 (5): 103-110+112.

[214] 宋健, 胡波. 中国育龄人群的生育动机与生育意愿 [J]. 社会科学文摘, 2023, 86 (2): 103-105.

[215] 宋健, 王记文, 秦婷婷. 孙子女照料与老年人就业的关系研究 [J]. 人口与经济, 2018 (3): 92-103.

[216] 宋健, 张婧文. 孩次、生育时间与生育水平——基于中日韩妇女平均生育年龄变动与差异的机制研究 [J]. 人口研究, 2017, 41 (3): 3-14.

[217] 宋健, 周宇香. 中国已婚妇女生育状况对就业的影响——兼论经济支持和照料支持的调节作用 [J]. 妇女研究论丛, 2015 (4): 16-23.

[218] 宋璐, 李树苗, 张文娟. 代际支持对农村老年人健康自评的影响研究 [J]. 中国老年学杂志, 2006 (11): 1453-1455.

[219] 苏宗敏. 我国家庭代际支持的影响因素探究——基于 CHARLS 数据的实证分析 [J]. 广西职业师范学院学报, 2021, 33 (4): 10-19.

[220] 孙鹃娟, 张航空. 中国老年人照顾孙子女的状况及影响因素分析 [J]. 人口与经济, 2013 (4): 70-77.

[221] 孙文凯, 樊蓉. 重估中国近年体制内工资溢价——基于 CFPS 数据的实证分析 [J]. 经济学动态, 2017 (5): 89-101.

[222] 孙文凯, 张政. 工作单位性质对女性生育意愿的影响 [J]. 人口学刊, 2023, 45 (2): 15-27.

[223] 谭江蓉. 全面二孩政策下重庆市不同流向区域流动人口二孩生育意愿及影响因素的比较分析——基于 2016 年全国流动人口动态监测调查数据 [J]. 西北人口, 2018, 39 (3): 44-51.

[224] 汤兆云. 新生代农民工基本医疗公共服务可及性对再生育意愿的影响——基于 2018 年全国流动人口动态监测调查数据的分析 [J]. 学术交流, 2022 (9): 135-146+192.

[225] 唐金泉. 代际支持对老年人主观幸福感的影响——基于年龄组的差异性分析 [J]. 南方人口, 2016, 31 (2): 60-70.

[226] 唐雪, 杨洋, 丁士祥, 等. 四川省流动人口二孩生育意愿调查分析 [J]. 中国妇幼保健, 2017, 32 (17): 4220-4223.

[227] 唐重振, 何雅菲. 住房负担与生育意愿: 正向激励还是资源挤出 [J]. 广西师范大学学报 (哲学社会科学版), 2018, 54 (4): 61-67.

[228] 陶涛, 金光照, 杨凡. 中国经济社会发展与生育水平变动关系再探索

［J］. 人口研究，2017，41（6）：33-44.

［229］田丰 . 择业大于就业：大学生就业意愿的趋势性分析（2012-2021）［J］. 学海，2023（3）：63-72.

［230］田艳芳，卢诗语，张苹 . 儿童照料与二孩生育意愿——来自上海的证据［J］. 人口学刊，2020，42（3）：18-29.

［231］田志鹏 . 中等收入群体家庭就业稳定性与生育计划研究——基于2017 年和 2019 年中国社会状况综合调查数据［J］. 华中科技大学学报（社会科学版），2022，36（4）：112-119.

［232］万广华 . 中国农村区域间居民收入差异及其变化的实证分析［J］. 经济研究，1998（5）：37-42+50.

［233］汪伟，杨嘉豪，吴坤，等 . 二孩政策对家庭二孩生育与消费的影响研究——基于 CFPS 数据的考察［J］. 财经研究，2020（12）：79-93.

［234］汪小勤，吴晓燕 . 影响家庭生育行为的相关因素分析［J］. 社会发展，2008（4）：78+80.

［235］王丛雷，罗淳 . 收入分配调节、社会保障完善与生育率回升——低生育率阶段的欧盟经验与启示［J］. 西部论坛，2022，32（2）：78-93.

［236］王大华 . 老年人与成年子女间社会支持的结构及特点［J］. 中国老年学杂志，2005（10）：367-369.

［237］王海漪 . 被照料的照料者：隔代照料与子代行孝互动研究［J］. 人口学刊，2021，43（4）：74-88.

［238］王积超，方万婷 . 什么样的老人更幸福？——基于代际支持对老年人主观幸福感作用的分析［J］. 黑龙江社会科学，2018（5）：77-87+160.

［239］王佳 . 国有企业和私有企业知识员工激励因素的实证对比研究［D］. 西南交通大学硕士学位论文，2008.

［240］王建英，李萍，何冰，等 . "无名英雄"：隔代照料对农村育龄女性非农就业的影响［J］. 农业技术经济，2024（1）：19-37.

［241］王金营，王志成，何云艳，等 . 中国各地区妇女生育水平差异的社会经济影响因素分析——兼对 1990-2000 年期间各地区生育水平下降因素考察［J］. 南方人口，2005（2）：31-39.

［242］王晶，杨小科 . 城市化过程中家庭照料分工与二孩生育意愿研究［J］. 公共行政评论，2017，10（2）：140-155+196.

［243］王军，王广州 . 中国低生育水平下的生育意愿与生育行为差异研究

[J]．人口学刊，2016，38（2）：5-17.

[244] 王军，王广州．中国三孩政策下的低生育意愿研究及其政策意涵[J]．清华大学学报（哲学社会科学版），2022，37（2）：201-212+217.

[245] 王军，王广州．中国育龄人群的生育意愿及其影响估计 [J]．中国人口科学，2013（4）：26-35+126.

[246] 王良健，蒋书云．流动人口二孩生育意愿及其影响因素研究——基于湖南省2016年流动人口动态监测数据 [J]．调研世界，2017（6）：12-17.

[247] 王琳．儿童照料投入时间的性别差异研究 [J]．深圳社会科学，2023，6（2）：75-88.

[248] 王萍，李树苗．代际支持对农村老年人生活满意度影响的纵向分析[J]．人口研究，2011，35（1）：44-52.

[249] 王琪延．中国城市居民生活时间分配分析 [J]．社会学研究，2000（4）：86-97.

[250] 王树新，马金．人口老龄化过程中的代际关系新走向 [J]．人口与经济，2002（4）：15-21.

[251] 王树新．人口与生育政策变动对代际关系的影响 [J]．人口与经济，2004（4）：9-14.

[252] 王天宇，彭晓博．社会保障对生育意愿的影响：来自新型农村合作医疗的证据 [J]．经济研究，2015，50（2）：103-117.

[253] 王伟同，陈琳．隔代抚养与中老年人生活质量 [J]．经济学动态，2019（10）：79-92.

[254] 王小鲁，樊纲．中国收入梯度的走势和影响因素分析 [J]．经济研究，2005（10）：24-36.

[255] 王晓峰．生育与就业稳定性：我国流动女性的困境与出路 [J]．行政与法，2020（10）：71-78.

[256] 王晓宇，原新，韩昱洁．家庭生育决策与全面两孩政策——基于流动人口的视角 [J]．南开经济研究，2018（2）：93-109.

[257] 王亚章．人口老龄化对宏观经济的影响——基于隔代抚养机制的考察[J]．人口与发展，2016，22（3）：13-23.

[258] 王延中，龙玉其，江翠萍，等．中国社会保障收入再分配效应研究——以社会保险为例 [J]．经济研究，2016，51（2）：4-15+41.

[259] 王一帆，罗淳．促进还是抑制？受教育水平对生育意愿的影响及内在

机制分析 [J]. 人口与发展，2021，27 (5)：72-82+23.

[260] 王玥，孙楠. 家庭支撑力如何影响女性生育决策？——基于对城镇职业女性生育意愿的调查 [J]. 辽宁大学学报（哲学社会科学版），2022，50 (1)：57-69.

[261] 王跃生. 代际关系与生育行为互动分析 [J]. 晋阳学刊，2018 (5)：111-118.

[262] 王跃生. 中国家庭代际关系的理论分析 [J]. 人口研究，2008 (4)：13-21.

[263] 魏后凯. 中国地区间居民收入差异及其分解 [J]. 经济研究，1996 (11)：66-73.

[264] 吴帆，王琳. 中国学龄前儿童家庭照料安排与政策需求——基于多源数据的分析 [J]. 人口研究，2017，41 (6)：71-83.

[265] 吴帆.20 世纪 90 年代以来我国生育意愿研究：评述与展望 [J]，2014.

[266] 吴培材. 照料孙子女对城乡中老年人身心健康的影响——基于 CHARLS 数据的实证研究 [J]. 中国农村观察，2018 (4)：117-131.

[267] 吴旭辉. 隔代教育的利弊及其应对策略 [J]. 重庆文理学院学报（社会科学版），2007 (4)：111-112.

[268] 吴要武. 剥离收入效应和替代效应——对城镇女性市场参与变化的解释 [J]. 劳动经济研究，2015，3 (4)：3-30.

[269] 吴莹，杨宜音，卫小将，等. 谁来决定"生儿子"？——社会转型中制度与文化对女性生育决策的影响 [J]. 社会学研究，2016 (3)：170-192.

[270] 肖涵，葛伟公共服务质量对二孩生育行为的影响及机制研究 [J]. 经济科学，2022 (1)：112-125.

[271] 肖辉，吴冲锋. 随机折现因子分析 [J]. 工业工程与管理，2004 (3)：71-73+110.

[272] 肖雅勤. 隔代照料对老年人健康状况的影响——基于 CHARLS 的实证研究 [J]. 社会保障研究，2017 (1)：33-39.

[273] 谢永飞，刘衍军. 流动人口的生育意愿及其变迁——以广州市流动人口为例 [J]. 人口与经济，2007 (1)：53-57.

[274] 熊波，石人炳. 中国家庭代际关系对代际支持的影响机制——基于老年父母视角的考察 [J]. 人口学刊，2016，38 (5)：102-111.

［275］熊瑞祥，李辉文．儿童照管、公共服务与农村已婚女性非农就业——来自 CFPS 数据的证据［J］．经济学（季刊），2017，16（1）：393-414．

［276］徐乐．收入梯度对家庭生育选择的影响研究［D］．上海财经大学博士学位论文，2022．

［277］徐巧玲．收入不确定与生育意愿——基于阶层流动的调节效应［J］．经济与管理研究，2019，40（5）：61-73．

［278］徐章星，王善高，尹鸿飞．农村居民收入幸福悖论再检验——基于广义有序 Logit 模型的考察［J］．世界农业，2020（12）：98-107．

［279］徐浙宁．早期儿童家庭养育的社会需求分析［J］．当代青年研究，2015（5）：25-30．

［280］许芳，向书坚．工业发展战略对城乡收入梯度的影响基于广义空间面板模型的研究［J］．经济统计学（季刊），2015（1）：152-159．

［281］许璟莹．社会网络关系强度与中国城市适育年龄居民生育意愿［D］．复旦大学硕士学位论文，2010．

［282］许琪．性别公平理论在中国成立吗？——家务劳动分工、隔代养育与女性的生育行为［J］．江苏社会科学，2021（4）：47-58．

［283］薛继亮，涂坤鹏．农村居民生育行为的社会互动效应研究［J］．东北财经大学学报，2023（5）：15-28．

［284］薛君．中断与融合：人口流动对生育水平的影响［J］．人口学刊，2018，40（4）：92-102．

［285］晏月平，张舒贤，李昀东．家庭因素对育龄群体生育的影响研究［J］．西北人口，2024，45（3）：1-12．

［286］晏月平，张舒贤．不同生育政策背景下育龄妇女的生育行为影响因素研究——基于 CGSS 2017 年数据的实证分析［J］．人口与社会，2022，38（1）：32-45．

［287］阳科峰，杨小敏，李寒蒙．教育代际传递对收入梯度的影响及作用机制研究［J］．教育科学研究，2022，333（12）：45-52．

［288］阳义南．初婚年龄推迟、婚龄差对生育意愿的影响［J］．南方人口，2020（3）：21-32．

［289］杨成钢，张笑秋．中国婚姻结构与生育控制对生育水平的影响分析——基于简化的邦戈茨中间变量生育率模型［J］．人口学刊，2011（2）：14-20．

［290］杨华磊，胡浩钰，张文超，等．教育支出规模与方式对生育水平的影响［J］．人口与发展，2020，26（2）：2-10．

［291］杨菊华，陈卫，陶涛，等．生育政策与出生性别比的失衡相关吗？［J］．人口研究，2009，33（3）：32-52．

［292］杨菊华，杜声红．部分国家生育支持政策及其对中国的启示［J］．探索，2017（2）：137-146．

［293］杨菊华，李路路．代际互动与家庭凝聚力——东亚国家和地区比较研究［J］．社会学究，2009，24（3）：26-53+243．

［294］杨菊华．理论基础、现实依据与改革思路：中国3岁以下婴幼儿托育服务发展研究［J］．社会科学，2018（9）：89-100．

［295］杨菊华．流动人口二孩生育意愿研究［J］．中国人口科学，2018（1）：72-82+127-128．

［296］杨菊华．新时代"幼有所育"何以实现［J］．江苏行政学院学报，2019（1）：69-76．

［297］杨菊华．意愿与行为的悖离：发达国家生育意愿与生育行为研究述评及对中国的启示［J］．学海，2008（1）：27-37．

［298］杨琳琳．福利国家儿童照顾政策的发展与镜鉴［J］．兰州学刊，2021（2）：87-105．

［299］杨胜利，王艺霖．流动人口就业稳定性与收入梯度——基于异质性视角的分析［J］．重庆工商大学学报（社会科学版），2021，38（6）：39-50．

［300］杨秀云，朱贻宁，张敏．行业效率与行业收入梯度——基于全国及典型省市面板数据SFA模型的经验分析［J］．经济管理，2012，34（10）：41-50．

［301］杨雪，魏洪英．就业稳定性与收入梯度：影响东北三省劳动力外流的动因分析［J］．人口学刊，2016，38（6）：87-98．

［302］杨雪，张竞月．人口迁移对延边朝鲜族育龄妇女生育行为差异的影响程度分析［J］．人口学刊，2014，36（4）：33-42．

［303］杨雪燕，高琛卓，井文．低生育率时代儿童照顾政策的需求层次与结构——基于西安市育龄人群调查数据的实证分析［J］．人口研究，2021，45（1）：19-35．

［304］杨一凡．家庭收入不确定性对二孩生育意愿的影响研究［D］．西南财经大学硕士学位论文，2020．

［305］姚从容，吴帆，李建民．我国城乡居民生育意愿调查研究综述：

2000-2008［J］．人口学刊，2010（2）：17-22．

［306］姚丹．个人社会网络关系强度与生育意愿研究［D］．西南交通大学硕士学位论文，2017．

［307］姚先国，张海峰．教育、人力资本与地区经济差异［J］．经济研究，2008（5）：47-57．

［308］姚植夫，刘奥龙．隔代抚养对儿童学业成绩的影响研究［J］．人口学刊，2019，41（6）：56-63．

［309］叶之放，靳文舟，汤左淦．基于广义有序logit模型的翻车事故伤害程度估计［J］．河南科学，2019，37（1）：119-126．

［310］易君健，易行健．不动产价格上涨与生育率的长期下降：基于香港的实证研究［J］．经济学（季刊），2008（3）：961-982．

［311］尹勤，温勇，宗占红，等．常州市育龄人群生育意愿及影响因素［J］．南京人口管理干部学院学报，2006（2）：40-43+55．

［312］尹志超，甘犁．公共部门和非公共部门工资差异的实证研究［J］．经济研究，2009，44（4）：129-140．

［313］于长永．农民"养儿防老"观念的代际差异及转变趋向［J］．人口学刊，2012（6）：40-50．

［314］于潇，韩帅．祖辈照料支持对育龄妇女二孩生育间隔的影响［J］．人口与经济，2022（2）：26-41．

［315］于也雯，龚六堂．生育政策、生育率与家庭养老［J］．中国工业经济，2021（5）：38-56．

［316］於嘉，周扬，谢宇．中国居民理想子女数量的宏观影响因素［J］．人口研究，2021（6）：45-61．

［317］原新．论优化生育政策与促进人口长期均衡发展［J］．广州大学学报（社会科学版），2022，21（4）：105-120．

［318］岳经纶，范昕．中国儿童照顾政策体系：回顾、反思与重构［J］．中国社会科学，2018（9）：92-111+206．

［319］曾远力，闫红红．工作支持与女性生育二孩决策——以广东省S市为例［J］．华东理工大学学报（社会科学版），2018，33（6）：39-49．

［320］曾远力．青年女性生育二孩决策和家庭支持关系研究［J］．当代青年研究，2018（3）：90-95．

［321］翟振武，陈佳鞠，李龙．现阶段中国的总和生育率究竟是多少？——

来自户籍登记数据的新证据 [J]. 人口研究，2015，39（6）：22-34.

［322］张爱婷，杜跃平. 非政策因素对我国生育率影响的量化分析 [J]. 人口学刊，2006（2）：3-7.

［323］张川川. "中等教育陷阱"？——出口扩张、就业增长与个体教育决策 [J]. 经济研究，2015，50（12）：115-127+157.

［324］张川川. 子女数量对已婚女性劳动供给和工资的影响 [J]. 人口与经济，2011（5）：29-35.

［325］张纯元，陈胜利. 生育文化学 [M]. 北京：中国人口出版社，2004：73.

［326］张芬，方迎风，彭浩宸. 不动产价格对家庭生育决策的作用机制——基于中国家庭追踪调查数据的实证研究 [J]. 人口研究，2023，47（2）：96-111.

［327］张峰，贾岚暄. 体制内关系与居民幸福感 [J]. 经济学动态，2016（3）：78-87.

［328］张海东，袁博. 双重二元劳动力市场与城市居民的阶层认同——来自中国特大城市的证据 [J]. 福建师范大学学报（哲学社会科学版），2020（1）：25-37+171.

［329］张浩，侯丽艳，马萍，等. "80后"职业人群二孩生育行为预测及影响因素分析——基于随机森林算法 [J]. 宁夏医科大学学报，2021，43（2）：149-155.

［330］张慧芳，朱雅玲. 居民收入结构与消费结构关系演化的差异研究——基于 AIDS 扩展模型 [J]. 经济理论与经济管理，2017（12）：23-35.

［331］张俊良. 论生育行为 [J]. 社会科学研究，1995（6）：62-66.

［332］张丽萍，王广州. 女性受教育程度对生育水平变动影响研究 [J]. 人口学刊，2020，42（6）：19-34.

［333］张亮. 城市居民的二胎生育意愿及影响因素 [J]. 湖南师范大学社会科学学报，2011，40（5）：92-96.

［334］张苹，李悦铭，茅倬彦. 全面两孩背景下孩子数量对母亲职业发展的影响——基于 Logistic 差异分解模型 [J]. 国际生殖健康/计划生育杂志，2018，37（3）：181-186.

［335］张苹，王瑾，陈蓉，等. 生育对女性职业发展的影响研究——以上海市为例 [J]. 卫生软科学，2022，36（5）：32-36.

［336］张瞳，王志莲. 全面二孩政策下影响女性生育意愿的相关因素分析

［J］. 中国计划生育和妇产科，2021，13（4）：13-15+23.

［337］张巍，许家云，杨竺松. 房价、工资与资源配置效率——基于微观家庭数据的实证分析［J］. 金融研究，2018（8）：69-84.

［338］张樨樨. 不动产价格泡沫抑制了生育率复苏吗？——论生育率与不动产价格的动态因果关系［J］. 华东师范大学学报（哲学社会科学版），2021，53（2）：164-175+180.

［339］张晓青，黄彩虹，张强，等.“单独二孩”与“全面二孩”政策家庭生育意愿比较及启示［J］. 人口研究，2016，40（1）：87-97.

［340］张孝栋，张雅璐，贾国平，等. 中国低生育率研究进展：一个文献综述［J］. 人口与发展，2021，27（6）：9-21.

［341］张新洁，郭俊艳. 对中国不同收入阶层居民的生育差异分析［J］. 统计与决策，2017，472（4）：102-106.

［342］张新洁. 收入梯度、子女需求及生育行为差异［D］. 山东大学博士学位论文，2017.

［343］张原，陈建奇. 变迁中的生育意愿及其政策启示——中国家庭生育意愿决定因素实证研究（1991-2011）［J］. 贵州财经大学学报，2015（3）：79-91.

［344］赵春明，李宏兵. 出口开放、高等教育扩展与学历工资差距［J］. 世界经济，2014，37（5）：3-27.

［345］赵琳华，吴瑞君，梁翠玲. 大城市“80后”群体生育意愿现状及差异分析——以上海静安区为例［J］. 人口与社会，2014，30（1）：55-59+80.

［346］赵晓霞. 城市居民生育意愿的代际差异及其致因研究［D］. 云南大学，2012.

［347］赵阳，吴一平，杨国超. 体制内关系、创业规模与新创企业成长［J］. 财经研究，2020，46（7）：79-92.

［348］郑丹丹，易杨忱子. 养儿还能防老吗——当代中国城市家庭代际支持研究［J］. 华中科技大学学报（社会科学版），2014，28（1）：125-130.

［349］郑垚. 我国职工提前退休行为的影响因素研究——工作单位性质的作用［D］. 中国科学技术大学硕士学位论文，2016.

［350］郑真真. 低生育水平下的生育意愿研究［J］. 江苏社会科学，2008（2）：170-177.

［351］郑真真. 兼顾与分担：妇女育儿时间及家人影响［J］. 劳动经济研

究，2017，5（5）：3-17.

［352］郑真真．中国育龄妇女的生育意愿研究［J］．中国人口科学，2004（5）：75-80+82.

［353］钟晓慧，郭巍青．人口政策议题转换：从养育看生育——"全面二孩"下中产家庭的隔代抚养与儿童照顾［J］．探索与争鸣，2017（7）：81-87.

［354］周冬霞．代际支持对老年人生活自理能力的"选择效应"［J］．社会科学论坛，2014（5）：202-207.

［355］周皓．人口流动对生育水平的影响：基于选择性的分析［J］．人口研究，2015，39（1）：14-28.

［356］周皓．人口流动与儿童心理健康的异质性［J］．人口与经济，2016（4）：45-52.

［357］周俊山，尹银，潘琴．妇女地位、生育文化和生育意愿——以拉萨市为例［J］．人口与经济，2009（3）：61-66.

［358］周鹏．延迟退休、代际支持与中国的生育率［J］．调研世界，2017（2）：6-10.

［359］周天刚．柯布-道格拉斯生产函数的性质［J］．成都教育学院学报，2001（2）：35-43.

［360］周晓蒙，裴星童．高等教育对女性生育水平的影响机制研究［J］．人口与发展，2022，28（6）：46-58.

［361］周晓蒙．经济状况、教育水平对城镇家庭生育意愿的影响［J］．人口与经济，2018（5）：31-40.

［362］周源．人口走势对中长期房地产价格的关键影响研究［J］．金融与经济，2019（7）：45-49.

［363］朱宝树．乡-城转移人口的生育率水平问题［J］．南方人口，2011，26（6）：41-48.

［364］朱斌，毛瑛．代际支持、社会资本与医疗服务利用［J］．社会保障研究，2017（3）：48-59.

［365］朱荟，陆杰华．现金补贴抑或托幼服务？欧洲家庭政策的生育效应探析［J］．社会，2021，41（3）：213-240.

［366］朱健，陈湘满．"80后"流动人口二孩生育意愿研究——以湖南省2013年流出人口为例［J］．湘潭大学学报（哲学社会科学版），2016，40（1）：57-63.

［367］朱兰．生育政策、机会成本与生育需求——中国综合社会调查的微观证据［J］．西北人口，2020，41（2）：90-101．

［368］朱奕蒙，朱传奇．二孩生育意愿和就业状况——基于中国劳动力动态调查的证据［J］．劳动经济研究，2015，3（5）：110-128．

［369］朱钟棣．妇女受教育的水平与家庭规模［J］．西北人口，1985（3）：63．

［370］朱州，赵国昌．高等教育与中国女性生育数量［J］．人口学刊，2022，44（1）：16-31．

［371］庄亚儿，姜玉，李伯华．全面两孩政策背景下中国妇女生育意愿及其影响因素——基于 2017 年全国生育状况抽样调查［J］．人口研究，2021，45（1）：68-81．

［372］庄渝霞．生育保险待遇的覆盖面、影响因素及拓展对策——基于第三期中国妇女社会地位调查的实证分析［J］．人口与发展，2019，25（5）：78-88．

［373］庄渝霞．西方生育决策研究概述——来自经济学、社会学和心理学的集成［J］．国外社会学，2009（4）：74-80．

［374］宗占红，尹勤．低生育水平下重庆市育龄妇女生育意愿透视［J］．南京人口管理干部学院学报，2007（1）：17-20．

［375］邹红，文莎，彭争呈．隔代照料与中老年人提前退休［J］．人口学刊，2019，41（4）：57-71．

［376］邹薇，张芬．农村地区收入差异与人力资本积累［J］．中国社会科学，2006（2）：67-79+206．

［377］左玲，关成华．城镇家庭养育子女的机会成本［J］．中华女子学院学报，2023，35（2）：62-70．

［378］Adair L，Guilkey D，Bisgrove E，et al. Effect of childbearing on Filipino women's work hours and earnings［J］．Journal of Population Economics，2002，15（4）：625-645．

［379］Adamopoulos T. Transportation costs，agricultural productivity，and cross－country income differences［J］．International Economic Review，2011，52（2）：489-521．

［380］Adsera A. Vanishing children：From high unemployment to low fertility in developed countries［J］．American Economic Review，Papers and Proceedings，2005，95（2），189-193．

［381］Agadjanian V. Fraught with ambivalence：Reproductive intentions and contraceptive choices in a sub－Saharan fertility transition［J］. Population Research and Policy Review，2005，24（6）：617-645.

［382］Ajzen I，Klobas J. Fertility intentions：An approach based on the theory of planned behavior［J］. Demographic Research，2013，29：203-232.

［383］Ajzen I. The theory of planned behavior［J］. Organizational Behavior and Human Decision Processes，1991，50（2）：179-211.

［384］Amato P R，Booth A. A generation at risk：Growing up in an era of family upheaval［M］. Harvard University Press，1997.

［385］Amuedo－Dorantes C，Kimmel J. New evidence on the motherhood wage gap［J］. 2008.

［386］Amuedo－Dorantes C，Kimmel J. The motherhood wage gap for women in the United States：The importance of college and fertility delay［J］. Review of Economics of the Household，2005，3（1）：17-48.

［387］Anderson D J，Binder M，Krause K. The motherhood wage penalty revisited：Experience，heterogeneity，work effort，and work－schedule flexibility［J］. ILR Review，2003，56（2）：273-294.

［388］Angeles G，Guilkey D K，Mroz T A. The effects of education and family planning programs on fertility in Indonesia［J］. Economic Development and Cultural Change，2005，54（1）：165-201.

［389］Aparicio－Fenoll A，Vidal－Fernandez M. Working women and fertility：the role of grandmothers'labor force participation［J］. CESifo Economic Studies，2015，61（1）：123-147.

［390］Arpino B，Bordone V. Does grandparenting pay off？The effect of child care on grandparents'cognitive functioning［J］. Journal of Marriage and Family，2014，76（2）：337-351.

［391］Attias－Donfut C，Ogg J，Wolff F C. European patterns of intergenerational financial and time transfers［J］. European Journal of Ageing，2005，2（3）：161-173.

［392］Azarnert L V. Free education，fertility and human capital accumulation［J］. Journal of Population Economics，2010，23（2）：449-468.

［393］Bacal R. Migration and fertility in the Philippines：Hendershot's selectivity model revisited [J]. 1988.

[394] Balbo N, Barban N. Does fertility behavior spread among friends? [J]. American Sociological Review, 2014, 79 (3): 412-431.

[395] Balbo N, Billari F C, Mills M. Fertility in advanced societies: a review of research: Laféconditédans les sociétés avancées: un examen des recherches [J]. European Journal of Population/Revue europeenne de demographie, 2013, 29: 1-38.

[396] Balbo N, Mills M. The effects of social capital and social pressure on the intention to have a second or third child in France, Germany, and Bulgaria, 2004-05 [J]. Population Studies, 2011, 65 (3): 335-351.

[397] Barro R. Sala-i-Martin. Economic Growth [M]. New York: Mc-Graw-Hill, 1995.

[398] Bauernschuster S, Schlotter M. Public child care and mothers' labor supply-Evidence from two quasi-experiments [J]. Journal of Public Economics, 2015, 123: 1-16.

[399] Beaujouan E, Berghammer C. The gap between lifetime fertility intentions and completed fertility in Europe and the United States: A cohort approach [J]. Population Researchand Policy Review, 2019, 38 (4): 507-535.

[400] Becker G S, Lewis H G. On the interaction between the quantity and quality of children [J]. Journal of Political Economy, 1973, 81 (2): S279-S288.

[401] Becker G S. A treatise on the family: Enlarged edition [M]. Harvard University Press, 1993.

[402] Becker G S. An economic analysis of fertility, demographic and economic change in developed countries: a conference of the Universities [J]. National Bureau Commitee for Economic Research, 1960: 209-240.

[403] Bental B. The old age security hypothesis and optimal population growth [J]. Journal of Population Economics, 1989, 1 (4): 285-301.

[404] Bernardi L, Klaerner A. Social networks and fertility [J]. Demographic Research, 2014, 30 (1): 641-669.

[405] Bernardi L. Channels of social influence on reproduction [J]. Population Research and Policy Review, 2003, 22 (5): 527-555.

[406] Bhattacharyya A K. Income inequality and fertility: A comparative view [J]. Population Studies, 1975, 29 (1): 5-19.

［407］Billingsley S, Ferrarini T. Family policy and fertility intentions in 21 European countries ［J］. Journal of Marriage and Family, 2014, 76（2）: 428-445.

［408］Birdsall N, Jamison D T. Income and other factors influencing fertility in China ［J］. Population and Development Review, 1983: 651-675.

［409］Boca D. The effect of child care and part time opportunities on participation and fertility decisions in Italy ［J］. Journal of Population Economics, 2002: 549-573.

［410］Bollen K A, Glanville J L, Stecklov G. Socio-economic status, permanent income, and fertility: A latent-variable approach ［J］. Population Studies, 2007, 61（1）: 15-34.

［411］Bongaarts J, Watkins S. Social interactions and contemporary fertility transitions ［J］. Population and Development Review, 1996, 22（4）: 639-682.

［412］Bongaarts J. Fertility and reproductive preferences in post-transitional societies ［J］. Population and Development Review, 2001（27）: 260-281.

［413］Brewer M, Cattan S, Crawford C, et al. Does more free childcare help parents work more? ［J］. Labour Economics, 2022（74）: 102100.

［414］Budig M J, England P. The wage penalty for motherhood ［J］. American Sociological Review, 2001, 66（2）: 204-225.

［415］Busetta A, Mendola D, Vignoli D. Persistent joblessness and fertility intentions ［J］. Demographic Research, 2019（40）: 185-218.

［416］Buyukkececi Z, Leopold T, Gaalen R V, et al. Family, firms, and fertility: A study of social interaction effects ［J］. Demography, 2020, 57（1）: 243-266.

［417］Buyukkececi Z, Leopold T. Sibling influence on family formation: A study of social interaction effects on fertility, marriage, and divorce ［J］. Advances in Life Course Research, 2021（47）, 100359.

［418］Bühler C, Dimiter P. Social capital related to fertility: Theoretical foundations and empirical evidence from Bulgaria ［J］. Vienna Yearbook of Population Research, 2005（3）: 53-81.

［419］Bühler C, Philipov D. Social capital related to fertility: Theoretical foundations and empirical evidence from Bulgaria ［J］. Vienna Yearbook of Population Research, 2005: 53-81.

［420］Caldwell J C. Demography and social science ［J］. Population Studies, 1996, 50（3）: 305-333.

［421］Caldwell J C. The globalization of fertility behavior ［J］. Demographic Transition Theory, 2006: 249-271.

［422］Carter M. Fertility of Mexican immigrant women in the US: A closer look ［J］. Social Science Quarterly, 2000: 1073-1086.

［423］Cawley J, Moran J, Simon K. The impact of income on the weight of elderly Americans ［J］. Health Economics, 2010, 19 （8）: 979-993.

［424］Chaudhury R H. The influence of female education, labor force participation, and age at marriage on fertility behavior in Bangladesh ［J］. Social Biology, 1984, 31 （1-2）: 59-74.

［425］Chen B Z, Feng Y. Determinants of economic growth in China: Private enterprise education and openness ［J］. China Economic Review, 2000, 11 （1）: 1-15.

［426］Chen F, Mair C A, Bao L, et al. Race/ethnic differentials in the health consequences of caring for grandchildren for grandparents ［J］. Journals of Gerontology Series B: Psychological Sciences and Social Sciences, 2015, 70 （5）: 793-803.

［427］Chudnovskaya M. Housing context and childbearing in Sweden: A cohort study ［J］. Housing Studies, 2019, 34 （3）: 469-488.

［428］Ciliberto F, Miller A R, Nielsen HS, et al. Playing the fertility game at work: An equilibrium model of peer effects ［J］. International Economic Review, 2016, 57 （3）: 827-856.

［429］Clark J, Ferrer A. The effect of house prices on fertility: Evidence from Canada ［J］. Economics, 2019, 13 （1） .

［430］Clifford D. Spousal separation, selectivity and contextual effects: Exploring the relationship between international labour migration and fertility in post-Soviet Tajikistan ［J］. Demographic Research, 2009, 21: 945-976.

［431］Coale A J. The decline of fertility in Europe ［M］. Princeton: Princeton University Press, 1986.

［432］Coleman J S. Social capital in the creation of human capital ［J］. The American Journal of Sociology, 1988, 94: 95-120.

［433］Compton J, Pollak R A. Family proximity, childcare, and women's labor force attachment ［J］. Journal of Urban Economics, 2014, 79: 72-90.

［434］Cong Z, Silverstein M. Caring for grandchildren and intergenerational support in rural China: A gendered extended family perspective [J]. Ageing & Society, 2012, 32 (3): 425-450.

[435] Cong Z, Silverstein M. Intergenerational time-for-money exchanges in rural China: Does reciprocity reduce depressive symptoms of older grandparents? [J]. Research in Human Development, 2008, 5 (1): 6-25.

[436] Connelly R. The effect of child care costs on married women's labor force participation [J]. The Review of Economics and Statistics, 1992: 83-90.

[437] Cox D, Eser Z, Jimenez E. Motives for private transfers over the life cycle: an analytical framework and evidence from Peru [J]. Journal of Development Economics, 1998, 55.

[438] Daly M, Lewis J. The concept of social care and the analysis of contemporary welfare states [J]. The British journal of sociology, 2000, 51 (2): 281-298.

[439] Davis K, Blake J. Social structure and fertility: An analytic framework [J]. Economic Development and Cultural Change, 1956, 4 (3): 211-235.

[440] De Maio F G. Income inequality measures [J]. Journal of Epidemiology and Community Health, 2007, 61 (10): 849-852.

[441] De Silva W I. Consistency between reproductive preferences and behavior: The Sri Lankan experience [J]. Studies in Family Planning, 1991, 22 (3): 188-197.

[442] Derose L F, Ezeh A C. Men's influence on the onset and progress of fertility decline in Ghana, 1988-1998 [J]. Population Studies, 2005, 59 (2): 197-210.

[443] Dettling L J, Kearney M S. House prices and birth rates: The impact of the real estate market on the decision to have a baby [J]. Journal of Public Economics, 2014, 110: 82-100.

[444] Di Gessa G, Glaser K, Tinker A. The impact of caring for grandchildren on the health of grandparents in Europe: A lifecourse approach [J]. Social Science & Medicine, 2016, 152: 166-175.

[445] Diagne A, Kinkingninhoun-Mêdagbé F M, Simtowe F, et al. Gender discrimination and its impact on income, productivity, and technical efficiency: Evidence from Benin [J]. Agriculture and Human Values, 2010, 27: 57-69.

[446] Dimova R, Wolff F C. Do downward private transfers enhance maternal labor supply? Evidence from around Europe [J]. Journal of Population Economics,

2011, 24 (3): 911-933.

[447] Docquier F. Income distribution, non-convexities and the fertility-income relationship [J]. Economica, 2004, 71 (282): 261-273.

[448] Du F, Dong X. Women's employment and child care choices in urban China during the economic transition [J]. Economic Development and Cultural Change, 2013, 62 (1): 131-155.

[449] Easterlin R A, Crimmins E M. The fertility revolution: A supply-demand analysis [M]. University of Chicago Press, 1985.

[450] Edwards O W, Daire A P. School-age children raised by their grandparents: Problems and solutions [J]. Journal of Instructional Psychology, 2006, 33 (2): 113-120.

[451] Fanti L, Gori L. An OLG model of growth with longevity: when grandparents take care of grandchildren [J]. Portuguese Economic Journal, 2014, 13 (1): 39-51.

[452] Fenge R, Scheubel B. Pensions and fertility: back to the roots [J]. Journal of Population Economics, 2017, 30 (1): 93-139.

[453] Fingerman K L, Kim K, Tennant P, et al. Intergenerational support in a daily context [J]. The Gerontologist, 2016, 56 (5).

[454] Fingerman K L. "I'll give you the world": Socioeconomic differences in parental support of adult children [J]. Journal of Marriage and Family, 2015, 77 (4): 844-865.

[455] Ford K. Duration of residence in the United States and the fertility of US immigrants [J]. International Migration Review, 1990, 24 (1): 34-68.

[456] Fox B. Reproducing difference: Changes in the lives of partners becoming parents [J]. Feminism and Families Halifax, 1997, 142-61.

[457] Francesconi M, Heckman J J. Child development and parental investment: Introduction [J]. Economic Journal, 2016, 126: 1-27.

[458] Garcia-Moran E, Kuehn Z. With strings attached: Grandparent-provided child care and female labor market outcomes [J]. Review of Economic Dynamics, 2017, 23: 80-98.

[459] Gatskova K. Fertility attitudes of highly educated youth: A factorial survey [J]. Journal of Marriage and Family, 2021, 84 (1): 32-52.

［460］ Ge S, Yang D T, Tech V. Accounting for rising wages in China ［J］. Economics, 2011.

［461］ Gelbach J B. Public schooling for young children and maternal labor supply ［J］. American Economic Review, 2002, 92 (1): 307-322.

［462］ Gietel-Basten S A. Voluntary childlessness and being childfree ［R］. University of Oxford: The Future of Human Reproduction, 2009.

［463］ Givord P, Marbot C. Does the cost of child care affect female labor market participation? An evaluation of a French reform of childcare subsidies ［J］. Labour Economics, 2015, 36: 99-111.

［464］ Gollin D, Zimmermann C. Malaria: Disease impacts and long-run income differences ［J］. SSRN Electronic Journal, 2007.

［465］ Gray A. The changing availability of grandparents as carers and its implications for childcare policy in the UK ［J］. Journal of Social Policy, 2005, 34 (4): 557-577.

［466］ Hagewen K J, Morgen S P. Intended and ideal family size in the United States, 1970-2002 ［J］. Population and Development Review, 2005, 31 (3): 507-527.

［467］ Hank K, Buber I. Grandparents caring for their grandchildren: Findings from the 2004 survey of health, ageing, and retirement in Europe ［J］. Journal of Family Issues, 2009, 30 (1): 53-73.

［468］ Hank K, Kreyenfeld M. A multilevel analysis of child care and women's fertility decisions in Western Germany ［J］. Journal of marriage and family, 2003, 65 (3): 584-596.

［469］ Harknett K, Billari F C, Medalia C. Do family support environments influence fertility? Evidence from 20 European countries ［J］. European Journal of Population, 2014, 30 (1): 1-33.

［470］ Hart, Rannveig Kaldager, Cools. Identifying interaction effects using random fertility shocks ［J］. Demographic Research, 2019, 40 (10): 261-278.

［471］ Hayford S R, Agadjanian V. From desires to behavior: Moderating factors in a fertility transition ［J］. Demographic Research, 2012 (26): 511.

［472］ Hayslip B, Kaminski P L. Grandparents raising their grandchildren: A review of the literature and suggestions for practice ［J］. The gerontologist, 2005, 45 (2): 262-269.

［473］Heaton T B, Jacobson C K, Holland K. Persistence and change in decisions to remain childless ［J］. Journal of Marriage and the Family, 1999, 61 (2): 531-539.

［474］Heckman J J. Effects of child-care programs on women's work effort ［J］. Journal of Political Economy, 1974, 82 (2, Part 2): S136-S163.

［475］Heiland F, Prskawetz A, Sanderson W. Are individuals' desired family sizes stable? Evidence from West German panel data ［J］. European Journal of Population/revue Européenne De Démographie, 2008.

［476］Herzer D, Strulik H, Vollmer S. The long-run determinants of fertility: One century ofdemographic change 1900 – 1999 ［J］. Journal of Economic Growth, 2012 (17): 357-385.

［477］Hill M S. The wage effects of marital status and children ［J］. Journal of Human Resources, 1979: 579-594.

［478］Hohm C F. Social security and fertility: An international perspective ［J］. Demography, 1975, 12 (4): 629-644.

［479］Hou S, Song L, Dai W. The impact of income gap on regional green economic growth-evidence from 283 prefecture-level cities in China ［J］. Kybernetes, 2022, 10 (5): 100-107.

［480］Hughes M E, Waite L J, LaPierre T A, et al. All in the family: The impact of caring for grandchildren on grandparents' health ［J］. The Journals of Gerontology Series B: Psychological Sciences and Social Sciences, 2007, 62 (2):S108-S119.

［481］Ibrahim F M, Arulogun O S. Posterity and population growth: fertility intention among a cohort of Nigerian adolescents ［J］. Journal of Population Research, 2020, 37 (1): 25-52.

［482］Fletcher J M, Yakusheva O. Peer effects on teenage fertility: Social transmission mechanisms and policy recommendations ［J］. American Journal of Health Economics, 2016, 2 (3): 300-317.

［483］Jin F. Foreign direct investment and income inequality in China ［J］. Seoul Journal of Economics, 2009, 22 (3): 311-339.

［484］Kaptijn R, Thomese F, van Tilburg T G, et al. Low fertility in contemporary humans and the mate value of their children: sex-specific effects on social status indicators ［J］. Evolution and Human Behavior, 2010, 31 (1): 59-68.

［485］Keim S, Klärner A, Bernardi L. Qualifying social influence on fertility intentions: composition, structure and meaning of fertility－relevant social networks in western Germany［J］. Current Sociology, 2009, 57（6）: 888-907.

［486］Klepinger D H, Lundberg S, Plotnick R D. Adolescent fertility and the educational attainment of young women［J］. Family Planning Perspectives, 1995: 23-28.

［487］Knowles S, Weatherston C. Informal institutions and cross－country income differences［R］. Credit Research Paper, 2006.

［488］Knudsen M M B . The intergenerational transmission of fertility in contemporary Denmark: The effects of number of siblings（full and half）, birth order, and whether male or female［J］. Population Studies, 2002, 56（3）: 235-248.

［489］Ko P C, Hank K. Grandparents caring for grandchildren in China and Korea: Findings from CHARLS and KLoSA［J］. Journals of Gerontology, 2014, 69（4）: 646-651.

［490］Kolodinsky J, Shirey L. The impact of living with an elder parent on adult daughter's labor supply and hours of work［J］. Journal of Family and Economic Issues, 2000（21）: 149-175.

［491］Kremer M. How welfare states care: Culture, gender and parenting in Europe［M］. Amsterdam University Press, 2007.

［492］Lavely W, Freedman R. The origins of the chinese fertility decline［J］. Demography, 1990, 27（3）: 357-367.

［493］Lee B S, Farber S C. Fertility adaptation by rural－urban migrants in developing countries: The case of Korea［J］. Population Studies: A Journal of Demography, 1984: 141-155.

［494］Leibenstein H. An interpretation of the economic theory of fertility: Promising path or blind alley?［J］. Journal of Economic Literature, 1974, 12（2）: 457-479.

［495］Leibenstein H. Bandwagon, snob, and Veblen effects in the theory of consumers'demand［J］. The Quarterly Journal of Economics, 1950, 64（2）: 183-207.

［496］Leibenstein H. Economic backwardness and economic growth［J］. The Econmic Journal, 1959, 69（274）: 344-347.

［497］Leibenstein H. Population－growth and economic－development in low－income countries［J］. Economic Development and Cultural Change, 1959, 8（1）:

101-105.

[498] Li F. Head teachers, peer effects, and student achievement [J] China Economic Review, 2016 (41): 268-283.

[499] Li L, X Wu, Y Zhou. Intra-household bargaining power, surname inheritance, and human capital accumulation [J]. Journal of Population Economics, 2021, 34 (2): 35-61.

[500] Li T, Han L, Zhang L X, et al. Encouraging classroom peer interactions: Evidence from chinese migrant schools [J]. Journal of Public Economics, 2014, 111 (3): 29-45.

[501] Lin N. Building a network theory of social capital [J]. Connections, 1999 (1): 28-51.

[502] Liu J, Xing C, Zhang Q. House price, fertility rates and reproductive intentions [J]. China Economic Review, 2020, 6 (62).

[503] Liu X. Foreign investment and urban-rural income gap: An analysis from the perspective of spatial effect [J]. Journal of Jiangxi University of Finance and Economics, 2021 (1): 16.

[504] Lois D, Becker O A. Is fertility contagious? Using panel data to disentangle mechanisms of social network influences on fertility decisions [J]. Advances in Life Course Research, 2014, 21: 123-134.

[505] Lou V W Q, Chi I. Grandparenting Rolesand Functions [M] //Mehta K K, Thang L L. Experiencing Grandparenthood: An Asian Perspective. Dordrecht: Springer, 2012.

[506] Lutz W, Skirbekk V, Testa M R. The low-fertility trap hypothesis, forces that may lead to further postponement and fewer births in Europe [J]. Vienna Yearbook of Population Research, 2006: 167-192.

[507] Lutz W, Skirbekk V. Policies addressing the tempo effect in low-fertility countries [J]. Population and Development Review, 2005, 31 (4): 699-720.

[508] Lutz W. Future reproductive behavior in industrialized countries [J]. The Future Population of The World, 1994.

[509] Mahon R. Child care: Toward what kind of "social Europe"? [J]. Social Politics: International Studies in Gender, State & Society, 2002, 9 (3): 343-379.

[510] Manski C F. Identification of endogenous social effects: The reflection

problem [J]. The Review of Economic Studies, 1993, 60 (3): 531-542.

[511] Manski F. Economic analysis of social interactions [J]. Journal of Economic Perspectives, 2000, 14 (3).

[512] Mark M P, Shahidur R. Credit programs for the poor and reproductive behavior in low-income countries: Are the reported causal relationships the result of heterogeneity bias? [J]. Demography, 1999, 36 (1): 1-21.

[513] Marsden P. Core discussion networks of Americans [J]. American Sociological Review, 1987, 52 (1): 122-131.

[514] Marteleto L J, Weitzman A, Coutinho R Z, et al. Women's reproductive intentions and behaviors during the Zika epidemic in Brazil [J]. Population and Development Review, 2017, 43 (2): 199.

[515] Massey D S, Mullan B P. A demonstration of the effect of seasonal migration on fertility [J]. Demography, 1984, 21 (4): 501-517.

[516] Maurer-Fazio M, Connelly R, Chen L, et al. Childcare, eldercare, and labor force participation of married women in urban China, 1982-2000 [J]. Journal of Human Resources, 2011, 46 (2): 261-294.

[517] Mayer J, Riphahn R T. Fertility assimilation of immigrants: Evidence from count data models [J]. Journal of Population Economics, 2000, 13 (2): 241-261.

[518] McDonald P . Demography and sociology program research school of social sciences [D]. The Australian National University, 2006: 12.

[519] Mencarini L, Daniele V, Gottard A. Fertility intentions and outcomes [J]. Advances in Life Course Research, 2015, 23 (5): 14-28.

[520] Milanovic B, Yitzhaki S. Decomposing world income distribution: Does the world have a middle class? [J]. Review of Income and Wealth, 2002, 48 (2): 155-178.

[521] Milewski N. Fertility of immigrants: A two-generational approach in Germany [M]. Springer Science & Business Media, 2009.

[522] Miller N E, Dollard J. Social learning and imitation [M]. New Haven: Yale University Press, 1941.

[523] Miller W B, Pasta D J. Behavioral intentions: Which ones predict fertility behavior in married couples? [J]. Journal of Applied Social Psychology, 1995, 25 (6): 530-555.

［524］Miller W B. Differences between fertility desires and intentions: Implications for theory, research and policy ［J］. Vienna Yearbook of Population Research, 2011, 9 (1): 75-98.

［525］Mishra A. Peers and fertility preferences: An empirical investigation of the role of neighbours, religion and education ［J］. Social Indicators Research, 2017, 134 (1): 339-357.

［526］Mitchell D, Gray E. Declining fertility: Intentions, attitudes and aspirations ［J］. Journal of Sociology, 2007, 43 (1): 23-44.

［527］Montgomery M R, Casterline J B. The diffusion of fertility control in Taiwan: Evidence from pooled cross-section time-series models ［J］. Population Studies, 1993, 47 (3): 457-479.

［528］Murphy M, Knudsen L B. The intergenerational transmission of fertility in contemporary Denmark: The effects of number of siblings (full and half), birth order, and whether male or female ［J］. Population Studies, 2002: 235-248.

［529］Mustillo S, Li M, Wang W. Parent work-to-family conflict and child psychological well-being: Moderating role of grandparent co-residence ［J］. Journal of Marriage and Family, 2021, 83 (1): 27-39.

［530］Neher P A. Peasants, procreation, and pensions ［J］. American Economic Review, 1971, 61 (3): 380-389.

［531］Nie P, Wang L. Peer effects and fertility preferences in China: Evidence from the China labor-force dynamics survey ［J］. Singapore Economic Review, 2021, 66: 1-29.

［532］Nobles J. The contribution of migration to children's family contexts ［J］. California Center for Population Research On-Line Working Paper Series, 2006.

［533］Nurhayati Mohamad, Mohd Suhaimi ohamad. Intergenerational support and intergenerational social support among elderly - A short review in Malaysian context ［J］. Procedia-Social and Behavioral Sciences, 2016: 219.

［534］Ory M G. The decision to parent or not: Normative and structural components ［J］. Journal of Marriage and Family, 1978, 40 (3): 531-539.

［535］Pacelli L, Pasqua S, Villosio C. Labor market penalties for mothers in Italy ［J］. Journal of Labor Research, 2013, 34 (4): 408-432.

［536］Pan L, Xu J. Housing price and fertility ratel ［J］. China Economic Journal, 2012, 5 (2).

[537] Pan-Long T. Foreign direct investment and income inequality: Further evidence [J]. World Development, 1995, 23 (3): 469-483.

[538] Park S M, Cho S I L, Choi M K. The effect of paternal investment on female fertility intention in South Korea [J]. Evolution and Human Behavior, 2010, 31 (6): 447-452.

[539] Pedro G. Optimal public sector wages [J]. Economic Journal, 2015 (587): 1425-1451.

[540] Petersen T, Penner A M, Høgsnes G. The within-job motherhood wage penalty in Norway, 1979-1996 [J]. Journal of Marriage and Family, 2010, 72 (5): 1274-1288.

[541] Morgan S P. Is low fertility a twenty-first-century demographic crisis? [J]. Demography, 2003, 40 (4): 589-603.

[542] Pink S, Leopold T, Engelhardt H. Fertility and social interaction at the workplace: Does childbearing spread among colleagues? [J]. Advances in life course research, 2014 (21): 113-122.

[543] Portes A, Parker R N, Cobas J A. Assimilation or consciousness: Perceptions of US society among recent Latin American immigrants to the United States [J]. Social Forces, 1980, 59 (1): 200.

[544] Potter R G, Kobrin F E. Some effects of spouse separation on fertility [J]. Demography, 1982 (19): 79-95.

[545] Ravallion M. Income inequality in the developing world [J]. Science, 2014, 344 (6186): 851-855.

[546] Freedman R. Theories of fertility decline: A reappraisal, social forces [J]. 1979, 58 (1): 1-17.

[547] Schoen R, Astone N M, Kim Y J, et al. Do fertility intentions affect fertility behavior? [J]. Journal of Marriage and the Family, 1999, 61 (3): 790-799.

[548] Schultz T P. An economic model of family planning and fertility [J]. Journal of Political Economy, 1969 (2): 153-180.

[549] Jeon S, Lee M, Kim S. Factors influencing fertility intentions of newlyweds in South [J]. Sustainability, 2021, 2: 1534.

[550] Silverstein M, Lowenstein A, Katz R, et al. Intergenerational support and

the emotional well-being of older Jews and Arabs in Israe [J]. Journal of Marriage and Family, 2013, 75 (4) .

[551] Skirbekk L V. Policies addressing the tempo effect in low-fertility countries [J]. Population and Development Review, 2005, 31 (4): 699-720.

[552] Slicker G, Hustedt J T. Predicting participation in the child care subsidy system from provider features, community characteristics, and use of funding streams [J]. Children and Youth Services Review, 2022 (136): 106392.

[553] Sobotka T. Post-transitional fertility: The rose of childbearing postponement in fuelling the shift to Low and unstable fertility levels [J]. Journal of Biosocial Science, 2017, 49 (S1): S20-S45.

[554] Su C W, Song Y, Ma Y T, et al. Is financial development narrowing the urban-rural income gap? A cross-regional study of China [J]. Papers in Regional Science, 2019, 98 (4): 1779-1800.

[555] Swidler S. An empirical test of the effect of social security on fertility in the United States [J]. The American Economist, 1983, 27 (2): 50-57.

[556] Talfel H. Individuals and groups in social psychology [J]. British Journal of Social and Clinical Psychology, 1979, 1 (18): 183-190.

[557] Tan P C, Tey N P. Do fertility intentions predict subsequent behavior? Evidence from Peninsular Malaysia [J]. Studies in Family Planning, 1994, 25 (4): 222-231.

[558] Tanskanen A O, Danielsbacka M, Rotkirch A. Multi-partner fertility is associated with lower grandparental investment from in-laws in Finland [J]. Advances in Life Course Research, 2014, 22: 41-48.

[559] Tanskanen A O, Jokela M, Danielsbacka M, et al. Grandparental effects on fertility vary by lineage in the United Kingdom [J]. Human Nature, 2014, 25 (2): 269-284.

[560] Tanskanen A O, Rotkirch A. The impact of grandparental investment on mothers' fertility intentions in four European countries [J]. Demographic Research, 2014, 31: 1-26.

[561] Thomese F, Liefbroer A C. Child care and child births: The role of grandparents in the Netherlands [J]. Journal of Marriage and Family, 2013, 75 (2): 403-421.

［562］Thomson E，McDonald E，Bumpass L L. Fertility desires and fertility：Hers，his，and theirs［J］. Demography，1990，27（4）：579-588.

［563］Thornton A. The influence of first generation fertility and economic status on second generation fertility［J］. Population and Environment，1980，3（1）：51-72.

［564］Torr B M，Short S E. Second births and the second shift：A research note on gender equity and fertility［J］. Population and Development Review，2004，30（1）：109-130.

［565］Udry J R. Do couples make fertility plans one birth at a time?［J］. Demography，1983，20（2）：117-128.

［566］Viitanen T. The motherhood wage gap in the UK over the life cycle［J］. Review of Economics of the Household，2014，12（2）：259-276.

［567］Vuri D. Do childcare policies increase maternal employment?［J］. IZA World of Labor，2016.

［568］Waldfogel J. International policies toward parental leave and child care［J］. The Future of Children，2001：99-111.

［569］Watkins S C，Danzi A D. Women's gossip and social change：Childbirth and fertility control among Italian and Jewish women in the United States，1920-1940［J］. Gender & Society，1995，9（4）：469-490.

［570］Westoff C F. Reproductive intentions and fertility rates［J］. International Family Planning Perspectives，1990：84-96.

［571］Weston R，Qu L，Parker R，et al. "It's not for lack of wanting kids"：A report on the fertility decision making project［J］. Australian Institute of Family Studies，2004.

［572］Wheelock J，Jones K. Grandparents are the next best thing：Informal childcare for working parents in urban Britain［J］. Journal of Social Policy，2002，31（3）：441-463.

［573］Wiswall M，Zafar B. Preference for the workplace，investment in human capital and gender［J］. The Quarterly Journal of Economics，2018，133（1）：457-507.

［574］Yakita A. Uncertain lifetime，fertility and social security［J］. Journal of Population Economics，2001，14：635-640.

［575］Cao Y. Market transition and the firm：Institutional change and income inequality in urban China [J]. Management and Oraganization Review, 2005 (1): 23-56.

[576] Yang F, Jiang Y, Zeng W. Livelihood capitals on income inequality among rural households: Evidence from China [J]. Ciência Rural, 2020 (2): 100-108.

[577] Yasuoka M, Goto N. How is the child allowance to be financed? By income tax or consumption tax? [J]. International Review of Economics, 2015, 62 (3): 249-269.

[578] Yoon S Y. The influence of a supportive environment for families on women's fertility intentions and behavior in South Korea [J]. Demographic Research, 2017 (36): 227-254.

[579] Yu N, Wang Y. Can digital inclusive finance narrow the Chinese urban-rural income gap? The perspective of the regional urban-rural income structure [J]. Sustainability, 2021, 13 (11): 6427.

[580] Zhang L. Patrilineality, fertility, and women's income: Evidence from family lineage in China [J]. China Economic Review, 2022 (74): 101805.

[581] Zhang Y, Hannum E, Wang M. Gender-based employment and income differences in urban China: Considering the contributions of marriage and parenthood [J]. Social Forces, 2008, 86 (4): 1529-1560.

[582] Zhou M, Guo W. Fertility intentions of having a second child among the floating population in China: Effects of socioeconomic factors and home ownership [J]. Population, Space and Place, 2020, 26 (2): e2289.

[583] Zimmerman D, Peer effects in academic outcome: Evidence from a natural experiment [J]. Review of Economics and Statistics, 2003, 85 (1): 9-23.

后　记

　　人口发展是关系中华民族永续发展的大事，是实现中华民族伟大复兴的坚实基础和持久动力。二十届中央财经委员会第一次会议就我国人口发展新形势作出重要判断，指出"当前我国人口发展呈现少子化、老龄化、区域人口增减分化的趋势性特征"。因此，有必要科学认识、主动适应、积极引领人口发展新常态，促进经济社会高质量发展。

　　生育率、死亡率是研究人口形势不可回避的核心议题。相比生育，死亡是难以人为调节和控制的刚性变量，尤其是随着经济社会发展、科技进步和医疗卫生条件改善，死亡率下降是必然结果；生育是可以调节的弹性变量，尽管不同时期可以调节的范围不同，但由此产生的影响具有深远性，这决定了生育在未来人口形势中起到的核心作用。本书对中国居民生育决策的微观机理进行深入研究，可为提振生育率提供参考性路径。

　　本书第一章为绪论，梳理我国的生育现象和生育政策。第二章为文献综述，回顾了有关生育的经典文献。第三章到第七章分为经济、社会、文化三个维度。第三章与第四章在经济层面上探究了个体收入梯度与生育保险普及对居民生育决策的影响；第五章与第六章在社会层面上探究了家庭内部代际支持和儿童照料方式选择对居民生育决策的影响；第七章在文化层面探究了居民生育的社会互动效应。

　　各章具体分工如下：第一章，薛继亮；第二章，薛继亮；第三章，薛继亮，苏鉴；第四章，薛继亮，鲍欣欣；第五章，薛继亮，杨晓霞；第六章，薛继亮，薄婧；第七章；薛继亮，涂坤鹏。需要说明的是，以上作者名单仅为每一章内容的主要贡献者，本书中大量引用国内外学者的文献，对此表示感谢。

　　本书的出版受到国家自然科学基金地区基金项目"生育意愿到生育行为的微观传导机理和宏观政策响应研究"（71864024）、2021年度哲学社会科学研究专项团队项目（ZSZXTD2106）等项目的资助；受到内蒙古自治区第十二批"草原英才"、2022年度高校青年科技人才发展计划（NJYT22096）以及内蒙古自治区人口战略研究创新平台和内蒙古自治区人口战略研究智库联盟的支持。

　　本书出版之际，我们真诚感谢本书编辑和出版的每一位参与者。同时，不足之处烦请各位读者不吝赐教指正，以供我们学习和修订。